JN418167

아산재단 연구총서 第368집

시설보호 청년의 적응

–대학에 진학한 시설보호 청년의 진로발달과 결혼 태도–

정 선 욱

집문당

머리말

이 책을 기획한 지는 상당히 오래되었다. 2008년에 아산사회복지재단의 지원을 받았으니, 벌써 6년의 세월이 흐른 셈이다. 그동안 아동복지에서 시설보호가 차지하는 위상이 변화하였고 시설보호에서 자립이 매우 중요한 실천과제가 되었다.

시설보호 청년의 적응이라는 이 주제에 관심을 갖게 된 이유는 시설보호 청년의 자립이라는 말을 들었을 때 고개의 갸우뚱거림과 무관하지 않다. 요즘과 같이 나이 들어 부모에게 의존하는 캥거루족이 늘어나고 있는 상황은 현실적으로 자립이 매우 어려운 과제임을 암시한다. 이런 상황에서 의지할 부모가 없거나 부모가 더 취약한 시설보호 청년에게 자립을 강조하는 것이 이들에게 매우 큰 부담이 되리라는 생각 때문에 고개가 기울어졌다고 할 수 있다. 이것은 자립을 강조하는 것이 잘못되었다는 것이 아니라, 이들의 자립에 더 많은 지원과 노력이 기울여져야 함을 뜻한다. 또한 이들의 욕구에 맞는 지원이 이루어지기 위해서는 이들의 삶을 보다 면밀하게 들여다볼 필요가 있음을 의미한다.

그래서 이 연구가 시작되었다. 연구 초기 기획단계에서는 자립과정을 성공적으로 이행하고 있는 사람과 자립에서 큰 어려움을 겪고 있는 사람, 예를 들어 술만 마시면 시설에 찾아와 울고 간다는 그런 사람의 사연도 함께 연구하고 싶었다. 그러나 여러 가지 현실적인 어려움으로 인해 최종적으로 대학에 진학한 시설보호 청년의 삶에 초점을 맞추게 되었다.

대학에 진학한 시설보호 청년이라? 대학까지 갔으면 잘 지내는 것 아닌가? 물론 그렇다. 그러던 가운데 시설 원장님을 몇 분 만나면서, 속된 표현으로 '대학 등록금이 아깝다', '○○에게 대학은 시간 낭비일 뿐이다', '대학에 가는 것이 전부는 아니다' 등과 같은 이야기를 들으면서 대학에 진학한 시설보호 청년의 삶이 다양함을 알게 되었고 일반 가정의 청년에 비하면 매우 낮은 대학진학률을 보이지만, 대학에 진학하는 시설보호 청년들이 점차 증가하고 있다는 상황에서 대학이라는 것이 이들에게 어떤 의미이고 어떻게 대학생활을 하고 있는가를 알아봐야겠다고 생각했다.

사실 요즘 대학생들의 삶은 높은 등록금과 온갖 스펙 준비로 그리 녹록치 않다. 대학생활은 이제 더 이상 심리적·경제적 여유 속에서 자신과 세상, 그리고 미래에 대한 자유로운 탐색이 가능한 시기가 아니다. 이러한 상황은 시설보호 청년에게도 예외는 아니어서, 주위를 둘러보면서 여러 가능성을 탐색할 수 있는 그런 것이 이들에게는 사치인 듯하다. 그러기에 '대학 = 학과 전공 = 취업'으로 이어지는 고정된 사고의 틀에 갇히기 쉽다. 대학의 특정 학과에 진학한 이상 여기서 길을 찾아 취업을 해야 하는데, 학과 공부는 공부를 해본 적이 별로 없어서 따라가기 어렵고 남들 다 가는 대학이라 대학에 간다는 생각만으로 별다른 정보 없이 선택한 학과인 경우 뒤늦게 적성에 맞지 않음을 깨닫게 되지만 그렇다고 달리 다른 선택을 할 여지도 없다. 물론 이런 어려움은 일반 가정의 청년들에게도 해당된다. 그러나 활용할 수 있는 자원이 제한된 시설보호 청년에게 이러한 어려움은 삶 전체를 뒤흔들 수 있는 위기 사건이다. '흔들림은 당연하다. 그러니 이러한 흔들림에 당당하게 맞서고 실패를 두려워하지 말고 끝까지 도전하라!'라는 말로 이들을 위로하고 격려하기에 앞서 이들이 처한 일상을 들여다보는 것이 더 중요하다고 생각했다.

이 책에 이런 내용이 담기길 희망했는데, 지금 퇴고를 앞둔 순간에 돌이켜보면 과연 잘 들여다본 것인가라는 아쉬움이 큰 것도 사실이다. 많은 분들의 도움으로 이 책이 완성되었지만, 그들의 도움에 비해 내가 담아낸 이야기는 많이 부족하다. 이런 부족함이 또 다른 열정으로 새로운 시작을 열 수 있으리라 생각하면서 지지부진 끌었던 6년의 시간을 일단 매듭짓고자 한다.

이 책을 쓰는 과정에서 많은 분들이 도움을 주셨다. 아산사회복지재단의 도움이 가장 컸는데 아산사회복지재단은 한 번의 재촉도 없이 오랜 시간을 기다려주었다. 정말 감사할 일이다. 다음으로 이 책에 담긴 연구를 수행하는 과정에서 여러 시설 종사자와 시설보호 대학생들이 참여했다. 연구자의 전화 한 통에 조사를 허락해주고 인터뷰할 대학생을 소개해준 시설 종사자와 바쁜 시간을 쪼개서 인터뷰에 참여해준 대학생에게도 감사의 말씀을 전한다. 또한 이 책을 편집하고 출판하는 과정에서는 집문당 관계자 분들이 또 많이 도와주셨다. 마지막으로 이 미흡한 작업도 가족의 도움이 없으면 가능하지 않았다. 집안 살림을 도맡아준 친정 엄마, 그리고 남편과 사랑하는 두 딸, 채영이와 시은이에게도 고마움을 전한다.

2014년 2월

쌍문동에서 정선욱 씀

| 차 례 |

| 표 차례 |

| 그림 차례 |

제1장 시설보호 청년에 대한 이해

제1장 시설보호 청년에 대한 이해

1절 변화하는 시설보호

시설보호는 대리적 보호 서비스의 하나로 원가정에서 생활하기 어려운 아동을 보호, 양육하고 자립을 지원하는 시설이다. 아동복지법 52조의 아동복지시설을 아동 연령에 따라 분류하면 〈그림 1-1〉과 같다.

시설보호는 우리나라의 가장 대표적인 아동복지서비스이고 시설보호 하면 양육시설 보호가 떠오를 정도로 양육시설에 배치되어 보호받는 아동의 수가 가장 많다. 그러나 아동복지시설에서 아동양육시설의

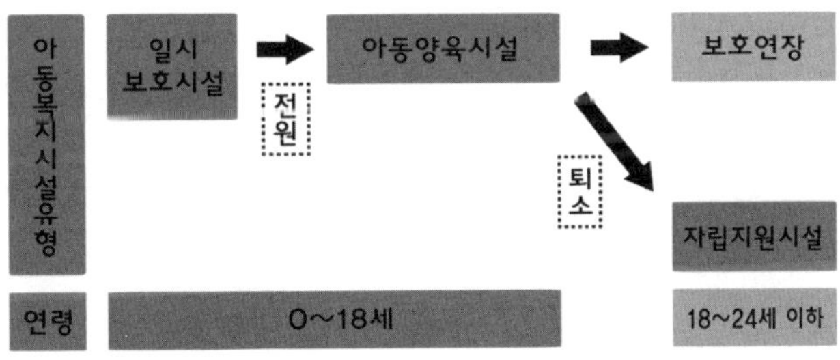

자료: 이혜연 외(2010). p. 101(부분수정).

〈그림 1-1〉 연령별 아동복지시설 유형

비중은 상대적으로 점차 축소되고 있다. 아동복지법상 아동복지시설인 공동생활가정이 2010년 현재 정부지원을 받고 있는 것만으로도 350세대이고 지역아동센터는 전국에 3,500여 개소에 이른다(이혜연 외, 2010). 결과적으로, 아동복지시설이 곧 아동양육시설이라고 생각하기 점차 어려워진 것이다.

시설보호를 둘러싼 주요한 변화를 정리하면 다음과 같다.

첫째, 시설보호 아동의 수는 일정 수준을 유지하고 있다. 연도별로 아동복지시설에서 보호받고 있는 아동의 수를 살펴보면, 1998년 IMF 전후로 보호 아동의 수가 조금 증가하였음을 알 수 있다. 1996년 이전 자료의 경우 시설 및 아동 수의 수치가 자료마다 조금씩 차이를 보이고 있어 인용하지 않았지만, 1994년에는 18,074명, 1995년에는 17,319명, 1996년에는 16,393명으로 감소(김명희, 1999)하였다가, 1997년(17,300명), 1999년(17,774명)으로 IMF 전후로 시설보호 아동의 수가 증가하였다. 그러나 2000년 이후 증감을 조금씩 반복하고 있으며, 2006년 이후부터 전체적으로 감소 경향을 보이는 듯하다.

그러나 여기서 한 가지 유의할 점은 공동생활가정, 개인양육시설 아동의 수이다. 연도별 보호 아동의 현황에는 아동복지시설의 하나인 공동생활가정에서 생활하는 아동, 그리고 개인양육시설에서 지내는 아동들이 제외되어 있다. 2008년 12월 현재 공동생활가정은 348개소이고 이곳에서 생활하는 아동의 수는 2,358명이다. 공동생활가정의 경우 2004년 아동복지시설로 법제화된 시설로, 소규모 아동복지시설이다. 공동생활가정은 대규모 아동복지시설과 달리 5인을 기준으로 7인 이내로 보호하는 소규모 시설로, 대규모 아동복지시설의 여러 문제점에 대한 지적과 함께 그 중요성이 점차 커지고 있다. 또한 개인양육시설의 경우 2011년 12월 기준으로 37개 개인양육시설에서

〈표 1-1〉 연도별 아동복지시설 보호 아동 현황

(단위: 개소, 명)

구분	계(현원)		양육시설		직업훈련 시설		보호치료 시설		자립지원 시설		일시보호 시설		종합 시설		아동 상담소	전용 시설	개인 양육시설	
	시설	인원	시설	인원	시설	인원	시설	인원	시설	인원	시설	인원	시설	인원			시설	인원
1997	264[1)]	17,300	238	16,253	5	189	6	509	13	214					2(135)			
1999	270[2)]	17,774	236	16,359	5	180	6	436	13	214	8	425			2(160)			
2000	271[3)]	19,005	237	17,578	5	184	6	460	13	222	8	387	2	174	-			
2001	273[4)]	18,808	238	17,437	5	179	6	367	13	252	9	380	2	193	-			
2002	274[5)]	18,676	239	17,342	5	162	6	397	13	243	9	343	2	189	-			
2003	275[6)]	18,818	239	17,437	5	158	6	373	13	244	10	437	2	169	-			
2004	275[7)]	19,014	239	17,675	4	130	6	376	13	246	11	432	2	155	-			
2005	282[8)]	19,151	242	17,729	4	110	8	457	13	229	13	457	2	169	-			
2006	282[9)]	18,817	243	17,517	3	75	8	436	13	235	13	391	2	163	39	3	13	183
2007	282[10)]	18,426	243	17,161	3	72	8	404	13	269	13	365	2	155	38	3	12	177
2008	285[11)]	17,992	242	16,706	2	69	10	477	12	257	14	341	5	142	37	3	22	284
2009	280	17,586	239	16,239	2	65	11	514	12	262	13	368	3	138	39	3	25	352
2010	280	17,119	238	15,787	2	69	11	495	12	235	14	402	3	131	7	3	25	340
2010	280	16,523	242	15,313	1	32	10	455	12	249	12	361	3	113	9	3	37	582

자료: 각 연도 아동복지시설일람표(아동복지시설현황), 보건복지부.

* 각 연도의 아동복지시설현황 자료는 전년도 12월 31일 현재를 기점으로 작성됨. 본 표에서는 작성시점을 기준으로 연도를 구분함. 예를 들어 구분의 1999년은 2000년 아동복지시설일람표에 제시된 수치를 기록한 것으로 이 수치는 1999년 12월 31일을 기준으로 작성된 것임.
* 1997년도의 자료(1998년 아동복지시설일람표)는 박선영(1999)에서 인용. 2001년도의 자료(2002년 아동복지시설일람표)는 구할 수 없어, 김미수(2002)에서 인용.
* 2000년 아동복지법 전면개정에 의해, 아동복지시설의 명칭이 변경됨. 즉, 영아, 육아시설은 양육시설로 명칭이 변경되었고 직업보도, 교호시설은 직업훈련, 보호치료시설로 명칭변경, 보호시설을 갖춘 아동상담시설은 종합시설로 명칭 변경됨.

주 1) 수용보호아동이 없는 아동상담소는 시설통계에서 제외.
2) 수용부호아동이 없는 아동상담소는 시설통계에서 제외.
3) 수용보호아동이 없는 아동상담소(38개소, 179명)는 시설통계에서 제외.
4) 수용보호아동이 없는 상담소(39개소, 172명), 광주전용시설(종사자수 2명)은 시설통계에서 제외.
5) 입소보호아동이 없는 아동상담소(42개소, 172명), 광주전용시설 1개(종사자수 2명), 아동복지관 2개(인천 6명, 경남 6명)는 시설통계에서 제외.
6) 보호아동이 없는 아동상단소(43개소, 104명), 전용시설 인천(1), 광주(1), 경남(1) 총 3개(종사자수 4명), 아동복지관 1개(인천 6명)는 시설통계에서 제외.
7) 보호아동이 없는 아동상담소(41개소, 165명), 전용시설 인천(1), 광주(1), 경남(1) 총 3개(종사자수 3명), 아동복지관 1개(인천 4명)는 시설통계에서 제외.
8) 보호아동이 없는 아동상담소(41개소, 157명), 전용시설 인천(1), 광주(1), 경남(1) 총 3개(종사자수 4명), 아동복지관 1개(인천 4명)는 시설통계에서 제외.
9) 보호아동이 없는 아동상담소(39개소, 종사자수 139명), 전용시설 인천(1), 광주(1), 경남(1) 총 3개(종사자수 7명), 개인양육시설 13개소(정원 253명, 현원 183명, 종사자 49명)는 시설통계에서 제외.
10) 보호아동이 없는 아동상담소(38개소, 종사자수 133명), 전용시설 인천(1), 광주(1), 경남(1) 총3개(종사자수 7명), 개인양육시설 12개소(정원 224명, 현원 177명, 종사자 43명)는 시설통계에서 제외.
11) 보호아동이 없는 아동상담소(37개소, 종사자수 135명), 전용시설 인천(1), 광주(1), 경남(1) 총3개(종사자수 22명), 개인양육시설 22개소(정원 401명, 현원 284명, 종사자 67명)는 시설통계에서 제외.

582명이 생활하고 있다. 이 숫자도 매년 증가하고 있다. 개인양육시설은 운영주체가 법인이 아닌 개인 시설로 1997년 사회복지사업법 개정을 통해 복지시설이 허가제에서 신고제로 전환되고 법인뿐 아니라 개인도 시설을 설치할 수 있게 되면서 양성화된 시설이다. 개인양육시설의 경우 2002년 이전에는 미신고시설로 운영되다가 2002~2005년 사이에 미신고 시설에서 조건부 신고시설, 그리고 신고시설로 전환하는 과정을 거쳤던 곳이기에 2005년까지 현황 자료가 부재하다.

공동생활가정과 개인양육시설에 대한 연도별 자료가 부족하여 엄밀한 분석은 어렵지만, 사회적 보호라는 의미로 이곳에서 생활하는 아동을 포함시킬 경우 전체적으로 시설보호를 받고 있는 아동의 수가 줄었다고 보기 어렵다.

시설보호에 배치되어 생활하는 아동의 수가 크게 줄었다고 볼 수 없는 근거는 다른 곳에서도 찾을 수 있다. 요보호 아동의 수는 2004년 이후 매년 9천여 명 수준을 유지하고 있지만 전체적으로 감소추세에 있다. 그러나 한 해 발생하는 보호가 필요한 아동의 보호 조치 유형을 살펴보면, 시설보호에 배치되는 아동은 2006년, 2007년을 제외하고는 4,700~4,800명 대를 유지하고 있다. 보호가 필요한 아동의 수가 줄어드는 상황에서, 시설보호 아동의 수가 일정하게 유지된다는

〈표 1-2〉 공동생활가정 보호 아동 성별 · 취학 현황 (단위: 개소, 명)

시설수	종사자수	정원	수용인원			아동현황								
			계	남	여	계	미취학 0~3 미만	미취학 3~6 미만	초등재	중재	고재	대재	기타
2,009	754	2,358	1,664	884	780	1,664	40	0	708	435	287	21	30

자료: 보건복지부(2009). 공동생활가정 현황.

것은 아동복지사업에서 시설보호의 비중이 감소하지 않았음을 보여준다.

시설보호를 받고 있는 아동의 수가 줄지 않았다는 또 다른 근거는 전체 아동 인구수에서 시설보호를 받는 아동의 비율에서도 찾을 수 있다. 시설보호 아동 가운데 18세 이상이 생활하는 곳도 있지만 대략적으로 0~18세 아동 인구를 기준으로 했을 때 시설보호를 받는 아

〈표 1-3〉 발생 유형별 보호가 필요한 아동 현황

	2001	2002	2003	2004	2005	2006	2007	2008	2009	2010
발생유형 계	10,586	10,057	10,222	9,393	9,420	9,034	8,861	9,284	9,028	8,590
빈곤 · 실직 · 학대	4,146	4,263	4,463	4,265	4,877	4,925	5,354	5,876	4,994	4,613
비행 · 가출	728	749	595	581	1,413	802	748	706	707	772
미혼모	4,897	4,337	4,457	4,004	2,638	3,022	2,417	2,349	3,070	2,804
기아	717	634	628	481	429	230	305	202	222	191
미아	98	74	79	62	63	55	37	151	35	210

자료: 보건복지부(시도별 보고자료). http://www.index.go.kr/egams/stts/jsp/potal/stts/PO_STTS_IdxMain.jsp?idx_cd=1421&bbs=INDX_001(검색일: 2011. 5. 9).

- 1997~1999년 빈곤 · 실직 · 학대는 비행 · 가출을 포함.

〈표 1-4〉 보호 유형별 보호가 필요한 아동 현황

	2001	2002	2003	2004	2005	2006	2007	2008	2009	2010
보호유형 계	10,586	10,057	10,222	9,393	9,420	9,034	8,861	10,534	10,153	8,590
시설보호	4,774	4,663	4,824	4,782	4,818	4,366	3,245	4,964	4,767	4,842
가정위탁	3,090	2,177	2,392	2,212	2,322	3,101	3,378	2,838	2,734	2,124
입양	1,848	2,544	2,506	2,100	1,873	1,259	1,191	1,304	1,314	1,393
소년소녀가정	874	673	500	299	407	308	247	178	213	231

자료: 보건복지부(시도별보고자료). http://www.index.go.kr/egams/stts/jsp/potal/stts/PO_STTS_IdxMain.jsp?idx_cd=1421&bbs=INDX_001(검색일: 2011. 5. 9).

- 시설보호=아동양육시설+일시보호시설+장애아동시설+공동생활가정.
- 입양은 『입양촉진 및 절차에 관한 특례법』에 의해 요보호아동만을 대상으로 하므로 민법상의 입양(사인간의 입양)은 미포함.
- 가정위탁사업은 '00년부터 시행한 사업이므로 통계표상에 그 이전의 통계는 없음.
- 요보호아동의 발생유형에 있어서 빈곤, 실직, 학대와 비행, 가출의 통계구분은 '00년부터 시작되었음.

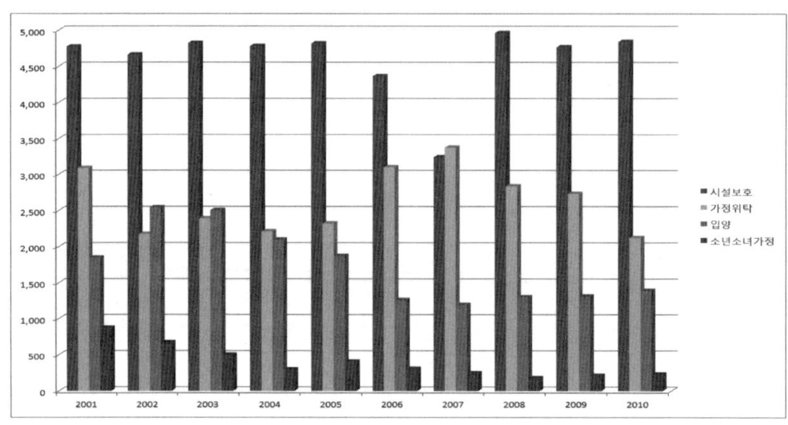

〈그림 1-2〉 보호가 필요한 아동의 보호 현황

〈표 1-5〉 아동인구 대비 시설보호 아동의 수 (단위: 명, %)

	0~18세 아동인구	시설보호 아동	양육시설 아동
2000	12,904,000	19,005(0.15)	17,578(0.14)
2010	10,655,000	17,119(0.16)	15,789(0.15)

자료: 아동 인구수는 통계청, 「장래인구추계」 2006. 11.

동은 전체 아동 인구 기준으로 0.15~0.16%대를 유지하고 있고 양육시설에서 생활하는 아동도 0.14~0.15%대를 유지하고 있다. 결국 시설보호를 받는 아동의 절대 수치가 감소하고 있는 것처럼 보이지만, 아동 인구의 전반적인 감소 추세를 고려할 때 이는 당연한 결과이며, 아동 인구에서 시설보호 아동이 차지하는 비율은 줄지 않고 있다(오히려 약간 증가).

둘째, 입소하는 아동이 처한 상황에서 변화가 발생하고 있다. 즉, 시설보호 아동의 특성이 '단순 고아'에서 가족 기능의 약화 혹은 가족 해체로 인한 기아, 방임(학대) 아동으로 변화하고 있다(변용찬 외,

1998). 2000년 들어서 보호가 필요한 아동의 발생 원인을 기아, 미혼모 아동, 미아, 비행·가출·부랑아, 기타로 분류하던 것에서 비행·가출·부랑아를 세분화하여 빈곤, 실직, 학대, 기타로 분류한 것을 보아도 부모가 생존해있음에도 불구하고 경제적 위기로 인한 가장의 실직, 이혼이나 별거 가족의 증가, 가장의 사망이나 사고, 질병 등의 가족해체현상의 증가로 인해 사회적 보호가 필요한 상태가 되는 아동이 증가하고 있음을 보여준다. 이들은 돌아갈 가족이 없는 '고아'와 달리 대부분 만남과 복귀가 가능한 가족이 있다.

김통원 외(2005)의 양육시설 대상 설문조사 결과에 의하면, 가장 중요한 입소 사유는 부모의 사별, 별거, 가출로 나타났다. 그 다음으로 빈곤, 실직 등의 경제적 어려움이었다. 이러한 입소 사유는 보호자의 부재에 따른 입소보다는 보호기능의 약화에 따른 입소가 많음을 보여준다. 이는 가족해체나 가족기능 약화가 주요 입소사유로써 가족해체나 가능약화를 방지하고 가족기능을 강화하는 서비스 개발이 시급함을 시사한다(김통원 외, 2005).

김통원 외(2005)의 조사를 통해 입소아동의 가족관계 및 보호자를 살펴보면, 부모 모두 생존하고 있는 경우가 가장 많은 5,180명으로 나타났다. 부모 중 한쪽이 생존해 있는 경우를 모두 포함할 경우, 아동의 일차적 보호자라 할 수 있는 부모가 있는 아동이 70%나 됨을 알 수 있다. 이것은 입소아동이 돌아갈 가족이 있음을 의미하며, 이들 가족

〈표 1-6〉 시설보호 입소 사유(중복응답) (단위: 명, %)

부모 모두 사망	부나 모의 별거·가출	부모 실직, 빈곤	학대, 방임	미혼모·부 혼외출생	기아미아	아동문제 (비행·가출)	기타
351	5,333	3,871	931	1,209	2,172	181	793
2.4	36.1	26.2	6.3	8.2	14.7	1.2	5.4

〈표 1-7〉 입소아동의 가족관계 (단위: 명, %)

부모 모두 생존	부생존+ 모사망	모생존+ 부사망	부모 모두 사망	계부+ 친모	친부+ 계모	확인 불명	미혼모·혼외출생	기타
5,180	903	954	418	260	428	2,304	1,152	982
41.2	7.2	7.6	3.3	2.1	3.4	18.3	9.2	7.8

이 아동 보호에 적극적으로 나설 수 있도록 노력해야 할 것이다.

셋째, 소규모 시설이 점차 증가하고 있다. 사실 소규모 시설의 필요성에 대한 논의는 오래되었는데 최근 들어 앞서 살펴본 바와 같이 공동생활가정, 개인양육시설 등의 증가가 두드러지고 있다. 일반적인 집단 양육의 폐단으로 지적되는 것은 개별화의 어려움, 개인적인 관심을 저지하는 비인간적 분위기, 사생활이나 아동 자신의 공간 결여, 소속감 결여, 많은 수의 무관한 아동들·어른들과의 관계에서 오는 스트레스, 다수를 위한 규칙과 획일적인 일과로 인한 개별적인 선택의 기회 감소 등이다(이준의, 1997). 이처럼 집단 보호의 문제를 제기하는 사람들은 집단 보호를 시설병의 원인으로 보고, 시설의 규모를 소규모로 만들어 가정과 유사한 분위기를 만드는 것이 아동 양육의 필수적인 조치라고 생각하여, 공동생활가정, 소숙사제도 등을 아동 양육의 바람직한 형태로 제시하고 있다(정선욱, 2002a).

넷째, 최근 시설보호의 가장 중요한 이슈는 "자립"이다. 자립은 청소년기에서 청년기(성인기)로의 전이, 시설보호에서 독립적인 삶으로의 이동 등에서 고려되는 이슈이다. 물론 자립은 특정 시기에만 국한된 것이 아니고 생애주기에 걸친 개념이지만 자립은 특히 18세 이후 청소년의 중요한 발달과제로 제시된다.

시설보호 아동(청소년)의 자립에 대한 강조는 퇴소생의 삶에 대한 정부·민간의 관심이 증가한 것에서도 찾을 수 있다[1]. 2006년에는 보건복지부, 교육인적자원부, 건설교통부 등 관계부처 합동으로 "퇴소(예정) 아동 자립지원 확대 방안"을 마련하여 주거지원, 대학진학 및 학자금 지원, 자립지원센터 운영, 자립정착금 지원 등을 계획 · 실행한 바 있다. 또한 2007년부터는 아동발달지원계좌(CDA)를 도입하여 아동의 건전한 퇴소에 대한 준비를 강조하고 있다. 2008년 아동복지

〈표 1-8〉 Ready? Action! 프로그램의 핵심가치

R	Real	자립지원프로그램는 삶 그 자체이다. 실제적이고 현실적인 삶의 지식과 지혜이다.	A	Active	자립지원프로그램은 자발적이고 능동적이다. 자발성과 능동성은 자립의 중요한 요소이다.
			C	Case Management	자립지원프로그램은 지속적인 사례관리이다. 변화를 주시하고 지속적인 관심을 유지해야 한다.
E	Experience	자립지원프로그램은 경험이다. 경험과 체험이 프로그램 참여방법이고 수단이다.	T	Training	자립지원프로그램은 훈련과 연습이다. 반복되는 훈련과 연습이 자립을 앞당긴다.
A	Aim	자립지원프로그램은 목표가 분명하다. 목표지향적인 프로그램 계획이 필요하다.	I	Individual	자립지원프로그램은 개별화가 중요하다. 자립 자체가 개별적인 문제이다.
D	Duty	자립지원프로그램은 의무이다. 의무와 책임은 자립의 기본 요건이다.	O	Opportunity	자립지원프로그램은 기회이다. 자립을 준비하고 실제 자립할 수 있는 좋은 기회이다.
Y	Year	자립지원프로그램은 연 단위 프로그램이다. 1년을 주기로 계획하고 실행하며 평가한다.	N	Networking	자립지원프로그램은 인맥을 형성한다. 인적자원은 자립의 중요한 지지체계이다.

자료: 보건복지부 · 한국아동복지협회 중앙아동자립지원센터(2011). 자립지원표준화프로그램(Ready? Action!) 운영을 위한 지자체·시설관계자 교육교재, p. 7.

---

1) 자립에 관한 설명 부분은 "권지성 · 정선욱(2009). 아동양육시설 퇴소생의 퇴소 후 생활 경험 연구. 한국사회복지학, 61(3), 229-253"의 일부이다.

사업안내에 의하면, 기존의 "아동시설보호"라는 단어 대신에 "아동시설보호 및 자립지원"이라는 명칭을 사용함으로써 퇴소생에 대한 자립지원을 주요 아동복지서비스로 명시하고 있다. 중앙아동복지자립지원센터(아동자립지원사업단) 운영, 자립지원전담요원의 의무 배치, 두드림 존 사업 등도 자립에 대한 최근의 관심을 반영한다.

가장 최근에는 자립지원표준화프로그램(Ready? Action!)을 개발 · 실행하고 있다. 이 프로그램은 미취학-퇴소 전까지 아동의 단계, 학년, 수준별로 적정한 프로그램 실행하여 퇴소 후 안정적인 자립생활 정착을 지원하는 프로그램이다. 이 프로그램의 핵심가치는 〈표 1-8〉과 같다(보건복지부 · 한국아동복지협회 중앙아동자립지원센터, 2011).

한편, 민간부문의 사회복지공동모금회에서는 2007년 기획테마사업으로 "청소년자립지원사업"을 선정하여 자립준비교육, 특성화사업, 양육시설 교사 역량강화 프로그램 등을 실시 · 지원하였다.

이상에서 살펴본 시설보호와 관련된 몇 가지 특징적인 변화를 정리하면 다음과 같다.

- 위탁, 입양 등의 가정외 보호가 권장되고 있음에도 불구하고 시설보호 아동의 수는 여전히 일정하게 유지되고 있음
- 가족이 있는 보호 아동의 수가 지속적으로 증가
- 공동생활가정과 개인양육시설 등 소규모 생활시설에서 생활하는 아동의 수가 점차 증가하고 있음
- 시설보호에서 자립이 매우 중요한 이슈로 부각되었음

2절 시설보호 청년 이해

1. 시설보호 청년 개념

이 글에서 시설보호 청년은 시설보호 경험이 있는 18세~24세에 이르는 사람으로 한정하였다. 엄밀히 말하면 이들은 Emerging Adulthood (성인기 진입단계, 성인진입기, 성인입문기, 성인이행기)[2]에 있는 사람이라고 부를 수 있다. 성인기 진입단계는 과거에는 없던 새로운 발달단계로 청소년기에서 성인기로의 전환이 늦춰지면서 생겨났다.

Emerging Adulthood는 청소년은 아니다. 이들의 많은 경우는 대학생인데 이들은 자신을 청소년이라고 부르지 않는다. 청소년은 대부분 부모와 함께 거주하며 의무적인 고등교육과정 중에 있고 신체적으로 2차 성징 등의 성숙과정에 있으며, 법률적으로 미성년이다(곽금주, 2010). 반면 Emerging Adulthood는 부모와 따로 사는 경우가 많고 거주 형태도 다양하다. 그리고 신체적 성숙이 완료되었고 대학에 다니거나 직업세계에 뛰어들었거나 그 둘을 병행하는 경우도 있으며 법률적으로 완전한 성인이다.

결론적으로 Emerging Adulthood 시기는 단순히 청소년기에서 성인기로 전환하는 짧은 시기가 아니라, 다른 발달 단계와 명확히 구분되는 시기, 가능한 삶의 방향 탐색 및 변화를 특징으로 하는 시기이

---

2) 이 시기는 10대 후반부터 20대 중반(18~25세) 혹은 20대와 30대에 걸쳐 있을 수 있어 실제 연령과는 큰 상관이 없다고 한다(곽금주, 2010). 연령보다는 이 시기의 특징, 즉 여전히 정체성 탐색의 시기, 불안정의 시기, 자아중심적 시기, 사이에 끼인 시기, 가능성의 시기라는 특징(곽금주, 2010)이 이 시기를 설명하는 데 보다 중요하다.

다(Arnett, 2000). 곽금주(2010)는 인생의 전 과정에서 독자적으로 구분되는 하나의 시기로서 이 시기를 지칭할 수 있는 용어의 필요성을 제기하면서 '청년기'라는 명칭을 사용하였다.

이에 이 글에서도 시설보호 경험이 있는 18세~24세를 지칭하는 용어로 '시설보호 청년'을 사용하였다.

2. 시설보호 청년에 대한 이해

시설보호 청년은 어떤 사람인가? 이들에 대해 알려진 바는 많지 않다[3]. 현재 시설보호 중인 아동(청소년)의 삶, 퇴소 후 5년이 경과한 퇴소생(성인기)의 삶에 대해서는 연구가 이루어졌지만, 시설보호 경험이 있으면서 청소년기에서 성인기로의 이행을 진행 중인 사람들에 대해서는 연구된 바가 거의 없다. 그러나 이들도 Emerging Adulthood에 해당되기 때문에 일반적인 특성을 공유할 것으로 보인다. 먼저 일반적인 Emerging Adulthood 시기의 특성에 대해 살펴보았다.

한편, Emerging Adulthood 시기는 시대적, 사회적 변화의 흐름 속에서 이해될 필요가 있다. 즉 과거와 현재, 정치・사회・문화의 변동 등에 따라 Emerging Adulthood의 특성도 달라진다. 그래서 일반적인 Emerging Adulthood의 특징에 이어, 이 시기를 둘러싼 최근의 변화 양상에 대해 알아보았다.

---

3) 신혜령 외(2008)와 이혜은(2007)의 연구가 대표적이다. 이들 연구들은 퇴소한 지 2~3년 이내의 어린 퇴소생(이혜은(2007)의 연구는 평균 20.93세, 신혜령 외(2008)의 연구는 21.7세)을 연구하였다. 질적 연구로는 전은진(2006)의 연구가 있다. 이 연구는 현상학적 방법을 사용하여 퇴소 후 1년 미만의 퇴소 청소년의 초기 자립생활 경험을 분석하였다.

1) Emerging Adulthood 특징[4)]

(1) 정체성 탐색의 시기: 사랑과 직업에서의 다양한 가능성 탐색

이 시기의 가장 큰 특징은 일과 사랑 같은 삶의 다양하고 기본적인 영역에서 가능성을 탐색함으로써 확고한 자기 정체성을 정립하는 것이다. 기존 심리학 이론에서는 정체성의 탐색과 형성을 청소년기의 주요한 과제로 여겨왔으나 Emerging Adulthood는 정체성을 탐색하는데 최적의 시기이다. 왜냐하면 이 시기는 부모의 간섭과 영향에서 벗어나고 성인의 의무와 책임에서도 자유로운 시기이므로 자유롭게 삶의 방식과 사랑과 일에서 다양한 가능성을 시험해볼 수 있기 때문이다.

(2) 불안정성의 시기

탐색의 시기는 '불안정의 시기'와 동의어다. 선택의 기회와 대안적 가능성이 열려 있다는 것은 정착하지 못하고 불안정하다는 것을 의미하기 때문이다. 결정하고 수정하고 다시 결정하고 수정하고 이들은 인생에 대한 다양한 계획과 그 계획의 수정판도 많이 갖고 있다. 예를 들어 대학에 입학했으나 전공이 흥미가 없으면 이들은 자신의 대학생활 계획을 수정한다. 대학을 졸업하고 직장에 들어갔으나 직장이 잘 맞지 않거나 돈을 더 벌고 싶어서 대학원 교육이 필요하다고 생각되면 다시 계획을 수정할 필요가 생긴 것이다.

---

4) 이 부분은 "곽금주(2010). 흔들리는 20대-청년기 생애설계 심리학. pp. 31-33"을 요약하였다.

(3) 자기중심적 시기

이 시기의 자기중심성은 극복되어야 할 미성숙함을 뜻하는 것이 아니라 정상적이며 이 시기의 발달을 위해 필수적이다. 이 시기에 자신에게 집중함으로써 일상의 기술을 개발하고 자신을 깊이 이해하며 성인의 삶을 위한 기초를 마련하게 된다. 즉 자족적이고 자립적인 성인이 되기 위해 이 시기의 자기중심성은 필수적이다.

(4) 가능성의 시기

이 시기는 많은 가능성이 열려 있지만 삶의 방향이 결정된 것은 거의 없다. 즉 큰 희망과 기대를 갖게 되는 시기다. 이들은 가족으로부터 떠나 있고 새로운 책임과 의무에서는 자유로운 상황이므로 자신의 삶을 바꿀 충분한 기회를 가지고 있다.

다양한 인생 실험을 하면서 성인기로 진입하는 젊은이들은 대인관계나 교육 및 직업분야에서 불확실성과 실망에 직면하게 되고 때로는 자신의 인생항로를 바꾸게 되기도 한다. 이들의 탐색은 성전파성 질환, 물질 남용, 위험한 운전, 심한 심리적 스트레스 등과 같은 과정의 위험을 연장시키기도 하지만 대부분의 젊은 성인들은 가족이나 지역사회, 또는 사회적 맥락의 도움으로 이를 극복해 나간다(이옥경 외 역, 2009).

2) Emerging Adulthood를 둘러싼 최근의 변화

최근 성인기로의 이행 자체와 이행의 불안정성에 대한 우려가 증가하고 있다(이병희 외, 2010). 즉, 정규교육단계에서의 집중적인 투자를 거쳐 안정적인 일자리를 획득하여, 결혼 및 출산, 부모로부터의 독립에 이르는 단선적인 경로는 최근 다양화되고 있을 뿐 아니라, 불확실성과 위험에 노출되고 있기 때문이다(이병희 외, 2010). 그런데 이러한 불확실성과 위험은 소득이 낮은 계층에 심히 위협적이다.

최근 연구(이병희 외, 2010; 안선영 외, 2010)를 통해, 우리나라 성인기 이행과정의 특성을 정리하면 다음과 같다.

첫째, 60년대 초반 코호트에 비해 최근의 젊은 코호트로 올수록 대학진학률의 현격한 증가, 혼인 및 출산의 지연, 첫 일자리 취업시기의 지체 추세가 두드러진다.

둘째, 청년층 고용률은 2009년 40.5%를 기록하여 1980년 이후 가장 낮은 수준을 기록하고 있고 특히 2000년 중반 이후 청년층의 고용률은 가파르게 하락하고 있다. OECD국가와 비교할 때 청년층 고용률이 크게 낮고 이들의 저임금 고용 비중은 가장 높은 것으로 나타났다. 그만큼 청년층이 좋은 일자리로 진입하는 것이 매우 어려움을 보여준다.

셋째, 교육기회의 확대와 근대적 가치관의 내면화로 남녀의 초혼 이행이 지연되고 있다. 최근의 사회경제적 불확실성과 노동시장의 불안정화가 초혼 형성에 큰 영향을 미치는 것으로 나타났다.

결국 우리의 청년들은 대부분이 대학에 진학하지만, 그럼에도 불구하고 좋은 일자리로의 취업은 매우 어려운, 그래서 더욱 커진 불안정성 속에서 높은 불안을 경험하면서 생활하고 있다. 이러한 상황은 소득이 낮고 동원가능한 자원이 거의 없는 시설보호 청년에게는 더욱 힘겨울 수밖에 없다.

3) 시설보호 청년의 Emerging Adulthood

일반적인 Emerging Adulthood 시기의 특징을 모든 사람이 동일하게 경험하는 것은 아니다. Emerging Adulthood를 지나 책임감 있는 성인으로 가는 길은 그 시기나 순서에 있어서 개인 간에 매우 다양하다(Cote, 2006; 이옥경 외 역, 2009 재인용).

특히, 성인기로의 이행은 부모의 사회경제적 수준이 반영된 계급 혹은 계층적 지위, 그리고 가족과의 관계를 포함한 가족 환경 등과 밀접한 관련을 갖는다. Furstenberg(2008)에 의하면, 성인기 이행시 "바람직한 결정"을 할 수 있는 여건이나 자원에 있어 계층 간 차이가 있으며, 이 시기의 결정은 누적적으로 이후의 삶에 큰 차이를 가져온다고 보았다(은기수 외, 2011 재인용). 또한 빨리 부모 역할을 해야 하는 무거운 짐을 지고 있거나 고등학교를 마치지 않았거나 학업 면에서 대학 진학을 위한 준비가 되어 있지 않거나 직업훈련을 받을 기회가 없는 사회경제적 지위가 보다 낮은 젊은이들에게 이 Emerging Adulthood 시기는 아주 제한적이거나 또는 존재하지 않는다. 이 젊은이들에게는 희망과 개인적 발전 대신, 실직상태와 막다른 저임금의 고용상태를 왔다갔다 하는 허둥대는 시기가 기다리고 있다(Cohen et al., 2003, Eccles et al., 2003; 이옥경 외 역, 2009 재인용).

또한 성인기 이행에서 가족 관계가 미치는 영향은 부모-자녀 관계의 전 생애적 고찰을 통해 파악하는 것이 중요하다(은기수 외, 2011). 즉, 어린 시절부터 지속되어 온 관계의 형태는 성인기 진입 경험 및 성인기 이행 중 문제 행동과 밀접한 관련이 있다는 것이다(Whitbeck, Hoyt & Huck, 1994; 은기수 외, 2011 재인용). Aquilino(2006)는 어린 시절 부모의 이혼, 부모와의 동거 문제 및 재혼을 경험한 청년들은 성인기 이행에 있어서 더 많은 어려움을 경험할 수 있다고 주장하였다(은기수 외, 2011 재인용).

이처럼, Emerging Adulthood 시기는 고도로 산업화된 혹은 후기 산업사회에서 보편적으로 발견되지만, 산업화된 사회라고 해도 이 시기의 모든 젊은이들이 이 시기를 변화와 탐색의 시기, 자유의지의 시기로 보내는 것은 아니다. 어떤 젊은이는 자유의지에 따라 이 시기를 보낼 수 있는 기회가 부족하며, 또 다른 젊은이는 성격 혹은 상황적인 이유로 탐색이 제한되거나 상대적으로 이른 해결책을 찾는 경향이 있다(Arnett, 2000).

시설보호 청년의 Emerging Adulthood는 어떠한가? 또래들의 대부분이 20대까지 집에 머물면서 부모의 보호를 받는 것에 비해, 18세가 되어 퇴소에 직면하는 시설보호 청년들은 일찍부터 독립생활을 시작 혹은 준비해야 한다. 비공식적 보호가 매우 취약한 이들에게 18세는 모든 공식적·비공식적 보호가 축소·변화되는 시기이다.

사회경제적 지위, 가족 관계 등이 성인기 이행에 중요한 영향을 미친다는 점을 고려할 때, 시설보호 청년들의 Emerging Adulthood 시기 및 성인기 이행의 특징을 이들이 처한 사회경제적 지위, 가족 관계 등을 통해 유추해볼 수 있다. 시설보호 청년들은 대부분 국민기초생활수급권자로 경제적으로 매우 취약한 계층이다. 또한 시설 입소 이전부터 경험한 가족 간 갈등, 입소 이후의 가족 관계 단절 등으로 가족으로부터 지지를 받을 수 있는 여건도 취약하다.

또한 이들에게 18세는 인생의 중요한 지위 변화, 즉 성인기로의 전환이 이루어지는 시기인데, 또래처럼 자유로운 탐색 및 실험의 여유가 없고 그렇기에 Emerging Adulthood가 상대적으로 매우 짧은 것이 특징이다. 이들의 경우 다양한 취미활동이나 인턴십 등 사회참여를 통해 자신이 누구인가에 대해 깊이 탐색할 경제적, 시간적 여유가 없다. 인생에 대한 모호하고 제한된 계획이 있을 뿐이고 다양한 인생계획을 그려보거나 모험을 걸 수 없다. 예를 들어, 전공이 자신에게 맞지 않는다는 것을 알아도 다시 대학에 입학하거나 전공을 바꾸거나 하는 것이 쉽지 않다. 하루 빨리 경제적 독립을 해야 하기에 뭐든 결정을 빨리 내려야 하는 것이다. 대학원 진학을 하고 싶어도 대학생일 때와 달리 대학원생일 때는 조건부수급자가 되어 근로활동에 참여해야 하기 때문에 선택에 제한이 따른다.

그러기에 이들의 성인기 전환을 지원하기 위해 최소한 거주지 알선, 직업 구하기, 직장유지, 건강보호의 접근성, 예산 및 돈 관리 등 실제적인 도움이 필요하다. 이 밖에 자기지향, 자기표현, 개인적 솔선성, 결정에 대한 책임감 등과 관련된 행동을 격려하고 지향해야 하지만, 집단시설생활의 익명성, 집단적 통제, 획일적 규칙 등은 이러한 개인적 발달을 저해하고 있어 체계적이고 지속적인 도움이 필요하다 (Mech, 1994; 신혜령 외, 2003에서 재인용).

한편, 시설보호 청년의 삶은 현재 시설보호 중인 아동(청소년)과 퇴소생(성인기)의 삶을 통해 이해될 수 있다. 그 이유는 인간발달의 누적적이고 연속적인 특성에 기인한다. 다음에서는 시설보호 중인 아동(청소년)과 퇴소생의 삶을 들여다보았다.

3. 시설보호 아동(청소년)의 삶

시설보호 아동(청소년)의 삶을 1) 시설환경, 2) 보육사와의 관계, 3) 비혈연 형제관계, 4) 학교생활, 5) 가족관계 등으로 구분하여 살펴보았다.

1) 시설보호 아동(청소년)이 인식하는 시설환경[5)]

정선욱(2009a)은 대숙사 형태의 양육시설에서 살고 있는 청소년들이 시설 생활을 어떻게 경험하고 이해하고 있는가를 알아보았다. 시설 생활 경험을 이해하기 위해 양육시설 한 곳을 찾아 그곳에서 생활하고 있는 중1～2학년을 만나 그들의 이야기를 들어보았다.

시설보호 청소년은 시설 생활에서 '시설은 삶의 일부', '소통부재=일방통행', '오붓한 가족생활을 그림', '공동체라는 이름 속에 묻혀 지냄', '성장을 자극하는 환경 부재', '아이들끼리 더 가까움'을 경험하는 것으로 나타났다.

'시설은 삶의 일부'는 "여기 없으면 어떻게 살아요?"라는 말에서 알 수 있듯이 시설은 힘들었던 과거에서 벗어날 수 있게 해준 유일한 안식처였다. 처음에는 모두 친절히 대해줬고 사람들도 많아서 좋았다. 가난한 집에서는 누릴 수 없었을 것을 여기서는 아무 대가 없이 할 수 있었다. 시설은 아이들이 선택해서 살게 된 곳이 아니고 그러기에 퇴소만 바라보고 살지만 퇴소 후 생각날 것 같고 다시 찾고 싶은 곳이기도 하다.

시설은 시키는 대로 해야 편히 살 수 있는 곳이다. '소통부재=일방통행'이라는 주제에서 드러나듯이 듣고 따라야 한다. 대화를 통해 서로의 뜻을 나누고 설명하고 양해를 구하거나 하는 경우가 드물다. 그냥 언제나 그래왔으니까 이번에도 예외가 없는 것이다. 그러다보니 시설 어른들의 말은 잔소리로 귓가를 울릴 뿐이고 하고 싶은 얘기는

5) 이 글은 "정선욱(2009a). 시설보호 청소년이 경험하는 시설환경의 의미. 한국청소년연구 20권 3호"의 일부이다.

가슴 속에 묻는다. 묻는 데 익숙해져서 하고 싶은 이야기가 있었는지도 모르겠다.

처음에는 식구들이 많아서 재미있어서 좋았는데 엄마, 아빠, 나, 동생 이렇게 사는 집이 그립다. 끈끈함과 따뜻함이 가득한 그런 작은 집을 생각한다. 이런 생각은 내 마음대로 할 수 없는 일이 많거나 내 마음을 몰라주는 사람들 때문에 속상할 때 더욱 간절하다. 지금은 다른 대안이 없고 가난한 부모에게 짐이 되기도 싫어 어쩔 수 없이 그냥 시설에 살지만 어른이 되어 결혼한 후에 자식들은 절대로 시설에 보내지 않겠다고 다짐한다.

시설에 살면서 '나는 어떤 사람인가?', '내가 좋아하는 것은 무엇인가?'를 생각할 필요가 없었다. 주어진 일정을 소화하면 되고 다른 아이들과 같이 행동하면 된다. "나도요"라고도 말할 필요가 없다. 그냥 가만히 있으면 된다. 이처럼 공동체라는 이름 속에 묻혀 지내다보니 개인적인 성장과 발전은 더디다. '성장을 자극하는 환경 부재'라는 주제에서 드러나듯이 과정은 중요하지 않다. 결과만 보일 뿐이다. 열심히 했는데 어른 눈에 턱없이 부족한 성과, 노력했지만 오르지 않는 성적, 잘하려고 했는데 망친 일 등은 '그럼 그렇지. 네가 무엇을 하겠니?'라는 반응만 불러올 뿐이다. 또한 시설은 장난치기로 소일하기 좋은 곳이다. 뭘 하면서 어떻게 하루를 보내야 할지 생각할 필요가 없다. 다들 놀고 있으니까 나도 그저 어울리면 그만이다. 다가올 미래(퇴소)는 아직 멀게 느껴지고 가끔씩 생각하지만 금세 일상에 묻힌다.

시설에 어른은 많지만 아이들에게 중요한 사람은 오랜 시간을 변함없이 함께하는 언니 오빠들이다. 선생님은 자주 바뀌기 때문에 아이들에 대해 잘 모른다. 여기서 '중요하다'는 것은 도움 제공과 함께 통제(권한)를 행사한다는 의미를 모두 담고 있다. 그런데 이러한 형제 관계의 의미는 가정환경척도 문항에서 부모를 보육사(보모 등)로 대체하여 시설환경을 설명한 연구에서는 발견되지 않았던 주제이다.

갈 곳이 없었던 아이들에게 시설은 절대적인 존재이다. 없으면 안 되는 곳이지만 시설 생활이 충분히 만족스럽지는 않다. 시설은 아이들이 싫든 좋든 원하든 원하지 않든 인생의 긴 여로에서 시설 아이들이 머물러 있는 공간, 즉 베이스캠프인 셈이다. 원래 베이스캠프는 높고 험한 산을 오를 때 쉼과 회복, 도전과 용기를 제공하는 곳이다. 여러 가지 이유로 가정에서 생활하기 어려웠던 아이들에게 시설은 쉼과 회복, 치유, 독립을 준비하는 공간이어야 한다. 그런데 지금의 시설은 아이들에게 "그냥 있는 공간"일 뿐이다.

2) 시설보호 아동(청소년)과 보육사 선생님과의 관계[6)]

정선욱(2006b)에 의하면, 시설보호 청소년들은 보육사와의 관계에서 "도우미 선생님", "거리감", "기대", "학부모-교사관계", "형·선생님의 이중적 관계" 등을 경험하는 것으로 나타났다.

"도우미 선생님"은 수단적(도구적) 역할을 수행하는 보육사를 의미한다. "도우미 선생님"은 '어린 아동을 돌봄', '그냥 도와주는 사람'으로 범주화하였다. 수단적(도구적) 역할은 과업 지향적이며 규칙(규율)을 강제하고 물질적 수단(도움)을 제공하는 것으로 정서적인 행동과 애정 표현을 하는 표현적 역할과는 다른 것이다. 이러한 보육사의 수단적(도구적) 역할 수행은 주로 시설의 어린 아동에 한정된다. 식사와

---

6) 이 글은 "정선욱(2006b). 시설보호 아동의 보육사 관계 경험 연구. 한국아동복지학 21호"의 일부이다.

씻기기 등 일상생활에 도움을 필요로 하는 어린 아동의 경우에 수단적(도구적) 역할을 수행하는 보육사의 존재가 두드러지지만, 초등학교 고학년부터는 수단적(도구적) 역할의 필요성이 감소하기 때문에 보육사는 시설보호 아동들이 요청하는 경우에만 도움을 제공한다. 그렇기 때문에 시설의 큰 아동들에게는 보육사는 있으면 편하지만 없어도 그만인 존재가 되는 것이다.

두 번째 주제는 "거리감"이다. 시설보호 아동들은 보육사와의 관계에서 물리적·심리적 거리감을 경험한다. 보육사와 시설보호 아동은 서로 가까이에 있어 가까운 듯하지만 가깝지 않은, 즉 서로 정을 느끼는 사이는 아닌 것이다. 이러한 거리감은 물리적인 요인에 의해 발생하는 것이기도 하고 체벌과 같은 보육사의 이해할 수 없는 행동에 의해 생겨나기도 한다. 이러한 거리감이 보육사를 부수적인 존재, 있으나 없으나 별반 차이가 없는 존재, 가족이 아닌 남과 같은 존재로 규정한다.

세 번째 주제는 "기대"이다. "거리감"에서 이해한 바와 같이, 보육사는 시설보호 아동에게 특별한 존재는 아니지만, 그렇다고 보육사라고 다 똑같은 것은 아니다. 그동안 여러 보육사를 거치면서 좋은 보육사에 대해 알게 되었고 다시 왔으면 하는 좋은 보육사도 있으며, 새로 올 보육사를 기대하는 마음도 있다. 시설보호 아동들이 생각하는 좋은 보육사는 돈을 벌기 위한 수단으로 시설에 있는 사람이 아니라 진심으로 자신들을 이해하고 관심을 가져주는 사람이다. 일방적으로 규칙을 강요하기보다 스스로 모범을 보이는 보육사를 시설보호 아동들은 존경하고 닮고 싶어 한다.

네 번째 주제는 "학부모-교사관계"이다. 시설의 큰 아동들은 부모의 입장에서 보육사를 대한다. 보육사들이 시설의 어린 아동들을 잘

대하는지 궁금하고 보육사가 야단을 치거나 아동들을 때리면 보육사를 말리기도 한다. 또한 시설의 큰 아동들은 보육사와 같은 역할도 하는 작은 보육사이다. 큰 보육사와 작은 보육사의 업무 영역은 비교적 분명히 구분되어 있고 아동들도 그러한 구분을 인식하고 있다. 큰 보육사의 업무는 시설 규정에 의해 정해지지만 작은 보육사의 업무와 권한은 자생적으로 생성된 것이다. 그러기에 아동에게 있어 작은 보육사의 존재가 더 중요할 수 있고 큰 보육사도 작은 보육사의 이러한 권한과 활동을 묵인한다. 작은 보육사와 큰 보육사는 상호보완적이거나 협력적인 관계가 아니라 서로 독립적인 별개의 관계이다.

마지막 주제는 "형 · 선생님의 이중적 관계"로 명명하였다. 시설에서 퇴소한 이후에 시설에 취업하여 선생님이 된 형은 시설보호 아동을 이해하는 사람으로 편할 수 있지만 불편하고 무서운 존재이다. 특히, 형 · 선생님과 동성(同性)인 시설보호 아동들은 편안함보다 불편함이 더 크다. 이러한 불편함과 무서움은 예전의 형으로부터 받았던 상처와 체벌의 기억들이 작용한 결과이기도 하다.

3) 시설보호 아동(청소년)이 경험하는 비혈연 형제관계[7)]

시설 내 다른 아동과의 관계(형제관계)는 혈연과 비혈연으로 나누어 볼 수 있다[8)]. 혈연관계의 경우 형제가 함께 시설에서 생활하는 경우

---

7) 이 글은 "정선욱(2006a). 시설보호 아동의 시설 생활 경험 연구-비혈연형제관계를 중심으로-. 아동과 권리. 한국아동권리학회. 10(2)"의 일부이다.

8) 형제를 어떻게 정의하느냐에 따라 다양한 형제관계를 생각해볼 수 있다. 미국의 경우 위탁보호에서 형제 공동 배치(intact/conjoint placement)를 권장하고 있고 이에 대한 연구도 많지만 형제가 무엇이냐에 대해서는 여러 가지 이견이 존재한다. 연구 분야에서는 일반적으로 형제를 정의하는 분류로 부모 양쪽 혈연 형제관계, 부계 혈연 형제관계, 모계 혈연 형제관계, 수양 형제 혈연관계 등이 있다는

로 형제입소가 시설보호 아동의 심리사회적 적응에 긍정적인 영향을 미친다는 것이 일반적인 결론이다. 둘 이상의 형제가 그들에게 중요한 애착 대상으로부터 분리되어 같은 장소에서 보호받을 때 서로의 디스트레스는 상대방과의 상호작용을 통해 어느 정도 감소될 수 있다. 또한 가족 내의 다른 성원에 대한 보호 책임감과 보호 연대감은 가족 성원의 상실에 대한 애도를 성공적으로 해결하는 데 중요한 요인으로 작용한다(Ainsworth, 1991). 이에 부모와의 재결합 가능성이 없는 시설 청소년을 위해서는 형제자매 관계의 개선이 권해지고 있다(강복정, 이정덕, 1999).

그러나 정확한 통계는 없지만 전체 입소 아동 가운데 형제 없이 혼자 입소하는 아동도 매우 많다. 또한 형제 입소 여부와 관계없이 시설에 입소한 아동들은 모두 비혈연 형제관계를 경험하게 된다. 사회적 적응과 관련하여 가족 내에서의 형제관계는 서로서로 강한 감정을 일으키고 아동들로 하여금 그러한 감정을 다루는 것을 배울 기회를 제공해주며, 대인관계 기술을 연습할 수 있는 기회를 제공한다는 면에서 사회적 적응에 중요한 역할을 한다(조성연, 2004). 비록 시설의 형제관계가 인위적이고 비혈연적인 특성을 갖고 있지만 장기간 지속되며, 시설 생활 만족도를 조사한 결과(노혜련, 장정순, 1998)에서도 시설 내 어른들의 애정과 관심에 대한 만족도는 84.9%, 시설 내 다른 아동과의 관계에 대한 만족도가 90.7%임을 볼 때, 시설보호 아동의

데 동의하지만 형제관계에 대해 명확한 정의를 내리지 않는 경우가 종종 있고 형제 정의에 따라 연구 결과에 상당한 편차가 생긴다고 한다. 한편, 실제 법원에서 위탁보호를 결정할 때는 형제 간의 관계 특성, 예를 들어 형제들이 같은 집에서 자랐는지, 형제들이 현재 친밀하고 강한 유대를 갖고 있는지를 고려한다고 한다(Shlonsky, Bellamy, Elkins & Ashare, 2005). 정선욱(2006a)에서는 입소 전부터 함께 살았던 형제들 간의 관계를 혈연 형제관계로 지칭하고 입소 이후 시설생활을 통해 새롭게 형성된 관계를 비혈연 형제관계로 구분하였다.

적응에서 그동안 주로 주목했던 보육사 관계 외에 시설 내 다른 아동의 존재가 중요함을 알 수 있다.

시설내의 다른 아동(청소년)과의 관계에 주목한 연구로는 정선욱(2006a)이 있다. 이 연구에 의하면, 시설보호 아동(청소년)들은 비혈연 형제관계에서 "동병상련", "보살핌", "깊은 생채기", "무덤덤함" 등을 경험하는 것으로 나타났다.

"동병상련"은 다시 '연민의 정을 느낌', '우리는 형제', '그러나, 친동생과는 다름'으로 하위 범주화하였다. 이유야 어찌 됐든 같은 공간에서 함께 생활하게 되면서 동생에 대해 불쌍한 마음, 안쓰러움, 애처로운 마음을 갖는다. "깊은 생채기"에서 나타나는 형제간 폭력 때문에 내부적인 갈등이 있지만 외부인(보육사, 시설 밖의 사람)에 대해서는 그들과는 다른 '우리는 형제'라는 높은 동질의식도 갖고 있다. 그렇지만 이러한 형제 느낌도 '더 마음이 가고 더 의지가 되는' 친동생과는 조금 다르다.

"보살핌"은 부모와 같은 마음으로 동생들을 돌보는 데서 드러난다. "보살핌"은 '보살핌'과 '보살핌에 대한 부담'으로 하위 범주화하였다. '보살핌'은 동생들이 나쁜 길로 빠지지 않고 잘 자라길 바라고 열심히 공부해서 좋은 학교에 진학하기를 바라고 또 그렇게 되도록 돕고 싶어 한다. 부모와 같은 심정으로 보살피지만 보살핌에 익숙하지 않고 또한 동생들에 대해서도 잘 모르기 때문에 어떻게 하는 것이 좋은지 몰라 답답하고 때로는 힘이 든다. 시간이 흘러 손위 형이 되면 해야 할 일도 많아지는데 동생들이 잘 따라주면 좋겠지만 그렇지 않을 때는 짜증도 많이 난다.

"깊은 생채기"는 어린 시절, 그리고 지금도 계속되고 있는 아동들 간의 때리고 맞는 경험과 관련된다. "깊은 생채기"는 '맞고 때리기',

'생채기', '생채기 잔영(殘影)' 등의 하위 범주를 포함한다. 한 사람이 잘못해도 모두 다 야단을 맞는 집단생활에서 동생들을 잘 단속해야 한다. 그렇지 않으면 형들이 책임을 지거나 모두 단체로 야단을 맞을 수 있다. 이런 상황을 피하기 위해 시설보호 아동들이 사용하는 유일한 방법은 때리기이다. 형으로부터 맞았던 경험과 지금 형이 되어 동생을 때리는 경험은 맞는 사람과 때리는 사람 모두에게 큰 상처를 지운다. 동생들에게 예전의 형들과 똑같은 사람으로 기억되기도 싫고 때릴 때 마음도 아프지만 다른 방법이 없는 것 같다. 지우고 싶은 생채기 경험이 쉽게 지워지지 않고 오늘까지 지속된다.

마지막으로 시설보호 아동은 비혈연 형제관계에서 "무덤덤함"을 경험한다. "무덤덤함"은 비혈연 형제관계라고 특별히 별다를 것이 없는 예사스러운 관계를 뜻한다. "무덤덤함"은 '서열 관계', '즐거운 놀이 상대'라는 하위범주로 구성된다. 시설에 입소하면 연령에 따라 할 수 있는 일과 해야 할 일이 결정된다. 손위 형은 동생들에게 지시하고 동생들은 그 지시를 무조건 따르는 시설의 오래된 관행에 그냥 묻어가면 된다. 또한 형제들과 속 깊은 마음을 나눌 수 없다. 같이 있어서 즐겁고 심심하지 않아서 좋지만 그냥 그것이 전부이다. 시설의 형제는 심심하지 않게 해주고 기억하고 싶지 않은 것들을 놀면서 잊도록 해주는 존재이며 그것으로 충분하다.

4) 시설보호 아동(청소년)의 학교생활

학교생활의 중요성은 일반아동뿐 아니라, 시설보호 아동에게도 마찬가지로 적용된다. 시설보호 청소년의 학업과 관련된 연구를 살펴보면, 시설보호 청소년은 일반 청소년에 비해 학교적응이나 학업 성취가 떨어진다(노봉련, 1997; 박영준, 1996. 신소희, 1984, 이종원, 1988; 성미영 외, 2001 재인용). 구체적으로 시설에서 생활하는 중학교 남학생의 경우 학업부진과 장기결석 및 부정적인 교사관을 보였다(신소희, 1984; 성미영 외, 2001 재인용). 또한 시설에 거주하는 중고생의 경우 성적 부진과 수업에 대한 이해도의 저하를 보였으며, 학교생활에서 소외감이나 지겨움을 느끼는 경우가 많았다(노봉련, 1997).

성미영 외(2001)는 학교 적응의 차이가 초등학교 저학년부터 발생할 가능성이 높다는 점을 고려하여 서울 소재 아동복지시설에 입소 중인 초등학교 1학년, 2학년 시설아동과 일반가정의 아동에 대해 학교적응 정도를 살펴보았다. 연구결과, 시설에서 생활하는 초등학교 저학년 아동은 일반가정 아동에 비해 낮은 학교 적응을 보였다. 또한 시설아동은 일반가정 아동에 비해 학교에서의 또래관계에 제대로 적응하지 못했는데 구체적으로 시설아동은 학교 친구 집에 놀러가는 경우가 적고 학교 친구들 사이에서 별로 인기가 좋지 않으며 장기자랑 시간에 잘 참가하지 않는 것으로 나타났다. 이러한 또래문제는 학교에 대한 높은 수준의 거부 및 수행 수준의 저하를 가져올 수 있기에 (Ladd, 1990; 성미영 외, 2001 재인용) 또래관계를 비롯하여 학교생활 전반에 대한 관심과 지원이 필요하다.

이와 같은 또래관계의 어려움뿐 아니라, 시설아동은 일반가정 아동에 비해 학교 규범을 널 준수하는 것으로 나타났다. 또한 시설아동은 1학년생에 비해 2학년생이 수업시간을 더 지겨워하고 학교에 가기 싫어하며 학교에서 뭔가를 배우는 것에 대해 재미있거나 신기하다고 지각하는 정도도 낮았다.

한편, 아동의 발전은 물론 대인관계와 사회적 적응에 중요한 역할을 하는 아동의 성취동기에 관한 연구도 있다. 즉, 아동은 자신이 속해 있는 사회로부터 가치를 인정한 목표를 달성하려는 욕구를 가지게 되면 자아신장이 이루어져 목표의 성취를 위해 최선을 다하게 된다(조은미, 1984). 시설보호 아동과 일반가정 아동의 성취동기를 비교한 연구에 의하면(조은미, 1984), 시설아동의 성취동기는 일반가정 아동에 비해 낮았다. 이는 시설환경이 성취동기에 대한 자극과 격려가 충분하지 못함을 보여주며 이러한 낮은 성취동기는 낮은 학업성취로 이어질 가능성이 매우 높다.

시설아동의 낮은 학업성취수준은 많은 연구에서 지적되고 있다. 노봉련(1997)에 의하면, 경인지역의 시설보호 아동의 학업성적을 조사한 결과, 중학생의 경우 성적이 나쁜 편이라고 응답한 비율이 51.0%, 고등학생의 경우 41.1%로 나타났다. 이에 비해 중학생의 경우 성적이 좋은 편이라고 응답한 비율은 21.6%, 고등학생의 경우는 27.3%로 나타나 성적이 나쁘다고 응답한 비율이 좋다고 응답한 비율에 비해 중학생의 경우는 2배 이상, 고등학생의 경우도 1.5배 이상이 많았다.

한편, 시설아동의 경우 인문계고에 진학하는 비율보다 실업계고에 진학하는 비율이 높은데 이것도 학업성적과 관련이 있다. 이경아(1998)에 의하면, 중학생들의 17.9%만이 인문계를 희망했고 75.8%는 상업고등학교, 공업고등학교, 농업고등학교, 직업학교 등 실업계를 희망하였는데 그 이유는 '취업에 유리해서'가 28.4%로 가장 많았고 그 다음으로 23.2%는 '학업성적의 부진'이라고 응답한 비율이 높았다.

2009년 서울시에서 시작한 'Now Start' 사업도 시설보호 아동의 학습부진에 대한 문제에 대한 개입으로 볼 수 있다. 서울시는 학습지원으로부터 소외된 생활시설 아동이나 소년소녀가정 등 보호필요아동들만을 위한 맞춤형 학습지원서비스 'Now Start(New Opportunity for education Welfare)'사업을 통해, 부모의 양육 밖에 있는 시설보호 아동들이 일반가정아동들과 대등한 교육환경에서 출발할 수 있도록 지원하고 있다. 이 사업은 꿈나무 서포터가 아동들과의 일대일 면담을 통해 개인별 특성과 필요한 교육프로그램을 파악한 후, 방과 후 학습지도나 학습자원봉사, 보습·입시학원, 지역 내 특기학원 등을 통해 맞춤형 교육서비스를 제공하는 것이다.

이처럼 시설에서 생활하는 아동(청소년)들은 또래관계, 학업성적 등의 학교생활에서 어려움을 겪고 있음을 알 수 있다.

5) 시설보호 아동(청소년)의 가족관계[9]

김통원 외(2005)의 입소아동 재원기간에 의하면, 입소 이후 가정으로 복귀하는 아동들이 대부분 2년 미만의 재원기간을 경험한다고 볼 때, 3년 이상의 재원기간을 경험하는 아동들은 61.6%로 나타났다. 이들의 경우 친가정복귀 가능성이 낮음을 고려할 때 대부분의 아동들이 친가정으로부터 분리된 채 생활하고 있음을 알 수 있다. 시설에 입소하기 전에 부모와 분리되어 (외)조부모, 친척 등과 함께 생활한 기간까지 고려하면 친가정으로부터 분리되어 지낸 시간은 더 길 것이다.

2002년 1월 1일부터 2005년 6월 30일까지 신규 입소한 아동 6,147명을 대상으로 입소 후 가정복귀 경험을 조사한 결과, 가정복귀 경험이 있는 아동은 전체 조사대상 아동 중 3.5%를 차지하는 220명이었다(김통원 외, 2005). 이러한 결과는 시설아동의 경우 가정복귀가 거의 이루어지지 않음을 보여준다. 가정복귀된 경우 주된 보호자는 부모가 가장 많은 78.6%, 그 다음으로 조부모 13.8%, 친인척 7.7%의 순이

---

9) 이 글은 "정선욱(2009b). 시설·위탁 아동의 친가정 이슈 및 과제. 2009년 한국아동복지학회 춘계학술대회" 발표 자료 중 일부이다.

〈표 1-9〉 입소 아동의 재원기간(2005년 6월 30일 현재)

재원기간	명(%)
12개월 미만	1,871(14.5)
12개월 이상 - 24개월 미만	1,610(12.5)
24개월 이상 - 36개월 미만	1,469(11.4)
36개월 이상 - 48개월 미만	1,312(10.2)
48개월 이상 - 60개월 미만	1,316(10.2)
60개월 이상 - 72개월 미만	1,166(9.0)
72개월 이상 - 84개월 미만	1,108(8.6)
84개월 이상(7년 이상)	3,053(23.6)
계	12,905(100.0)

었다.

가정복귀하는 시설아동의 수도 적지만, 이 가운데 경제적 어려움(48.8%), 아동학대 및 가정폭력(21.5%), 복귀 후 적응의 어려움(9.3%), 보호자의 정신건강 문제(7.3%)의 이유로 재입소하는 아동도 많았다(김통원 외, 2005). 이는 친가정복귀 이후의 사후관리 서비스가 필요함을 보여준다.

시설보호 아동은 부모가 생존해 있는 가운데 장기간 물리적 · 심리적인 분리를 경험한다. 이들은 친부모를 어떻게 인식하고 있는지, 이들에게 친부모는 어떤 의미인지를 알아보았다. 덧붙여 친부모가 아동복지에 갖는 중요성도 정리하였다.

① 친부모의 의미

시설 청소년과 퇴소생의 원가족 및 가족에 대한 인식을 일대일 면접을 통해 조사한 결과(배은숙 · 강기정, 2006)를 보면, 이들에게 '가장 행복했던 경험'과 '가장 슬펐던 경험'은 모두 친가족과 관련되어 있다. 시설아동들은 자신을 버린 부모에 대한 원망과 함께 그리움, 함께 살고 싶은 마음을 동시에 갖고 있다(강복정, 2000, 유안진 · 한유진 · 최나야, 2001b, 이강이 · 성미영 · 이순형, 2002; 이양숙, 2004).

또한 시설에서 부모 집을 방문하는 경우에도 자기 집임에도 불구하고 낯섦과 불편함을 경험하였다(정선욱, 2009a). 이러한 감정은 시설을 퇴소한 이후에도 이어져 부모와의 소원한 관계를 만들었다(권지성 · 정선욱, 2009). 김통원 외(2005)에 의하면 퇴소 후 가족과 함께 산 적이 있다고 응답한 퇴소아동은 전체 응답대상 중 20.2%에 불과했고 가족과의 연락이나 만남에 있어서도 1개월에 1회 이상의 연락이나 만남을 유지하는 퇴소아동은 전체 응답아동의 24.2%에 불과했다. 이것은 퇴소 후에도 가족관계가 지속적으로 훼손되어 있음을 보여준다.

② 친부모의 중요성

친부모 및 친가족의 중요성은 부모 만남과 같은 가정방문을 통해 가족 간의 연계를 지속시키는 것이 필요하다는 주장에서 찾아볼 수 있다. 친부모와의 만남은 분리기간 동안 애착을 유지할 수 있는 방법으로 제안되었고 물리적으로 분리되어 있는 동안에 만남을 통해 긍정적인 애착관계를 유지하는 것은 아동의 적응뿐만 아니라 가정복귀를 돕고 가정복귀 이후에도 재입소를 막는 방법이 되기 때문에 늘 강조된다(정선욱, 2002a).

그러나 부모와의 만남이 대리보호 아동의 심리사회적 적응, 가정복귀, 가족재결합 안정성 등에 미치는 긍정적인 영향에 대해서는 일관된 결과가 없다(유안진 · 민하영 · 권기남, 2001a; 정선욱, 2002a, 허남순, 2004; 남영옥, 2007; 허남순, 2008; Kimberlin et al., 2009). 그러나 이러한 비일관된 결과는 부모 만남 자체가 긍정적이지 않다는 사실을 의미하지 않으며 오히려 부모 만남이 보다 신중하게 계획될 필요가 있음을 지적한다.

4. 시설보호 퇴소생(성인기)에 대한 이해[10)]

대부분의 시설보호 관련 연구들은 현재 시설에서 생활하고 있는 아동・청소년을 대상으로 진행되었지만, 2000년 이후 퇴소생 관련 연구들이 점차 다양해지고 있다. 퇴소생 관련 연구들은 주로 양적 연구방법으로 이루어져 퇴소생이 겪는 어려움을 드러냄으로써 이들에 대한 사회적 관심과 대책을 이끌어내는 데 기여하였다(김득린, 1996; 강철희, 2001; 이용환, 2003; 신혜령 외; 2003; 김통원 외, 2005; 이혜은, 2007; 이혜연 외, 2007; 신혜령 외, 2008).

기존 연구에서 아동양육시설 퇴소생의 문제로 지적되는 것은 학력과 관련된 문제, 취업과 관련된 문제, 주거환경과 관련된 문제, 사회적 지지망 부족과 관련된 문제 등이다(신혜령 외, 2003). 우선 학력은 학업 중퇴와 관련된 것으로 고졸 이하의 학력과 이로 인한 기술 습득의 기회 제한이 문제가 된다. 학력과 기술은 취업과 직결되는 문제로서 퇴소 청소년은 취업하기 어렵고 취업을 하더라도 이직이나 전직이 매우 잦다. 이명묵(1991)의 연구에 의하면, 1년 이내에 첫 직장을 떠난 퇴소아동은 45.2%나 되었다.

또한 퇴소 청소년은 주거 불안정 문제도 경험한다. 퇴소 후 이들의 주거환경은 생각했던 만큼 부모나 친척의 도움을 받기 힘들기 때문에 대부분 월세 또는 회사 기숙사 생활을 하고 있으며 시설 퇴소 시 받

10) 이 글은 "권지성・정선욱(2009). 아동양육시설 퇴소생의 퇴소 후 생활 경험 연구. 한국사회복지학, 61(3)"의 일부를 재구성하였다.

는 자립정착금으로는 월세 보증금도 내기 힘들기 때문에 기숙사가 갖추어져 있는 직업을 선호하게 된다. 자립생활관을 활용할 수 있지만 직장과의 거리 등의 문제로 활용도가 낮다. 퇴소 청소년은 결국 도시에서 쉽게 유흥업소를 선택하고 친구 혹은 선배들과 월세를 얻어 생활하는 경우가 많다(권지성, 2007). 주거지의 불안정성이 친구나 선배들과의 동거경향을 높이는데, 이는 가능한 한 빠른 시일 내에 자립하기 위해서라기보다 갈 곳 없이 동거하는 경우가 되어 대부분 경제력을 상실한 퇴소아동들의 모임장소가 되고 유해환경으로부터 보호해줄 만한 통제기능이 없어 범죄나 비행에 감염될 우려가 높다(남윤희, 1994).

마지막으로 퇴소 청소년은 사회적 지지망 부족과 관련된 문제를 경험한다. 퇴소 준비 아동과 퇴소 청소년의 정서적 상태를 비교한 강철희(2001)의 연구에 의하면, 퇴소준비아동은 일상생활과 관련된 변수(생활비, 주거지, 병과 사고에 대한 대처, 계획의 수립과 실행 등)에서 불안함 정도가 높고 관계적인 변수(주변인 도움, 인간관계 및 사회생활 등)에 대한 불안 정도는 중간 이하로 나타났다. 반면, 퇴소 청소년은 안정된 직장, 소외와 상처에 대한 대처, 도와줄 수 있는 사람을 갖는 것, 원만한 인간관계 형성에서 중간 이상의 불안함을 가지는 것으로 나타났다. 이러한 결과는 퇴소 청소년이 퇴소 이후 관계적 측면의 장애를 많이 경험함을 보여준다.

또한 신혜령 외(2008)의 조사에 의하면 부모의 생존율이 52.6%로 높게 나타났지만, 시설 보호 기간 중에 부모를 만난 적이 없는 경우가 대부분이기 때문에 퇴소 후 부모의 도움을 받을 수 없는 실정이다. 한편 시설의 경우에도 퇴소 이후 퇴소 청소년에 대한 제도적인 지원이 부족하여 퇴소 청소년은 퇴소 이후 온전히 혼자 남게 된다.

김통원 외(2005)에 의하면, 퇴소 이후 시설과의 관계에서 아무런 지원이나 연락을 받은 적이 없다고 응답한 퇴소아동이 41.4%로 나타나 퇴소아동에 대한 시설차원의 사후관리가 제대로 이루어지지 않음을 알 수 있다. 퇴소 이후 가족과 연락이나 만남을 유지하는 비율이 매우 낮고 퇴소 이후 홀로 살아가는 경우가 대부분인 상황에서 퇴소와 동시에 이루어지는 시설과의 관계 단절은 퇴소 이후 긴급하게 발생하는 사고나 문제에 퇴소아동을 무방비 상태로 방치하는 결과를 야기한다.

그러나 퇴소생으로 살아가는 삶이 모두 동질적인 것은 아니다. Stein(2008)이 지적했듯이 더 탄력적(resilient)으로 지내는 퇴소생도 있다. 탄력적인 퇴소생은 살아오는 동안 안정된 애착 관계를 포함하여 안정성(stability)과 연속성(continuity)을 경험하였고 과거 가족관계를 이해하고 있어 그 관계로부터 심리적으로 벗어날 수 있었다. 또한 퇴소 전에 어느 정도의 학업적 성공을 거두었고 퇴소 준비도 점차적으로 진행하였다. 결국, 보호 기간 동안의 보호의 질, 일반적인 전환과 유사한 형태로의 점진적인 전환, 퇴소 후 지원의 확대 등을 통해 퇴소생을 탄력적으로 만들 수 있다.

한편, 여러 양적연구들이 퇴소생 관련 질적 연구의 필요성을 제기(Broad, 1999; 신혜령 외, 2003)하고 있다. 특히 Horrocks(2002)는 퇴소생을 이해하는 데 있어 생애과정이론(life course theory)을 적용하여 기존의 양적 연구가 발견하지 못했던 연속적(sequential)이며 전체적인(holistic) 접근을 강조하였다.

국내에는 퇴소생에 관한 질적 연구가 6편 정도(신혜령, 1997; 변미희, 2000; 전은진, 2006; 권지성, 2007; 권지성 · 정선욱, 2009; 조순실, 2010) 있다. 신혜령(1997)의 경우 5가지 요인(교육, 취업, 주거, 지지망, 자립의지)을 중심으로 본인이 아닌 보육사의 관점에서 사회적응을 분석하였고 변미희(2000)는 퇴소한 지 10년 이상 된 퇴소생 3명에 대한 심층면접을 통해 퇴소생의 적응유형을 퇴소 당시의 자아개념과 현실인식에 따라 능동적 사회적응형, 수동적 사회적응형으로 구분하고 유형별 적응과정을 제시하였다. 전은진(2006)은 아동양육시설을 퇴소하고 자립생활을 한 지 1년 미만 또는 아직 주거지의 독립이 이루어지지 않은 자립생활관 거주자를 연구대상으로 하여 초기자립생활경험을 연구하였다. 권지성(2007)은 문화기술지 방법을 사용하여 퇴소 후 5년 이상 된 퇴소생들을 대상으로 퇴소생의 과거(시설보호를 받을 당시의 경험)와 현재를 포괄적으로 다루었다. 권지성 · 정선욱(2009)은 퇴소 후 5년 이상이 넘은 퇴소생을 대상으로 생활 경험의 의미를 제시하였다.

권지성 · 정선욱(2009)에 의하면 퇴소생들은 "고립무원", "발목을 잡힘", "미래를 향해 달려감" 등을 경험하는 것으로 나타났다. "고립무원"은 '진짜 고아가 됨'과 '고군분투'로 구성되었다. "발목을 잡힘"은 '시설, 떠나야 할 고향', '시설 출신이라는 딱지', '가족이 준 상처와 흔적'으로 구성되었다. "미래를 향해 달려감"은 '시설에서 얻은 것', '함께 일어서기', '미래를 바라봄', '현실을 박차고 달려나감'으로 구성되었다. 이에 대해 자세히 살펴보면 다음과 같다.

첫째, 시설 퇴소생들은 시설에서 퇴소한 이후 '고립무원'의 상태가 된다. 즉, 고립되어 구원(도움)을 받을 데가 없는 상황에 처하는 것이다. 먼저 퇴소생들은 말 그대로 '진짜 고아'가 된다. 잘 알려진 바와 같이 현재 아동양육시설에서 생활하는 아동들의 대부분이 한부모가정의 아동이거나 해체가정 아동이라는 점을 고려하면, 흔히 고아원이라고 부르는 시설에는 '고아'가 없다. 그런데, 시설을 벗어나면서 '진짜 고아'가 되는 것이다. 그리고 이제 혼자가 된 퇴소생들은 사회에서 고군분투를 하게 된다.

둘째, 시설 퇴소생들은 혈혈단신으로 고군분투하면서 어떻게든 잘 살아보려고 애쓰지만 발목을 잡는 것이 너무 많다. 시설은 퇴소생들에게 고향 같은 곳이지만 떠나야 할 고향이다. 또한 자신을 버린 가족들로부터 받은 상처가 여전히 마음을 괴롭힌다. 시설 출신이라는 딱지도 늘 붙어 다니는 것 같다.

셋째, 발목을 잡는 여러 가지 장애물들이 있지만 그래도 퇴소생들은 미래를 바라보며 열심히 달려가고 있다. 시설생활이 부정적인 것만은 아니다. 그곳에서 얻은 것들도 있다. 그리고 주위를 둘러보면 많지는 않지만 도와줄 사람들도 있다. 제자리걸음을 걷는 것처럼 계획한 일들이 잘 안되고 그래서 주저앉아 포기하게 되는 상황도 있지만, 정신을 바짝 차리고 미래를 꿈꾸면서 앞만 보며 달려가야 한다.

한편, 조순실(2010)은 공동생활가정 퇴소청소년의 자립을 향한 삶에 대해 질적 연구를 하였다. 이 연구는 21~24세의 공동생활가정 퇴소청소년 9명의 자립경험을 탐구한 것으로, 이들은 "외롭고 고통스러운 자립생활을 부모 및 그룹홈 관계자들, 이성친구와 관계하면서 지지를 얻고 가족의 필요성을 깨달아가면서 독립된 사람이 되어 평온한 삶을 위해 열심히 살아가는 것"으로 나타났다. 좀 더 자세히 살펴보면, 공동생활가정 퇴소청소년은 1) 홀로 거처를 마련하고 생계를 유지하느라 힘들어 몸이 아파도 쉴 수 없는 상황이 고통이고, 종종 외로움과 분노를 참을 수 없으며 우울함과 열등감을 느낌, 2) 부모님의 사망에 대해 한을 느끼면서 친부모를 이해하거나 부모로부터 분리해 주체가 되며, 가족의 필요성을 절실하게 느껴 빨리 결혼하고자 함, 3) 자신을 그대로 보여줄 수 있는 이성 관계와 친구 관계는 편안하고 격려가 가능하며 은폐된 관계는 깊은 만남이 되지 못하고 결별하게 됨, 4) 굴곡이 많았던 운명을 받아들이면서 선배들과 그룹홈 교사들과 관계자들의 지지에 감사하였으나, 거처를 마련해주지 않아 섭섭함을 느낌, 5) 부정적인 시선과 편견에 적극적으로 대처하며 힘든 삶을 살다보니 어려운 일도 버티고 성숙해지며 생활이 안정되어 가서 스스로 자랑스러움, 6) 미래의 평온한 삶을 상상하면서 과거의 방황에서 벗어나 적극적으로 자신을 성찰하면서 선택하고 책임지며 열심히 살아가고자 함 등을 경험하는 것으로 나타났다.

제2장 시설보호 청년의 적응

제2장 시설보호 청년의 적응

1절 시설보호 청년의 적응 개요

1. 적응 개념

일반적으로 적응이란 '개인 대 환경의 적절한 결합'(엄명용 외, 2000)으로 이해된다. 이 경우 적응상태에서는 개인과 환경이 서로 긍정적인 영향을 주어 개인의 복지가 향상되지만, 부적응 상태에서는 개인의 복지가 손상되고 사회적 기능의 위축 등으로 개인의 성장과 발전이 지체되는 등의 여러 가지 문제가 발생된다.

시설보호 청소년의 심리사회적 적응은 이후의 자립과도 밀접한 관계에 있다. 시설보호 청소년의 자립에 관한 선행 연구에서 청소년의 행동문제와 정신건강 정도는 자립에 부정적인 영향을 미치나, 학교성적, 학교적응, 취업경험, 그리고 사회적응의 의지와 능력 등은 자립전환에 긍정적인 영향을 미치는 것으로 나타났다(Fanshel et al., 1989, Festinger, 1983, Iglehart, 1994, Mech, 1994, 변미희, 1999; 신혜령, 2001 재인용).

이혜은 · 최재성(2008)은 퇴소청소년의 적응을 시설퇴소라는 상황에

〈표 2-1〉 Emerging Adulthood의 성공적인 발달지표

차원	지표
물리적·신체적 건강	- 좋은 영양상태
	- 규칙적인 운동
	- 불법적인 약물에 의존하거나 남용하지 않음
	- 안전한 성행동
	- 비폭력
	- 안전운전
심리적·정서적 안녕	- 긍정적인 자기정체감
	- 인생 만족도
	- 긍정적인 견해
	- 목적지향성
	- 친사회적 지향
인생살이 기술	- 독립적인 의사결정
	- 정서적 자기 규제
	- 대인관계기술
	- 자기 효능감
	- 재정적 책임성
윤리적 행위	- 진실을 말하기
	- 약속지키기
	- 범죄를 저지르지 않기
	- 법과 규율 준수하기
	- 타인에 대해 염려하고 보살피기
	- 스스로에 대해 책임감 갖기
건강한 가족과 사회적 관계	- 부모, 애인, 또래와 친밀한 관계를 형성하고 빈번한 상호작용 (집단활동 포함; 스포츠팀, 교회, 합창단, 댄스 수업 등)
학업	- 고등학교 졸업
	- 고등교육의 완수
	- 직업관련 자격증
구조적 고용	- 학교, 직장, 집안 일에서 주당 35시간 이상 일하기
시민/사회적 관여	- 봉사활동
	- 정치적 참여
	- 자선과 기부

자료: 곽금주(2010), p. 35.

서 성인으로서 사회구성원으로서의 역할을 원활하게 수행하는 것으로 정의하였고 성공적인 적응에 대한 실질적 지표로 경제적 안정성, 거주 안정성, 삶의 만족도 등을 선정하였다.

한편, Emerging Adulthood의 성공적인 발달지표(〈표 2-1〉 참고)를 통해서도 적응 상태를 확인할 수 있다. 성공적인 발달과 적응은 높은 상관관계를 보이기 때문이다. Hawkins 등(2004)은 물리적 · 신체적 건강, 심리적 · 정서적 안녕, 인생살이 기술, 윤리적 행위, 건강한 가족과 사회적 관계, 학업, 구조적 고용, 시민/사회적 참여 등의 차원에서 성공적인 발달을 확인할 수 있는 지표를 제시하였다(곽금주, 2010 재인용). 이러한 성공적인 발달지표는 향후 Emerging Adulthood 시기에 있는 시설보호 청년에 대한 지원 방안을 모색할 때 고려될 수 있을 것이다.

이 글에서는 시설보호 청년의 적응을 Emerging Adulthood 시기의 발달과업을 원활하게 수행하는 것으로 정의하였다. 그리고 시설보호 청년의 적응의 이슈를 대학교에 진학한 청년의 진로발달수준과 결혼에 대한 태도(이혼에 대한 태도)라는 차원에서 살펴보았다. 이 두 가지 차원을 선택한 이유는 첫째, Emerging Adulthood의 주요 특징 가운데 하나가 일과 사랑을 탐색하는 시기라는 점이다. 일과 사랑에 대한 탐색이 어떻게 이루어지고 있는가를 통해 시설보호 청년의 상황을 짐작할 수 있다. 둘째, 성인기 이후의 적응 정도가 직업 및 결혼생활에 달려있음을 고려할 때 성인기로 이행하는 Emerging Adulthood에서 직업선택과 관련된 진로발달수준, 그리고 결혼과 관련된 결혼에 대한 태도(이혼에 대한 태도 포함)를 살펴봄으로써 성인기 이후의 삶의 성과를 예측할 수 있기 때문이다. 이 글에서 시설보호 청년의 적응을 대학교에 진학한 경우로 제한하여 살펴봄에 따라, 이 글의 결과를 시설보호 청년의 보편적인 상황으로 일반화하는 데 문제가 있다. 이들은 시설과 연락이 닿는 청년으로 그렇지 않은 청년에 비해 적응 수준이 높을 것으로 예측된다. 그럼에도 불구하고 대학교에 진학한 청년으로 한정한 이유는 대학교에 진학하지 않은 시설 보호 청년의 경우 정보 획득이 어렵다는 매우 현실적인 어려움 때문이다. 또한 대학교 진학을 성공적인 적응 상황으로 이해하고 시설보호 청년의 대학 진학을 권장하는 상황에서, '과연 그러한가?'라는 의문을 해결하는 차원에서 대학교에 진학한 시설보호 청년을 연구 대상으로 한정하였다.

2. 적응 이론

Stein(2006)은 일정 연령에 도달하여 보호에서 벗어나는 청소년 연구에 이론적 관점이 결여되어 있다고 지적하고 이들의 적응을 애착이론, 초점이론, 레질리언스(resilience)로 설명하였다.

1) 애착이론

애착이론은 일정연령에 도달하여 보호에서 벗어나는 청소년의 이야기를 이해하기 위한 관점을 제공한다. 어린 시절 이후의 정서적, 행동적 문제와 관련된 어린 시절의 역경과 부모의 상실에 심리적으로 대처하고자 하는 어린 아동의 노력에 관한 이론을 공식화한 Bowlby, 다양한 보호 제공 환경 내에서의 애착행동에 대한 Ainsworth의 분류 등이 애착이론의 토대를 구성한다(Stein, 2006).

애착 관련 연구들은 애착에서의 장애가 아동들이 세상을 바라고는 방식, 그리고 정보를 처리하는 방식에 어떻게 반영되는지, 그리고 이러한 과정들이 아동기, 청소년기, 성인기에 지속되는 관계 유형들을 어떻게 유발하는지 등을 탐색하였다. 연구 결과 아동들은 애착유형을 낳는 4가지 기본적인 내적작동모델(internal working model) 중의 하나를 발전시킨다고 제안한다. 이러한 애착유형에는 안정형 애착 유형(secure attachment pattern), 양가형 유형(ambivalent patterns), 회피형 유형(avoidant patterns), 해체형 유형(disorganized patterns) 등이 있다(Stein, 2006). 이러한 애착유형은 인간 마음의 선천적인 부분과 상이한 양육환경(양육자) 간의 상호작용 경험으로부터 형성되며, 이것은 애착 관계에서의 개인차를 설명한다. 애착유형은 사람들이 자신의 삶에서 중요하다고 생각되는 사람들과 관계하는 방식과 관계를 형성하는 능력을 설명하는 데 유용한 개념으로 아동의 사회적·정서적 발달과 적응의 주요 예측인자이다(Cooper et al., 1998).

시설보호 청년의 경우, 시설보호 이전부터 갈등적이고 단절적인 보호로 기본적인 욕구 충족이 어려운 환경에 있었을 가능성이 높은데다 시설 입소로 친부모(원가족) 분리를 경험하였다. 또한 시설입소 이후에도 잦은 보육자 교체, 집단적인 양육 등으로 개별적인 관심을 받지 못했는데, 이상의 조건들이 시설보호 청년의 안정적인 애착형성을 저해한다고 볼 수 있다. 물론 애착형성과 관련된 아동기의 경험이 성인기까지 불가역적으로 영향을 미치는 것은 아니지만, 시설보호 청년에 대한 실천에서 애착 관련 경험을 이해하는 것은 매우 필요하다. 시설보호 청소년이 보이는 특성, 예를 들어 자신감 없고 감정 표현을 억제하며 타인과의 관계 형성에서 어려움을 경험하는 것, 기본적인 욕구가 충족되지 않을 때 좌절감, 충동, 분노 등을 표출하는 것 등이 애착경험과 관련되기 때문이다.

Downes(1992)가 2년 반에 걸쳐 위탁된 청소년과 위탁 가족원의 상호작용을 집중적으로 연구한 결과에 의하면, 많은 위탁청소년들은 친부모로부터의 거절을 포함한 과거의 어려움 때문에 도움을 받거나 혹은 친밀한 관계를 맺는 것을 힘들어한다. 또한 이들은 타인에게 매우 의존적이거나 매우 독립적인(자신에게 중요한 사람도 멀리하는 것) 태도를 보이는데 이러한 관계 패턴이 잘 다뤄지지 않으면 이 문제가 성인기까지 이어져 인간관계의 만족감과 필요한 도움(특히 청소년기에서 성인기로 전환하는 시기에 필요한 도움)을 거절하는 상황으로 이어질 수 있다(Stein, 2006 재인용).

Sinclair 등(2005)은 적어도 한 명의 어른과의 강한 애착이 위탁보호에서 벗어난 청소년의 "좋은 결과"와 관련됨을 확인하였다(Stein, 2006 재인용).

시설보호 청년에게 애착이론은 다음과 같은 함의를 갖는다. 우선 애착이론은 보호에서 벗어나는 청년들의 인생 이야기를 이해하는 데 필요한 관점을 제공한다. 즉, 원가족과의 분리, 분리를 둘러싼 상황, 보호 관련 이력(care career)을 탐색할 수 있는 틀을 제공한다(Stein, 2006). 친부모와 함께할 수 없었던 이들을 돕는 것은 의미 있는 어른, 동료와의 상호작용 패턴을 통해 애착 행동을 탐색하는 사정 과정에서부터 시작된다. 애착유형에 따라 구체적인 개입방법은 차이가 있다. 예를 들어 불안한 애착을 가진 청소년의 경우 애착 대상에 대한 믿음과 활용가능성에서 자신감을 갖도록 하는 것이 중요하다(Downes, 1992; Stein, 2006 재인용).

또한 안정적 기반(secure base)을 제공하고 어른 세계를 탐색하고 자신감을 가질 수 있도록 기회와 적극적인 격려를 제공하는 것이 필요하다.

2) 초점 이론

초점 이론(모델)은 청소년이 자기 삶의 변화에 대처하는 방법에 관심을 갖는다. 이 이론은 주로 Coleman에 의해 개발되었는데 정신분석적 · 사회학적 관점에서 도출된 "전통적" 관점과 경험적 연구를 통해 도출된 청소년에 대한 "경험적" 이해가 서로 불일치한다는 것에서 출발하였다(강영배 외 역, 2006). 즉, 실제 많은 연구 결과는 청소년기를 아주 큰 심리적인 혼란 혹은 이상 행동의 시기로 잘못 표현하고 있는 정신분석 혹은 사회학 이론과 일치하지 않는다는 것이다.

초점 모델은 정상적인 청소년기의 발달에 관한 연구 결과를 통해 도출되었다. 이 연구는 11, 13, 15, 17세의 남녀 샘플을 뽑고 다양한 관계에 대한 태도와 의견을 조사하였다. 즉, 자아 이미지, 혼자라는 것, 성적 관계, 부모와의 관계, 우정, 대집단 상황에 관해 자료를 수집하였고 수집된 자료는 연구에 참여한 청소년들이 표현했던 공통된 주제와 제시된 관계 상황에서 드러난 건설적, 부정적인 요소들을 중심으로 분석하였다(Stein, 2006).

연구 결과, 모든 관계에 대한 태도는 연령에 따라 변화하였고 보다 중요한 것은 특정 이슈에 대한 관심이 청소년기의 상이한 단계에서 최고조에 이른다는 것이다. 예를 들어, 부모와의 갈등은 17세에 최고조에 이르고 동료로부터 거부당할 것에 대한 두려움은 14세에 최고조에 이르고 성적 관계에 대한 불안은 11세에 정점에 이른다는 것이다(Stein, 2006).

이러한 결과에 따라 초점 모델이 구축되었다. 이 모델은 특정한 종류의 대인관계의 패턴이 각각 상이한 연령대에서 가장 두드러진다는 의미에서 초점화되는(focused) 것이기 때문에 어떠한 패턴도 하나의 연령에만 한정된다고 할 수는 없다. 즉, 패턴은 겹쳐져 있으며 상이한 문제는 상이한 시기에 초점화되는 것이지만 어떤 문제가 그 연령대의 청소년에게 있어서는 중요하지 않다는 것을 의미하는 것은 아니다(강영배 외 역, 2006).

Coleman의 초점 모델은 발달에 관한 훨씬 더 유연한 견해를 제공하며(강영배 외 역, 2006) 그로 인해 세 가지 면에서 발달 단계 이론과 다르다(Stein, 2006). 첫째, 한 가지 이슈의 해결을 다음 단계를 다루는 데 필수조건으로 볼 수 없다. 즉, 어떤 문제의 해결이 다음 문제에 전념하기 위한 필수조건은 아니라는 점이다. 둘째, 초점 모델은 단계들 간에 고정된 경계의 존재를 가정하지 않는다. 그러기에 이슈들은 특정 연령 혹은 발달 수준과 반드시 결부되는 것은 아니다. 셋째, 발달 순서가 변경될 수 있다.

Coleman(1978)은 '왜 청소년은 청소년기의 넓은 범위의 이행에 직면하면서도 어느 정도 과도한 심리적 외상이나 스트레스에 휩싸이지 않은 채 대처할 수 있는 것처럼 보이는가'에 대해 검토하였다. 초점 모델에 의하면, 청소년들은 한 번에 한 가지 문제를 다룸으로써 문제들의 상황에 대해 적절해 대처해왔다는 것이다. 또한 어떠한 이유이든 간에 두 가지 이상의 문제에 대처하는 사람들에게 문제가 발생할 가능성이 높다고 할 수 있다. 예를 들어 사춘기나 급격한 성장이 정상적인 시기에 일어나면 교사나 또래집단 등으로부터 또 다른 압박이 가해지기 전에 청소년들은 이러한 변화에 쉽게 적응할 수 있다. 그러나 성숙이 늦은 청소년 등에게 압박은 같은 시기에 일어나기 쉬우며 필연적으로 보다 폭넓은 문제에 적응할 것을 강요당하게 된다(강영배 외 역, 2006).

초점 모델에 따르면 보호로부터 전환되는 시기와 특성에 대해 더 많이 이해할 필요가 있다. 보호를 떠나는 사람들의 대부분은 대략 16~17세에 독립생활을 하게 되는 반면, 또래들의 대부분은 20대까지 집에 머문다. 보호에서 벗어나는 청년의 경우 보호에서 벗어나는 것이 최종 사건(final event)이고 어려울 때 돌아갈 대안이 없다. 또한 이들은 보호를 떠나면서 인생의 주요한 지위 변화에 대처해야 한다. 간단히 말해, 성인기로의 여정이 단축되고 압축된다.

사회적 전환(transition) 과정은 전통적으로 3단계(서로 구분되지만 관련된)로 구성된다. ① 떠남(leaving) 혹은 분리(disengagement), ② 전환, ③ 새롭고 낯선 사회적 상황으로의 통합 등이 그것이다. 그러나 보호를 떠나는 청년에게는 즉각적인(instant) 성인기에 대한 기대만 있을 뿐이다(Hart, 1984). 이들은 중요한 준비 단계뿐 아니라, '멍하니 공상에 잠길 수 있는(space out)' 기회를 제공하며 자유, 탐색, 반성적 고찰, 모험, 정체성 찾기 등의 시간을 제공하는 전환기 또한 놓쳐버렸다. 오늘날 대다수의 청소년들은 고등교육 기회를 통해 이런 시기를 갖지만 대부분의 보호 종결 청년의 경우 사회적 보호 이전의 경험과 사회적 보호의 경험으로 인해 이러한 교육적 기회를 갖지 못하고 있다(Jackson, 2001; Social Exclusion Unit, 2003; Stein, 2006 재인용). 결과적으로 보호 종결 청년의 경우 전환 과정의 3단계가 최종단계로 융합되는 것이다. 짧은 시기에 3단계의 모든 과정이 뒤섞여서 이루어지기 때문에 보호로부터 종결되는 청년의 경우 더 많은 스트레스를 경험[1]

1) 일반적으로 청소년들은 본질적으로 생활의 모든 측면에서 변화에 직면한다. 다시 말해 그 변화에 대처하는 그들의 능력은 내적인 힘 또는 외적인 지원에 기인할 뿐만 아니라 스트레스의 타이밍에 기인하기도 한다. 만약 혼란스러운 경우가 너무 많이 발생하거나 단기간에 커다란 변화를 요구받게 되면 위험한 상황에 처하게 될지도 모른다. 커다란 변화가 동시에 일어날 경우, 예를 들어 새로운 학교에 입학해서 친구들과 맺은 관계의 축을 잃어버리게 됨과 동시에 사춘기를 겪어야 하는 것은 많은 청소년들에게 있어 그들의 해결능력 범위를 벗어나는 것이다(Feldman et al., 1990).

하게 된다.

초점 모델은 청소년들이 대처해야 할 '문제'가 많을수록 발생할 수 있는 스트레스 징후도 높다고 지적한다. 그렇기에 보호 종결되는 청년의 특성과 종결 시기에 대해 많은 고려가 필요하다. 여기에는 보호를 떠나는 청년의 정상적인 전환을 위한 기회 제공, 초기 20대에 필요한 정서적 · 실제적 지원 제공, 시간에 따른 변화에 대처할 수 있는 심리적 여유(psychological space) 제공 등이 포함된다(Stein, 2006).

3) 레질리언스

레질리언스는 불리한 배경, 문제, 역경에도 불구하고 청소년이 자신의 삶을 살아가고 만족을 얻을 수 있도록 하는 특성으로 정의된다. 즉, 빈곤, 폭력, 음주와 약물 남용과 같은 스트레스, 충격과 역경 속에서도 성공적으로 적응할 수 있는 능력이다.

레질리언스에 관한 연구 결과에서 입증되고 있는 4가지 중요한 결과는 다음과 같다(Benerd, 2004; Werner & Smith, 1992; Weick & Chamberlain, 2002; 천정웅 외, 2009 재인용).

첫째, 위험요인≠결과. 고위험 환경, 충격과 역경에 노출된 대다수의 개인들은 '성공적인 삶'을 살아낸다. 행동≠능력. 개인들이 보이는 부정적이거나 문제 있는 행동이 그들의 변화능력을 반영하는 것은 아니다.

둘째, 개인적 강점. 사회적 유능감, 자립심(자아존재감), 문제해결능력, 목적의식과 미래의식 등의 강점들은 개인의 건강한 성장과 성공적인 삶과 관련이 있다.

셋째, 보호요인. 개인적 강점의 개발과 육성은 다음 세 가지 보호요인과 관련된다. ① 애정 어린 관계: 의지할 수 있는 사람이 적어도

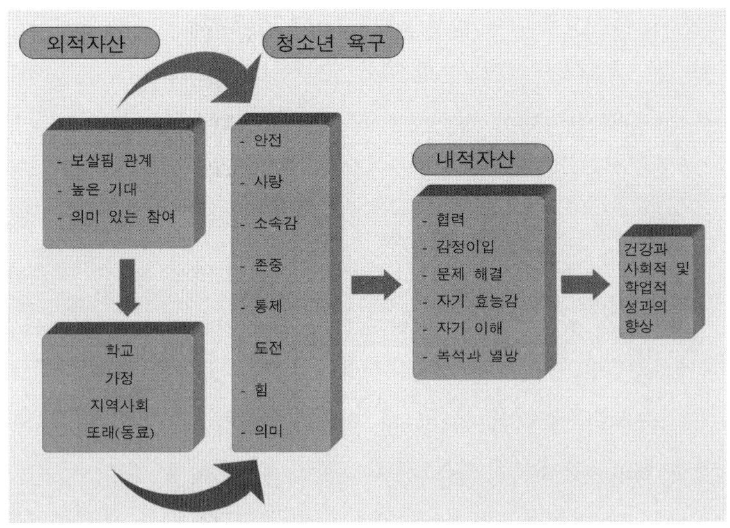

자료: cscs.wested.org/resources/rydm_presentation.pdf(검색일: 2011. 6. 22)

〈그림 2-1〉 청소년 발달 과정: 레질리언스의 적용

한명은 있다. ② 높은 기대: 자신이 성공하는데 필요한 능력들이 있다는 메시지를 듣는다. ③ 참여와 기여: 어딘가에 소속되어 있고 누군가에게 자원이 되고 도움이 될 수 있는 기회를 갖는다.

마지막으로, 믿음. 아동과 청소년에 대한 성인들의 믿음이 변화되어야 한다.

이러한 레질리언스를 청소년 발달 과정에 적용하면 〈그림 2-1〉과 같다.

Benard(1991)의 레질리언스 이론은 청소년들이 사랑, 소속감, 존중, 정체성, 통제, 도전, 힘, 의미 등을 포함하는 기본적인 인간의 욕구를 갖고 있음을 인정한다(천정웅 외, 2009 재인용). 이러한 욕구가 충족되는지 여부를 결정하는 데는 환경적 조건들이 중요한 역할을 한다. Benard

(1991)은 3가지 요소, 즉 애정 어린 관계, 높은 기대, 참여와 기여가 레질리언스를 촉진하는 데 기여한다고 보았다(천정웅 외, 2009 재인용). 이러한 환경이 마련되어 청소년에 부정적인 영향을 미칠 수 있는 정신적 충격, 역경과 스트레스가 완화·완충되면 이는 다시 청소년의 개인적 발달상의 성과와 협력, 감정이입, 문제해결능력, 효능감, 자기이해, 목적과 열망 등과 같은 강점의 육성과 출현에 기여한다(천정웅 외, 2009). 또한 청소년의 강점과 성과는 건강이나 행동과 관련된 위험요소의 감소와 긍정적인 예방, 결과와 복지의 증진에 기여한다. 한편, 보호요인이 환경에서 일관되게 제공되기 위해서는 "믿음"이 매우 중요함을 Benard(1991)은 강조한다(천정웅 외, 2009 재인용).

보호를 떠나는 많은 청년들은 또래와 비교할 때 매우 힘겨운 상황에 놓여 있다. 그러나 모두 그런 것은 아니다. 1980년대 이후 진행된 연구들은 보호를 떠나는 청소년을 크게 3가지 집단으로 분류하였다. 첫째, '전환을 잘한(moving on)' 청소년으로 레질리언스가 높고 보호중단 후 잘 살아가는 청소년, 둘째, '생존자'로 그럭저럭 간신히 대처하고 있으며, 레질리언스는 이들이 제공받는 전문적·개인적 지원과 관련된 청소년, 셋째, '희생자'로 매우 불리한 상황에 있고 지속적인 지원이 필요한 청소년이다(Stein, 2006).

그렇다면 퇴소 후 삶에 있어서의 이러한 차이를 낳는 것은 무엇일까? 어떻게 하면 시설보호 청년의 레질리언스를 증진할 수 있을까? 이에 대한 해답을 레질이언스 이론에서 찾을 수 있다(Stein, 2006).

시설보호 청년의 레질리언스를 증진시킬 수 있는 요인에는 배치 안정성, 긍정적인 자아정체감(자기 이해, 자기존중감, 자기효능감), 학교에서의 긍정적 경험(교육 성취) 등이 있다. 우선 배치 안정성을 살펴보면, 양질의 보호를 제공하는 안정된 배치를 경험한 청소년이 배치 이동이 갖았던 청소년에 비해 여러 가지 면에서 긍정적인 성과를 보인다. 그러기에 배치 안정성과 관련하여 보호(양육)자와 따뜻하고 결점을 보충해주는 관계를 맺는 것이 중요하다.

두 번째로 긍정적인 자아 정체감을 개발하도록 도움으로써 레질리언스를 고취할 수 있다. 이러한 정체감은 계획할 수 있고 통제 상황에 있다는 느낌, 역경을 재구조화할 수 있는 능력, 기질적 위험의 적은 발생 등과 관련된다. 자아정체감을 개발하는 방법은 ① 양질의 보호와 애착, ② 자신의 배경과 과거에 대한 이해, ③ 타인이 자신을 어떻게 인식하고 반응하는가에 대한 경험, ④ 스스로를 어떻게 이해하는지, 자신의 과거에 영향을 주었던 기회들을 어떻게 이해하고 있는지 등과 관련된다.

마지막으로 학교에서의 긍정적인 경험은 불우한 가족 배경을 가진 청년이나 보호를 떠나는 청년들 사이의 레질리언스와 관련된다. 결국 학교에서 긍정적인 경험을 갖도록 지원하는 것이 레질리언스를 높이는 데 기여한다는 것이다.

한편, Hanerson(1999)은 레질리언스를 발전시키기 위한 4단계 조치에 대해 다음과 같이 설명한다(http://www.ccsme.org/userfiles/files/HendersonResiliencyAdolescents.pdf).

첫 번째 단계는 항상 "레질리언스 태도"를 보이는 것이다. 레질리언스를 키우는 것은 "나는 네가 과거에 무엇을 했는지, 그리고 현재에 어떤 어려움에 직면해 있는지에 관계없이, 너의 좋은 점이 무엇인지를 안다"와 같은 내용을 언어적·비언적으로 전달하는 태도에서 시작된다. 또한 레질리언스 태도는 가능한 다양한 방식으로 보살핌(caring)과 지원을 표현하는 것이다. 예를 들어 동정심을 갖고 듣기, 아동 문제의 아픔을 인정하기, 사려 깊으면서 보살핌을 제공하는 몸

짓을 보이기 등이 해당된다.

두 번째는 약점에 대한 목록을 작성할 때 하는 것과 같이 혹은 더 세심하게 강점에 초점을 맞춘다. 우리가 살고 있는 곳은 약점(문제)에 주목하는 문화이기에, 청소년과 활동하는 어른들은 강점에 초점을 맞추는 것을 연습할 필요가 있다. 강점을 찾을 때 레질리언스를 촉진하는 개인적 · 환경적 특성을 참고하면 강점 찾기에 도움이 된다. 〈표 2-2〉는 레질리언스를 촉진하는 개인적 · 환경적 특성의 목록이다.

세 번째는 아동별로 레질리언스 수레바퀴를 만드는 것이다. 아동별로 레질리언스를 키우는 환경적 조건들의 망을 만드는 것이다. 이 망은 보호망, 지지망, 그리고 아동의 "자기교정성(self-righting tendency)"

〈표 2-2〉 레질리언스를 촉진하는 개인적 · 환경적 특성 목록

개인적 특성	환경적(가족, 학교, 기타 조직과 관계들) 특성
1. 타인 혹은 대의명분을 위해 자신을 바침	1. 친밀한 유대 고취
2. 훌륭한 의사결정, 주장성, 충동 통제, 문제해결 등과 같은 생활기술(life skill)을 사용	2. 교육을 중시하고 격려
3. 사교성/친구 사귀는 능력/긍정적인 관계를 형성하는 능력	3. 높은 수준의 온화함/낮은 비난 스타일
4. 유머감각	4. 명확한 경계 설정 및 집행(규칙, 규범, 법)
5. 내적 통제소(외부적 영향보다는 자신의 관점에서 선택함)	5. 보살펴주는 여러 사람들과 지지적인 관계를 권장
6. 지각력 있음(perceptiveness)	6. 책임, 타인에 대한 서비스, "사회적으로 유익함을 요구받음(required helpfulness[1])" 등의 공유 촉구
7. 자율성/독립	7. 주거, 고용, 건강보호, 레크리에이션과 같은 기본적 욕구를 충족시키기 위한 자원에 대한 접근 제공
8. 미래에 대한 긍정적 견해	8. 성공에 대한 높으면서도 현실적인 기대를 표명
9. 융통성	9. 목표 설정과 통제를 격려
10. 학습 능력과 학습과 관련을 맺고 있음	10. 이타주의와 같은 가치, 그리고 협력과 같은 생활기술 등의 친사회적 개발을 격려
11. 자기 동기 부여(self motivation)	11. 리더십, 의사결정, 그리고 의미 있는 참여를 위한 기회 제공
12. "무언가를 잘함"/유능함	12. 각 개인의 독특한 재능을 인정
13. 자존감과 자신감	
14. 영성	
15. 창의성	

주 1) 사회적으로 유익함을 요구받음(required helpfulness)이라는 개념은 타인이 심각한 불편함을 경험하지 않도록 하거나 불편을 감소시켜야 한다는 사회적 요구에 대한 반응으로 행해지는 위험하거나 어려운 활동을 의미한다(http://psycnet.apa.org/?&fa=main.doiLanding&uid=1980-23235-001(검색일: 2011. 6. 24).

과 레질리언스 능력을 키우는 망이다. 수백 개의 위험요인 연구들은 위험의 영향을 완화하여 결과적으로 레질리언스 쪽으로 아동들을 이동시키기 위해 필요한 전략으로 세 가지를 제안하였다. 그것은 유대증진, 명확하고 일관된 경계 설정, "생활기술" 교육 등이다.

① 유대증진(increasing bonding)

청소년과 레질리언스-육성 동료/어른과의 관계를 증진하는 것, 그리고 청소년과 친사회직 활동(스포츠, 미술, 음악, 드라마, 지역사회와 학교 서비스, 독서, 기타 학습 등) 간의 연결을 증가시키는 것이다.

② 명확하고 일관된 경계 설정(set clear and consistency boundaries)

가족 규칙 및 규범, 학교 정책과 절차, 지역사회 법규와 규범을 개발하고 일관성 있게 집행한다. 이러한 규칙, 규범들은 청소년이 참여하에 만들어지고 명확하게 전달되어야 한다. 그리고 규범, 규칙을 어겼을 때 그에 상응하는 적절한 결과가 일관성 있게 집행되어야 한다.

③ "생활기술" 교육(teach "life skill")

협동, 건전한 갈등 해결, 저항(resistance)과 주장성 기술, 의사소통기술, 문제해결과 의사결정, 건전한 스트레스 관리 등이 포함된다.

레질리언스 수레바퀴에는 이러한 세 가지 전략 이외에 나머지 전략들도 위험, 스트레스, 역경에서 회복되는 데 도움을 제공한다.

④ 보살핌과 지지를 제공(provide caring and support)

무조건적인 긍정적 존중과 격려를 제공한다. 이것이 레질리언스를 증진시키는 요소들 가운데 가장 중요하기 때문에 〈그림 2-2〉의 레질리언스 수레바퀴에서 음영표시를 하였다. 아동들은 자신이 사랑하고 신뢰하는 사람을 위해 무언가를 하고 더 열심히 공부한다.

⑤ 높은 기대의 설정과 전달(set and communicate high expectation)

이것은 레질리언스뿐 아니라 학업적 성취에도 도움이 된다. 여기서 중요한 것은 기대가 높으면서 현실적이어야 한다는 점이다.

⑥ 의미 있는 참여 기회의 제공(provide opportunity for meaningful participation)

이것은 문제해결, 의사결정, 계획, 목표 설정 등과 같은 기회를 제공하는 것, 그리고 아동들과 실질적인 방식으로 권력을 공유하는 어

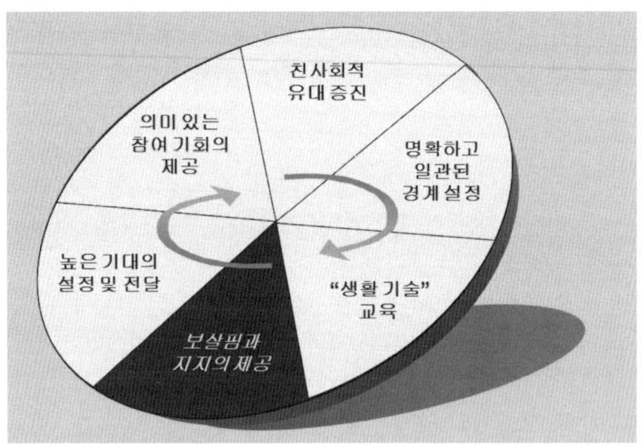

자료: Henderson. N. Fostering Resiliency in Children and Youth: Four Basic Steps for Families, Educators, and Other Caring Adults. http://www.ccsme.org/userfiles/files/HendersonResiliency Adolescents.pdf(검색일: 2011. 6. 22).

〈그림 2-2〉 레질리언스 수레바퀴

른들을 포함한다.

레질리언스를 발전시키기 위한 마지막 네 번째 단계는 절대 포기하지 않는 것이다. 레질리언스는 생애 과정이며 개인의 인생에 걸쳐 변화한다. 아동기의 어려움을 극복한 레질리언트 생존자들은 자신들을 둘러싼 사람들이 보여준 끈기가 얼마나 중요한지 보여준다.

3. 적응 실태

고등학교 3학년이 된 시설 청소년들이 직면하는 선택하는 상황은 "주거"와 관련하여 시설연장과 퇴소, "진로"와 관련하여 대학 진학과 취업에 대한 선택이다. 대학에 진학한 경우에는 시설연장이나 퇴소를 선택하며, 취업한 경우에는 대부분 퇴소를 선택한다.

1) 주거

시설보호 아동에 대한 퇴소조치는 아동복지법 제16조에 규정되어 있다. 대학에 진학하는 경우 자동 연장이 가능하다. 그러나 대학에 진학하는 청소년 가운데 일부는 시설과의 불편한 관계 혹은 본인의 강력한 퇴소 의사표시 등에 의해 퇴소하는 경우도 있다. 퇴소한 이후에는 독립적인 생활을 하거나 자립지원시설[2]에 입소하거나 친가족과

2) 자립지원시설은 ① 시설퇴소 아동 중 취업 중인 아동(우선), ② 시설퇴소 아동 중 취업준비 중인 18세 이상 24세 이하인 사람, ③ 아동복지시설 퇴소자로서 25세 이하인 기초생활보장수급자가 이용할 수 있으며, 입소 후 보호기간은 1년 이내로 하며, 필요시 연장 가능하다.

함께 생활하는 등의 선택을 하게 된다.

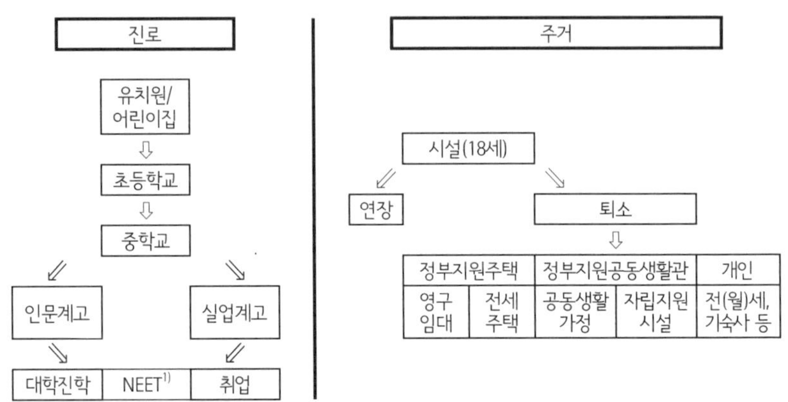

주 1) 니트(Not in Education, Employment or Training)는 직장이 없는데도 취업이나 진학할 생각을 하지 않으면서 직업훈련조차 받지 않는 젊은층을 일컫는다.

〈그림 2-3〉 시설보호 청년의 진로와 주거 선택

* 아동복지법

제16조(보호대상아동의 퇴소조치 등) ① 제15조제1항제3호부터 제5호까지의 보호조치 중인 보호대상아동의 연령이 18세에 달하였거나, 보호목적이 달성되었다고 인정되면 해당 시·도지사, 시장·군수·구청장 또는 아동복지시설의 장은 그 보호 중인 아동의 보호조치를 종료하거나 해당 시설에서 퇴소시켜야 한다.

② 제1항에도 불구하고 제15조에 따라 보호조치 중인 아동이 다음 각 호의 어느 하나에 해당하면 시·도지사, 시장·군수·구청장 또는 아동복지시설의 장은 해당 아동의 보호기간을 연장할 수 있다.

1. 「고등교육법」 제2조에 따른 대학 이하의 학교(대학원은 제외한다)에 재학 중인 경우

2. 제52조제1항제1호의 아동양육시설 또는 「근로자직업능력 개발법」 제2조제3호에 따른 직업능력개발훈련시설에서 직업 관련 교육·훈련을 받고 있는 경우
3. 그 밖에 각종 아동복지시설에서 해당 아동을 계속하여 보호·양육할 필요가 있다고 대통령령으로 정하는 경우

* 아동복지법 시행령

제22조(보호기간의 연장) 법 제16조제2항제3호에서 "대통령령으로 정하는 경우"란 다음 각 호의 어느 하나에 해당하는 경우를 말한다.

1. 20세 미만인 사람으로서 「학원의 설립·운영 및 과외교습에 관한 법률」에 따라 등록된 학원에서 교육을 받고 있는 경우
2. 시·도지사 또는 시장·군수·구청장이 보호대상아동의 장애·질병 등을 이유로 보호기간 연장을 요청하는 경우
3. 25세 미만이고 지능지수가 71 이상 84 이하인 사람으로서 자립능력이 부족한 경우
4. 취업이나 그 밖의 사유를 이유로 보호대상아동이 보호기간 연장을 요청하여 1년 이내의 범위에서 보호기간을 연장하는 경우

2009년 퇴소아동과 기퇴소아동 중 연락 가능한 아동을 대상으로 주거환경을 조사한 결과, 전체의 88%는 개인이 주거를 마련하고 있으며 다음으로 정부지원주택 6.3%, 정부지원 공동생활관 5.9%로 나타났다(보건복지부, 2010). 시설퇴소아동 통합정보시스템의 데이터를 분석하여 아동 양육시설 퇴소아동의 현황을 분석한 이동욱 외(2011)의 보고서에도 1,087명의 퇴소아동 가운데 19%가 정부 지원 주거시설에서 생활하는 것으로 나타나 보건복지부(2010) 결과보다 7%p 정도

〈표 2-3〉 시설 퇴소생 주거현황

계	정부지원주택			정부지원 공동생활관			개인						
	영구 임대	전세 주택[1]	소계	공동 생활 가정	자립 생활관	소계	월세	전세	전월세	학교 기숙사	회사 기숙사	기타	소계
1,482[2]	4	89	93 (6.3%)	9	79	88 (5.9%)	190	81	347	198	208	277	1,301 (88%)

주 1) 2007년 4월 4일부터 아동복시시설 퇴소자에 대한 주거지원사업이 시작되었다. 그 가운데 전세주택지원사업은 사회취약계층 아동·청소년의 주거생활안정 및 주거수준 향상을 위해 무주택 소년소녀가정·대리양육가정·친인척위탁 가정 및 교통사고유자녀가정, 아동복지시설 퇴소자에 대해 국민주택기금으로 전세주택을 지원하는 제도이다. 지원 대상은 아동복지시설 보호대상아동 중 18세가 되어 시설에서 퇴소하는 경우, 그리고 기퇴소자 중에서 만 23세 이하인 경우가 해당된다. 임대보증금은 없으며 월임대료 이자부담은 만 20세까지는 없고 만 20세 이후 2%의 이자를 부담하면 된다(보건복지부·한국아동복지협회 중앙아동자립지원센터, 2011).

2) 1,482명: '09년 퇴소아동(792명)+기퇴소아동 중 연락가능 아동(690명).

자료: 보건복지부(2010), 아동복지시설 퇴소아동 자립지원 대책보고, p. 5.

높아졌으나, 여전히 주거 마련에서 개인의 비중이 높다.

신혜령 외(2008)에 의하면, 퇴소 청소년들의 경우 월세로 사는 경우가 가장 많았으며, 회사나 학교기숙사, 전세주택, 자립생활관 순으로 나타났고 소수이지만 친구집이나 친척집, 고시원이나 쪽방 등 극히 불안정한 주거상태에 있는 청소년들도 9.0%나 되었다. 연장 청소년의 경우 퇴소 후 희망주거형태를 조사하였는데, 전세가 가장 많았으며 영구임대주택, 정부지원전세주택의 순으로 나타남으로써 정부지원을 통한 안정적인 생활을 희망하는 것을 알 수 있다.

한편, 퇴소 청소년의 주거 지원과 관련하여 중간의 집(half-way house)에 대한 논의도 있다. 정부 지원 주거시설의 하나인 자립지원시설은 대도시에 밀집되어 있고 단체생활 느낌을 주는 대규모 시설인 데 비해, 중간의 집은 지역밀착형, 맞춤형 소규모 자립지원 주거공간이라는 점이 특징이다(사회복지공동모금회, 2011). 중간의 집은 사회복지공동모금회 등의 민간 지원을 통해 시범적으로 운영되고 있다.

2) 진로

다음으로 시설보호 청년은 진로와 관련하여 "대학진학"과 "취업"을 선택하게 된다. 대학 진학에 대해서는 다음 장에서 살펴보기에 여기서는 취업에 대해 알아보겠다.

보건복지부(2011)에 의하면, 퇴소 아동의 64.2%가 취업 중에 있으며 13.2%가 취업 준비 및 실직상태에 있다고 한다. 이는 2009년 12월 기준, 전국 청년실업률 평균이 7.6%임을 고려할 때 시설퇴소 아동의 취업상황이 좋지 않음을 보여준다.

퇴소생의 낮은 취업률은 다른 자료를 통해서도 알 수 있다. 시설청소년의 대부분이 실업계(전문계)고에 진학하는 현실을 놓고 볼 때, 전문계 고교를 졸업하고 취업한 졸업생의 비중이 높지 않다는 자료가 그것이다. 한국교육고용패널조사에 의하면, 전문계 고교를 마치고 취업한 졸업생의 비중은 전체의 24.0%이다. 졸업생 4명 중 1명꼴로 취업해 있는 셈이다. 한편, 실업 상태에 있는 졸업생은 전체의 6.7% 수준이다. 전문계 고교 졸업생을 대상으로 실업률을 계산해보면 약 21.5%로 전체 청년 실업률에 비해 상대적으로 그 수치가 대단히 높다(채창균, 2009).

퇴소생이 주로 취업하는 곳을 살펴보면 단순노무직이 33%, 서비스직이 19.6%를 차지하는 등 퇴소생들의 직업 안정성이 비교적 낮음을 알 수 있다(보건복지부, 2011).

퇴소 아동의 취업과 관련된 또 다른 문제는 대부분 이직, 전직이 잦다는 것이다. 이명묵(1991)의 연구에서 1년 이내에 첫 직장을 떠난 퇴소아동은 45.2%나 되었다. 이들이 직장을 옮기는 이유는 적성에 안 맞거나 월급이 적거나 장래성이 없다는 이유에서이다. 퇴소 청소

〈표 2-4〉 퇴소생 취업현황

연도	계	직 종					
		전문직	준 전문직	사무직	단순 노무직	서비스직	기타
2006 ('04~'06)	1,211 (100.0)	75 (6.2)	122 (10.1)	87 (7.2)	521 (42.9)	197 (16.3)	209 (17.3)
2007 ('05~'07)	1,554 (100.0)	174 (11.2)	150 (9.7)	72 (4.6)	554 (35.6)	298 (19.2)	306 (19.7)
2008 ('06~'08)	1,166 (100.0)	94 (8.1)	72 (6.2)	64 (5.5)	390 (33.4)	209 (17.9)	337 (28.9)
2009 ('07~'09)	779 (100.0)	95 (12.2)	80 (10.3)	36 (4.6)	257 (33.0)	153 (19.6)	158 (20.3)

* 취업자 수는 각 연도별 누계임.
* 대상: 당해 연도 퇴소아동 및 기 퇴소아동(당해 연도를 제외한 2년 이내 퇴소자).

(참고) 통계청 가준 직종 분류

▸전문직: 공공·행정·경영지원·정보통신·공학·보건사회복지·교육·법률 등 관리직
▸준전문직: 농림어업종사자, 기능원 및 관련종사자, 장치·기계조작 및 조립종사자
▸사무직: 사무종사자(경영, 회계, 금융, 보험, 법률, 감사, 상담, 통계)
▸단순노무직: 단순노무 종사자
▸서비스직: 서비스 및 판매 종사자
▸기타: 아르바이트, 취업준비, 직업훈련, 직장체험

자료: 보건복지부(2011). 아동복지시설 퇴소아동 자립지원 대책보고, p. 3.

년의 이러한 응답에 덧붙여 시설 종사자들은 퇴소 청소년의 대인관계 미숙함, 업무에 대한 이해도, 인내심의 부족을 조기 이직의 원인으로 지적하고 있다(이명묵, 1991). 이와 관련하여 직장을 이동할 경우 앞으로의 진로, 목표와 연결시키고 장래성을 파악한 후 신중하게 검토하는 자세와 새로운 직장에 대한 정보와 비전을 함께 고려하여 결정하는 절차를 가지도록 하는 것, 특히 퇴소후 최소한 1년간은 직장적응 및 대인관계 향상을 위한 사후지도가 필요하다(강철희, 2001).

그렇다면 대학진학자와 취업자는 어떤 점에서 차이가 있을까?

강현아 외(2009)는 퇴소한 지 1년 미만부터 4년 이상 된 퇴소청소년들을 퇴소연차와 대학진학여부를 바탕으로 5개 집단으로 분류(퇴소

직후 고졸집단, 퇴소한 지 1년 된 고졸집단, 퇴소한 지 2년 이상 된 고졸 집단, 대학 재학집단, 퇴소한 지 2년 이상 된 대학졸업집단)하여 이들의 자립 및 사회적응 현황을 비교분석하였다.

연구결과 퇴소연차나 대학진학여부와 관계없이 퇴소청소년들이 겪는 가장 큰 문제점은 취업 및 주거상태, 열악한 경제 상황, 소원한 가족 관계로 나타났다. 또한 집단 비교 결과, 대학에 진학한 집단과 그렇지 못한 집단 간에 사회적 관계, 심리·행동적 발달 측면에서 큰 차이가 드러났다.

좀 더 자세히 살펴보면, 대학졸업집단의 경우 여성의 비율이 높았고 부모가 생존해 있는 청소년들이 대학을 진학하는 비율이 더 높다는 점에서 대학 진학에서 부모의 지지 및 기대가 작용했을 것으로 짐작할 수 있다. 이것은 가족과 연락한다는 비율이 대학재학 집단에서 가장 높게 나온 것과도 관련된다. 취업현황에서는 대졸집단에서 정규직 비율이 가장 높았다. 사회적 관계의 측면에서도 대학에 진학한 청소년과 그렇지 못한 청소년 사이에 차이가 나타났다. 즉, 대학에 진학하지 못한 청소년들은 퇴소 후 시간이 갈수록 가족, 친구, 타인과의 관계에서 점차 고립되는 양상을 드러낸다고 할 수 있다. 특히, 퇴소한 지 오래된 고졸집단일수록 친구가 한 명도 없다는 응답 비율이 다른 집단에 비해 높았다.

이러한 결과로부터, 대학에 진학하지 않고 취업의 길을 걷게 된 시설보호 청년의 삶이 대학진학자에 비해 불안정하고 열악함을 알 수 있다.

2절 시설보호 청년의 진로와 적응

2절과 3절에서는 Emerging Adulthood 시기에 있는 시설 청년의 적응 혹은 자립의 문제를 진로발달수준과 결혼에 대한 태도를 중심으로 살펴보았다. 진로발달수준에 집중한 이유는 대학생의 진로발달과 관련된 변인들이 대학생의 전반적인 적응과 유의미한 상관이 있기 때문이다(곽금주, 2010). 대학생에게 있어서 진로발달수준, 특히 진로결정수준이 중요한 이유는 졸업 후 직업을 선택하는 것이 본인의 자아실현과 밀접한 관련이 있기 때문이다. 그러기에 대학생 시기에는 자신에 대한 구체적인 이해와 직업세계에 대한 탐색을 통해 자신이 선호하는 직무 분야를 알아가고 선택을 실행하게 되는 과업을 갖는다.

또한 결혼에 대한 태도에 초점을 맞춘 이유는 결혼은 성인기의 주요 발달과제로서, 배우자 선택, 배우자와의 친밀한 관계 유지는 성인기 이후의 삶의 질에 중요한 영향을 미치는 영역이기 때문이다.

1. 진로발달 개념

진로(career)란 직업에 포함된 활동과 지위를 가리킬 뿐만 아니라 개인의 일생을 통하여 하는 일과 관련된 활동을 의미한다(고향자, 1992).

또한 개인이 일의 가치를 발전시키고 직업 정체성을 구체화하며, 직업기회를 배우며, 시간제 · 전일제 환경 또는 여가 선용을 계획하고 발전시키는 평생의 과정을 진로발달이라고 한다(김충기, 1986).

진로결정과 진로준비행동은 어느 시기에 이르러 갑자기 이루어지는 1회적인 것이 아니라 '발달'이라는 측면에서 살펴볼 필요가 있다

(홍미리, 2005). 진로에 발달 개념을 접목한 진로발달이론의 기본 논리는 인간의 다른 신체적, 정신적 발달과 마찬가지로 진로에 대한 지식, 태도 및 기능이 어려서부터 발달하기 시작하여 청년기에 성숙해진다는 것이다(이성진 외, 1990; 홍미리, 2005 재인용). 이러한 관점에 의하면, 일정 시점에서의 진로결정수준과 진로준비행동은 이전부터 발달해온 연속선상에서 파악해야 한다. 진로발달이론 분야의 대표적인 학자에는 Ginzberg(1951)와 Super(1953, 1975) 등이 있다(홍미리, 2005).

Ginzberg(1951)의 진로발달이론은 직업 선택과 인간의 발달과정의 연관성을 보여준 최초의 이론으로, 한 개인의 직업선택은 일순간적인 의사결정에 의해 이루어지는 것이 아니라 인간의 육체와 정신이 지속적인 과정을 거쳐 발달하는 것과 마찬가지로 일련의 단계와 과정을 거치면서 이루어지는 것이라고 설명하고 있다(홍미리, 2005). 즉, 개인이 자신의 욕구, 능력, 가치관, 정서적 요인, 흥미 등의 내적 요인과 가정환경, 직업조건, 교육 기회 등의 외적 요인사이에서 타협을 통해 직업을 선택하게 된다는 것이다. 특히, 직업선택과정은 바람(wishes)과 가능성(possibility) 간의 타협으로 볼 수 있는데(이혜연 외, 2010) 단계별 특징은 다음과 같다(홍미리, 2005; 이혜연 외, 2010).

① 환상적 직업선택 단계(fantasy period): 6~11세

자신의 능력이나 가능성, 현실의 조건 등 외적 조건 등을 고려하지 않고 자신의 욕구와 충동을 바탕으로 직업을 선택하는 특징을 보인다.

② 시험적 직업선택 단계(tentative period): 11~17세

개인의 흥미, 취미, 적성, 능력, 가치 등 주관적인 요인이 직업 선택의 주요 요소이지만 아직 현실적인 여건이나 제약조건에 대한 인식

의 고려는 부족한 단계이므로 시험적 성격을 지닌다.

③ 현실적 직업선택 단계(realistic period): 18세 이후

직업요구 조건, 교육기회, 취업기회 등 외부의 여러 현실적인 외적 요인과 개인의 흥미, 능력, 가치, 성격 등 자기 자신의 내적 요인을 타협시킴으로써 실제적인 직업선택을 하게 되는 시기이다. 현실적 직업선택 단계는 정서적 불안정, 개인적 문제, 재정적인 풍족함 등의 원인 때문에 늦어지기도 한다.

Super(1953, 1957)는 진로발달을 Ginzberg에 비해 보다 세부적으로 구분하였다. 그의 진로발달단계는 ① 성장기(출생~14세), ② 탐색기(15~24세), ③ 확립기(25~44세), ④ 유지기(45~64세), ⑤ 쇠퇴기(65세 이후)이다.

Ginzberg와 Super의 진로발달 이론은 일반적인 진로발달 단계를 보여준다. 그러나 이러한 진로발달 과정에 있어서도 개인차가 존재한다. 이러한 개인차는 개인이 속한 사회구조의 영향을 많이 받는다. 일반적으로 대학생은 다양한 선택을 탐색하기 위한 과외의 시간이 허용되지만, 사회경제적 지위가 낮은 많은 젊은이들의 생활조건은 선택의 범위를 제한한다(이혜연 외, 2010). 이러한 점에서 볼 때, 시설보호 경험이 있는 대학생의 경우도 일반 대학생과 비교할 때 선택의 범위가 제한될 여지가 크다고 볼 수 있다.

또한 Balu 등(1956), Miller & Form(1951)에 의하면, 개인의 진로결정에서 자신이 스스로 선택할 수 있는 여지는 제한적이지만 이에 비해 사회 구조적 요인, 즉 가정의 사회 경제적 지위, 가정의 영향력, 학업 성취도, 지역사회의 조건, 압력집단의 유형, 역할 지각 등에 의

해 영향 받을 가능성이 크다고 하였다(홍미리, 2005 재인용). 이러한 현상은 사회계층 그 자체에 의한 것이 아니라 사회계층은 그 속에서 생활하고 있는 대다수 사회적 반응, 교육받은 정도, 직업적 야망, 일반지능 수준을 결정하는 독특한 심리적 환경을 조성하는데 이것이 결과적으로 직업선택 및 결정에 영향을 미치게 되는 것이다(홍미리, 2005). 그래서 저소득 계층 가정의 자녀들이 열망하는 직업과 그들이 실제로 가질 수 있으리라고 예상하는 직업 간에는 상당한 차이가 나타나게 된다는 것이다.

2. 시설보호 청년과 진로

시설에서 생활하는 청소년들은 진로와 관련하여 어떤 선택을 하고 있는가? 우선 의무교육기관인 중학교를 졸업하고 고등학교에 진학할 때, 인문계고등학교와 실업계고등학교의 선택을 하게 된다.

현재 실업계고등학교는 성적이 낮은 학생들이 본인의 희망과 무관하게 입학하는 학교로 전락해버렸다(채창균, 2004). 중앙고용정보원의 2001년 제1차 청년패널조사에 따르면, 중학교 재학생 중 약 80%가 일반계 고등학교 진학을, 나머지 약 20%가 실업계 고등학교 진학을 희망한다. 2001년 기준으로 일반계 고등학교 입학생수가 전체 고등학교 입학생수의 66.5%라는 사실에 비추어 보면, 실업계 고등학교 진학자의 상당수는 직업교육을 희망해서라기보다는 성적 부진 등으로 본인의 희망과 무관하게 실업계 고등학교에 입학한다는 사실을 알 수 있다(채창균, 2004).

구체적인 통계 자료는 없지만, 시설 관계자들의 얘기를 들어보면 시설에서 생활하는 청소년들의 경우에 실업계 고등학교에 진학하는

〈표 2-5〉 일반계 · 실업계 고등학교 진학률 · 취업률

구분	인문계		실업계(전문계)	
	진학률	취업률	진학률	취업률
2003	90.2	17.6	57.6	90.2
2004	89.8	14.0	62.3	87.6
2005	88.3	12.1	67.6	86.3
2006	87.5	9.8	68.6	83.3
2007	87.1	6.8	71.5	71.6
2008	87.9	-	72.9	-
2009	84.9	-	73.5	-

자료: 김승권 · 김연우 · 이하나(2010). UN아동권리협약 이행 모니터링 사업 결과보고서. 보건복지부 · 한국보건사회연구원 · 한국아동권리모니터링센터, p. 109.

비율이 더 높다고 한다. 물론 시설아동에 대한 대학 입학 지원이 다양한 형태로 이루어지면서, 인문계 고등학교로 진학하는 시설 청소년의 수도 증가한 것으로 예상되지만, 여전히 실업계 고등학교에 다니는 경우가 더 많다. 시설보호 청소년이 실업계 고등학교에 더 많이 진학하는 이유는 빠른 취업을 위해서 혹은 학교 성적의 문제일 수 있다. 이재곤(1994)에 의하면, 실업계 고등학교를 진학하는 이유 중에서 인문계에 갈 실력이 안 된다고 응답한 경우가 42.8%로 가장 많았다.

실업계 고등학교에 진학한 시설 청소년들이 고3 졸업에서 할 수 있는 선택은 취업과 대학 진학이다. 그런데, 실업계 고등학생의 취업률의 경우, 2003년 90.2%에서 2007년 71.6%로 지속적으로 감소추세에 있는 반면 고등교육 기관 진학률은 높아졌다. 그러니까 실업계를 졸업하고도 취업보다는 대학에 더 많이 진학하는 현상이 벌어지고 있는 것이다.

이처럼 실업계(전문계)고 졸업생의 대학진학률이 높아진 이유는 다음과 같다.

첫째, 대학졸업장을 중시하는 사회적 분위기, 대학 졸업 유무에 따른 임금격차가 심한 상황 때문에, 학생들은 취업보다 진학을 선택한다.

임금근로자 교육정도별 임금수준을 살펴보면 학력에 따른 임금 격차를 확연히 알 수 있다. 고졸 근로자 657만 1천 명의 임금 분포는 100~200만 원(319만 명, 48.5%), 그 다음으로는 200~300만 원(137만 7천 명, 21.0%), 100만 원 미만(123만 8천 명, 18.8%) 순으로 나타났다. 전문대 졸 235만 8천 명의 경우(114만 3천명, 48.5%), 이들의 임금 분포는 200~300만 원(67만 2천 명, 28.5%), 300~400만 원(24만 3천 명, 10.3%), 100만 원 미만(18만 1천 명, 7.7%) 순이었다. 대졸 이상 531만 9천 명 중에서는 200~300만 원 근로자가 154만 7천 명

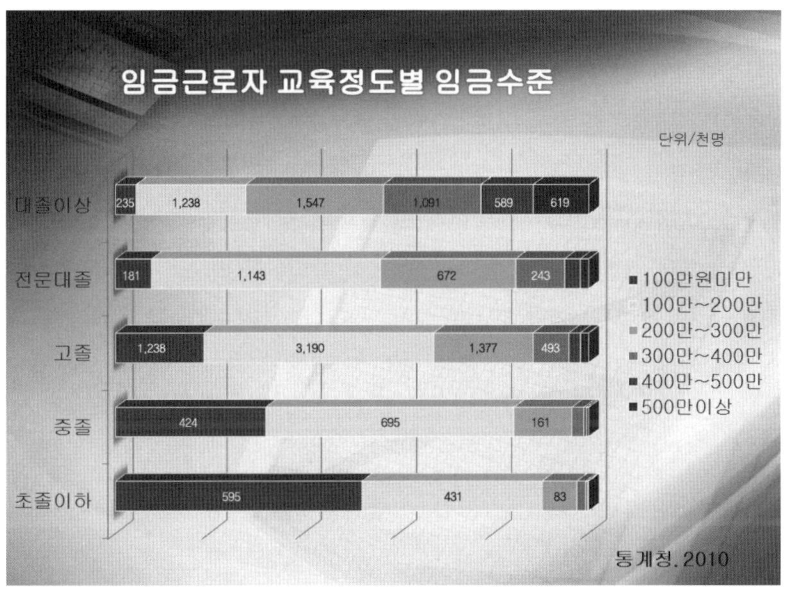

자료: 통계청(2010). 지역고용조사 통계.

〈그림 2-4〉 임금근로자 교육정도별 임금수준

(29.1%)으로 가장 많았고 그 다음으로 100~200만 원(123만 8천 명, 23.3%), 300~400만 원(109만 1천 명, 20.5%) 순이었다. 대졸 이상에서 100만 원 미만은 23만 5천 명으로 4.4%에 불과했다(연합뉴스, 임금근로자의 교육정도별 임금수준, 2011.4.20).

둘째, 대학에서 실업계 학생들을 선발하기 위한 특별전형을 도입하면서부터다. 실업계 특별전형[3]의 등장은 줄어드는 실업계 고교 지원율을 높여 실업계고를 살리려는 고육지책으로 볼 수 있다. 그러니까 전체적으로 청년실업 문제가 심각해지고 고학력 실업자가 증가하는 상황에서, 실업계 고등학교를 졸업하고 취업하는 것은 더 어려워진 셈이다. 이로 인해 실업계 고교에 지원하는 학생 수는 감소하게 되었고 그 결과 실업계 고등학교에서 학생을 모집하는 방편으로 대학진학의 가능성을 열어두게 된 것이다. 교육인적자원부(현, 교육부)는 '2008년 대학입학 전형 기본계획'을 통해 실업계 고교 졸업자에 대한 정원 외 특별전형을 현행 3%에서 5%로 확대한다는 행정예고를 한 것도 대학 진학의 길을 열어줌으로써 실업계 고등학교에 지원하는 학생을 유치하기 위한 노력의 하나이다.

이상의 상황은 시설보호 청소년의 대학진학률을 높이는 데도 기여하였다. 이처럼, 실업계 고등학교에 졸업한 이후 괜찮은 일자리에 취업하기 점점 어려워지는 상황과 실업계 특별전형을 통해 대학에 진학

3) 실업계특별전형은 실업계고등학교 학생들과 인문계고등학교 학생들의 대학진학의 격차를 해소하고, 보다 다양한 대학입시를 위한 방법의 일환으로 시행되기 시작했다. 실업계특별전형은 분명 좋은 취지로 시작된 입시전형이다. 그렇지만 실업계 특별전형으로 대학에 입학한다는 사실이 반드시 실업계 학생들에게 유리하고 유익하다고 단정할 수만은 없다. 왜냐하면 실업계 특별전형에서 선발된 학생이 모든 학생과의 경쟁을 뚫고 합격한 학생과 차이가 나기 때문이다. 전문적인 기술에서 실업계 학생들이 앞설 수 있지만 기본적인 학습량에서는 인문계와의 차이를 줄이지 못해 자퇴 또는 휴학하는 실업계 학생들도 적지 않다고 한다.

〈표 2-6〉 시설보호 청소년의 대학 진학을 지원하는 프로그램

국가(공공) 부문

I. 국민기초생활보장법

- 시설 입소 아동: 시설 수급자로 보호를 받음. 부양의무자 기준에 따라 수급자로 인정되지 않는 경우도 있지만, 부양의무자 기준을 초과하더라도 특례수급자로 선정되어 보호를 받기도 함.
- 시설 퇴소 청소년: 시설 퇴소시 시설 수급자에서 일반 수급자로 전환됨. 대학 진학 등의 사유로 시설에서 연장 거주하는 경우에도 수급권은 유지가 됨. 대입을 위해 재수준비중인 경우에도 관련서류(학원 수강증, 독서실 영수증 등)로 입증이 가능한 경우 조건부수급자(조건제시유예자)로 보호가 가능함. 퇴소 후에 취업을 한 경우, 소득의 정도에 따라 재조사하여 최저생계비 초과 시 보호 중지됨.
- 시설 청소년이 대학에 진학하는 경우, 수급자 가구의 최저생계비 기준에 적합하고 부양의무자 기준 적합시 수급자로 책정 가능함. 또한 대학생은 조건부과제외자에 해당되기 때문에 근로활동 참여라는 조건이 부과되지 않음. 그러나 방송통신대학, 사이버대, 학점은행제, 대학원생은 조거부과제외자에 해당되지 않기 때문에 조건부수급자에 해당되어 근로활동에 참여해야 함.
- 휴학을 하는 경우는 상황에 따라 수급권이 유지되기도 하고 중지되기도 함. 휴학의 사유가 소득활동일 경우 소득신고를 하여 소득인정액 재산정시 최저생계비기준 초과하면 중지됨. 그러나 질병, 편입 등의 사유로 인한 휴학일 경우 관련서류(진단서, 학원영수증) 등을 받아 그 기간만큼 유지될 수 있음.

⇒ 따라서 시설 청소년이 대학에 진학한 경우 수급자로 보호를 받는다는 것은 매우 큰 의미를 지님. 수급자로 지정받을 경우 생계급여를 받을 수 있어 생활비의 부담을 덜 수 있고 국가 장학금 대상자가 되어 대학생활을 유지하는 데 많은 도움이 되기 때문임.

II. 한국장학재단

1. 국가장학금 I 유형: 소득 8분위 이하(연 환산소득 6,801만 원 이하) 대학생으로 최소한의 성적 기준(직전 학기 12학점 이상 이수, 100점 만점에서 80점 이상인 자)을 충족하는 경우에 지원하며 경제적으로 어려운 학생들에게 더 많은 혜택이 주어지는 장학금. 연간 최대 지원 금액이 450만 원인데 기초생활수급자, 소득 1분위(차상위 계층) 해당자는 연간 최대 450만 원까지 지원받을 수 있음. 소득이 높아질수록 지급률이 떨어짐.
   ⇒ 국가장학금을 받기 위해서는 성적을 일정 수준 유지해야 함. 성적이 나쁠 경우 장학금을 받을 수 없어 학비 부담이 커지는 문제 생김.
2. 드림장학금: 저소득층(기초생활수급자, 차상위계층) 학생의 해외유학 기회 제공.
3. 국가근로장학금: 국내 대학 재학 중인 가계곤란 학생으로 성적(70점 이상/100만점) 및 소득 요건(1순위: 소득분위 3분위 이내, 2순위: 소득분위 4~5분위 이내, 3순위: 소득분위 6~7분위 이내)을 충족한 학생에게 사회경험의 기회와 장학금 혜택을 동시에 제공.
   - 지원내용
   ① 근로시간: 주간 교육과정(주20시간 이내), 야간 교육과정 및 방학기간 중(주40시간 이내)
   ② 지원금액: 시간급 지원금액은 근로기준법에 의한 시간급 최저임금 이상으로 하되, 매년 교육과학기술부 장관이 결정.

구문	시간급 지원금액
교내근로	6,000원
교외시설 및 전공 산업체	8,000원

※ 지원금액은 시간급 임금×실제 근로시간으로 산정근로시간

민간부문

I. 교보생명교육문화재단 희망다솜장학금

- 대상: (신규 장학생) 보육시설 및 그룹홈에서 성장한 청소년, 저소득가정의 청소년 등으로 대학 신입생, (기존 장학생) 심사 후 계속 지원
- 지원내용: 대학입학부터 졸업시(8학기)까지 장학금 지원(학기당 200만 원)(* 1학년 1학기에는 선발학생 모두에게 장학금을 지급. 이후 학기별로 심사를 거쳐 학기평균 3.0점(4.3만점일 경우 2.8점)이상일 경우에만 지급함)(교보생명 문화재단 홈페이지, http://www.kbedu.or.kr/community.html?Table=ins_bbs1§ion=&mode=view&uid=232(검색일: 2011.6.16))

II. 삼성꿈장학재단

- 대학 기능장학: 보육원 출신 학생의 전문대학 교육 지원

할 수 있는 기회가 많아지게 된 것에 덧붙여, 시설보호 청소년의 경우에는 시설보호 청소년의 대학 진학을 지원하는 여러 프로그램들이 실시된 것도 시설보호 청소년의 대학진학률을 높이는 데 큰 기여를 하였다.

시설보호 아동(청소년)의 대부분은 시설 수급자로 급여를 받고 있는 상황이다[4]. 대학에 진학할 경우에도 조건부과예외자로 급여를 받을 수 있고 실업자특별전형 이외에 사회적 배려 대상자 전형으로 대학 입학도 가능하다. 덧붙여, 입학 후에 일정 성적만 유지된다면 공공과

〈표 2-7〉 사회적 배려대상자(아동복지시설생활자) 전형 실시 대학(2010년)

지역	지원자격	전형방법	실시대학
서울	아동보호시설생활자	학생부 + 논술	홍익대(서울인문)
		학생부+면접+서류	서강대,서울여대(1단계-학생부+서류), 한국외대(1단계-학생부100)
		학생부 + 면접	국민대,홍익대(서울자연)
		학생부 100	숙명여대,한성대
충북	아동보호시설생활자	학생부 100	청주대
광주	아동보호시설생활자	학생부 + 면접	광주대
군산	아동보호시설생활자	학생부 100	군산대
대구	아동보호시설생활자	학생부 100	대구가톨릭대
부산	아동보호시설생활자	학생부 + 면접	부산대(1단계-학생부100)
		학생부 100	부경대
제주	아동보호시설생활자	학생부 100	제주대

자료: 경남진학지도협의회, http://knjinhak.or.kr/bbs/board.php?bo_table=b2_02&wr_id=79&sfl=&stx=&sst=wr_hit&sod=desc&sop=and&page=3(검색일: 2011.6.16).

4) 신혜령 외(2008)의 연구를 보면 국민기초생활 수급경험에 대한 질문에서 '받은 적 없다'고 응답한 경우가 77.7%로 매우 높게 나타났는데 이는 시설보호를 받는 기간에 시설 수급자로 지정되지만, 주식비, 부식비, 연료비, 피복비 등의 현금이 보장시설에 지급되기 때문에 본인이 수급자로 지정되었는지를 인식하지 못한 결과로 보인다.

〈표 2-8〉 시설보호 청소년의 대학 진학률

구 분	2006년	2007년	2008년	2009년
퇴소 대상아동	878	779	755	773
진학자수	288	375	356	428
대학진학률	32.8%	48.1%	47.1%	55.3%

자료: 보건복지부(2010). 아동복지시설 퇴소아동 자립지원 대책보고, p. 2.

민간 장학금을 받을 수 있다. 바로 이러한 상황들이 작용하여 시설보호 청소년의 대학 진학률이 높아졌다.

앞서 살펴본 여러 요인에 의해 대학에 진학하는 시설보호 청소년의 수가 크게 증가하였다. 〈표 2-8〉을 보면, 아동복지시설 퇴소 대상아동(전년도 고3 재학생)의 대학진학률은 2006년 32.8%에서 2009년 55.3%로 크게 증가하였다. 물론 전체 고교생의 대학 진학률 83.3%에는 크게 못 미치지만 증가추세는 매우 뚜렷하다. 매년 고3 재학생의 과반수 이상이 대학에 진학하고 있으며 앞으로도 증가추세가 이어질 것으로 전망된다.

그런데 이들 시설보호 청년의 대학생활은 어떠한가?

아동복지시설 자립지원 담당자 10명을 대상으로 실시한 포커스그룹인터뷰에 의하면, 시설 청소년들은 본인의 적성에 관계없이 진학을 하는 경우가 많아 중퇴율이 높다고 한다(변숙영 외, 2012).

그러나 대학교에 진학한 시설보호 청년의 삶은 상당히 이질적이다. 예전부터 있던 시설에 연장으로 지내면서 대학에 다니기도 하고 연장이지만 학교가 멀어서 학기 중에는 기숙사나 학교 근처에서 자취하면서 생활하고 방학에만 시설을 찾는 경우도 있다. 한편, 연장을 하지 않고 퇴소한 후에 대학에 다니는 경우도 있다. 퇴소 후의 주거공간은 정부지원주택, 정부지원 공동생활관도 있고 개인이 전적으로 주거비를 부담하는 형태(전세, 월세 등)도 있다. 이처럼 주거공간과 관련하여 시설보호 청년의 대학생활을 분류할 수도 있고 입학 방식에 따라 인문계고-수시 입학, 인문계고-정시 입학, 실업계고-수시 입학, 실업계고-정시입학, 실업계 특별전형, 사회적 배려 대상자 전형 입학 등에 따라 대학생활에서 차이가 발생한다.

그 밖에 시설보호 청년의 대학 생활을 간접적으로 엿볼 수 있는 자료도 있다. 이것은 실업계고 출신 대학생들의 대학생활에 대한 신문 기사이다. 실업계고 출신 특별전형(정원 외)으로 대학에 진학한 학생 상당수가 학업 부진으로 중도에 학교를 떠나고 있다는 기사가 그것이다(중앙일보, 2007.3.2). 특별전형으로 대학에 입학한 경우, 휴학을 하거나 중퇴를 하는 학생의 비율이 높은데, 이 신문기사에 의하면 연세대의 경우 2005학년도 입학생 중에서 실업계고 출신의 재학률이 60%에 불과했고 고려대에서도 2004학년도에 이 특별전형으로 들어온 학생 11명 중 6명이 휴학했다. 이 밖에 다른 대학의 실업계 특별전형 입학생 50% 내외가 1년이 채 안 돼 휴학 또는 중퇴를 하는 것으로 알려졌다(중앙일보, 2007.3.2.).

서울의 A대가 2008학년도에 입학한 학생들의 3학년 1학기까지 학업 현황을 조사한 결과 주목할 점이 있다(동아일보, 2011.1.12). 일반계고 출신의 평균학점이 4.5점 만점에 3.18점인 데 비해, 전문계고 출신 평균은 2.67점, 특히 전문계고 출신 휴학생은 2.50점으로 더 낮았다. 휴학 비율(군입대 포함)을 보면 일반계고 출신은 38%인 데 비해 전문계고 출신은 46%로 훨씬 높아 학업 부진도 영향을 줬을 것이라는 분석이다. 이와 같은 현상은 대학들이 특기자 전형, 사회적 배려 대상자 전형 등 특별전형을 확대하면서 성적이 떨어지는 학생들을 뽑고 있기 때문이라는 분석이 많다. 그런데 이처럼 본인의 학습 능력과 적성을 고려하지 않고 대학에 진학한 경우, 그 피해는 학생 본인이 지게 되는 상황이고 이는 실업계고 특별전형으로 대학에 진학하는 비율이 높은 시설보호 청년의 경우도 예외는 아닐 것이다. 특히, 학비 부담이 학생 본인에게 지워진 시설보호 청년의 경우 경제적 부담으로 학업에 전념할 수 없는 현실이 학업 부진, 낮은 성적으로 이어지고 이로 인해 장학금을 받지 못하면 학업을 지속하기 힘든 상황이 된다. 그러기에, 대학 진학 시설보호 청년에게 학비 부담 및 학업 문제가 특히 중요하다.

그렇다면 시설보호 청년에게 대학생활은 어떤 의미인가?

강현아 외(2009)에 의하면 대학졸업 및 진학한 집단의 자립 및 사회적응 수준이 고등학교 졸업자보다 훨씬 긍정적이기 때문에 시설 청소년이 대학에 진학하고 졸업할 수 있도록 하는 교육지원이 중요하다고 강조한다.

가정외 보호에서 종결하는 청소년들이 보호 종결 이후 직면하는 여러 어려움을 극복하고 독립적인 성인이 되기 위해서 필요한 것은 심리적 고민이나 방황도 경험해보고 자신을 돌아볼 수 있는 반추의 여유와 자기가 누구인가에 집중할 수 있는 시간적 · 심리적 기회이다(강현아 외, 2009). Stein(2006)은 이러한 기회를 얻을 수 있는 가장 좋은 시간은 대학에 재학하는 일이라고 지적하고 있다(강현아 외, 2009에서 재인용). 대학 진학은 취업 등에서의 실질적인 이득 외에도 심리적인 공간을 마련해줄 수 있기 때문에, 시설 퇴소를 비롯한 가정외 보호 종결을 경험하는 청소년들에게 유용한 대안이 된다는 것이다. Collins(2001)도 대학진학이나 미국의 자립생활 프로그램 등을 통해, 보호 종결 청소년들에게 자신의 미래를 준비할 수 있는 시간을 주는 것이 필요하다고 주장한다(강현아 외, 2009 재인용).

향후 대학에 진학하는 시설보호 청년들이 더욱 지속적으로 증가할 것으로 예상되는 가운데, 대학 진학자의 삶, 대학 진학자들의 대학생활을 이해하는 것은 이들의 퇴소 이후 적응을 원조하는 데 중요하다.

그런데 선행연구를 살펴보면 기존에는 대학에 진학한 시설 청소년에 대한 관심이 매우 적었다. 대학에 진학한 시설 청소년의 숫자가 적어서이기도 하거니와 퇴소보다는 시설생활 중인 아동(청소년)에 대한 관심이 컸던 이유도 있다. 대학 진학 청소년을 다룬 대표적인 연구로 이혜연 외(2007)가 있다. 이혜연 외(2007)는 대학에 진학한 시설 청소년의 당면 문제를 네 가지로 정리하였다. 첫째, 자신의 적성과 능력에 맞는 학과 선택의 문제, 둘째, 주거문제, 셋째, 학비와 생활비 문제, 넷째, 영어 등 기초과목 실력부족의 문제 등이다. 이러한 문제와 관련하여 대학을 진학하려는 청소년들을 위한 체계적인 진학지도의 필요성을 제시하고 주거문제를 해결할 수 있는 방안 마련을 제안하고 있다. 또한 대학을 졸업할 때까지의 학비와 생활비에 대한 지원책 마련, 국어, 영어, 수학 등 대학에서의 학업성취를 위해 필수적인 과목에 대한 기초교육 강화 등을 대안으로 제시하고 있다.

3절 시설보호 청년의 결혼과 적응

1. 결혼

사회의 기본 단위인 가족의 형성은 결혼에서부터 비롯되며 결혼은 새로운 가정을 창조하고 이 가정 속에서 성숙한 인간으로 성장하며 다음 세대를 재생산하는 기능을 수행한다. 또한 인간은 가정이라는 공동체를 형성하여 욕구와 의무의 균형 속에서 각자 책임감 있는 역할을 수행해가면서 성숙한 인격체로 완성되어 간다(김예리, 2008).

그러기에 결혼은 인간 성장 과정에서 반드시 거치게 되는 통과의례로 여겨져 왔다. 그러나 우리 사회에서 결혼에 대한 가치관은 변화하고 있으며 결혼이 제도나 규범상으로 반드시 해야 되는 것이 아니라는 의식이 점차 확산되고 있다.

흔히 결혼관이 변화하고 있다고 얘기되는데, 이때 결혼관은 결혼에 대한 가치관을 총체적으로 일컫는 것으로 배우자 선택과정에서부터 결혼 후 개인의 결혼 행동을 선택하는 근거로 정의된다(김예리, 2008). 그런데 올바른 결혼관 확립은 젊은 세대에게 결혼의 안정성 기반 위에서 결혼의 행복성을 추구할 수 있도록 돕는 현대사회의 핵심과제이기에 결혼관에 대한 이해는 매우 중요하다(남순현, 2007).

우리 사회의 변화하고 있는 젊은 성인 남녀의 결혼관은 다음과 같이 요약될 수 있다(남순현, 2007).

첫째, 결혼에 대한 개념 변화이다. 과거 결혼은 전 생에 한 번 있는 인륜지대사였기에 결혼을 숙명처럼 받아들이고 적응하는 것이 당연한 것으로 여겨졌으나 현대사회에서 결혼은 인생의 중요한 과정이기는 하지만 필수가 아닌 개인의 선택으로 받아들여지고 있다.

둘째, 결혼의 필요성에 대한 변화이다. 즉, 결혼은 반드시 해결해야 할 발달과업이 아닌 달성해야 할 하나의 목표가 되었다. 과거와 달리, 젊은 성인남녀는 더 이상 결혼을 통해 자신의 일을 포기하지 않을 뿐만 아니라 결혼을 해도 일과 가정을 양립하려는 경향이 강하다.

셋째, 결혼연령과 유형의 다양화 및 확대이다. 젊은 세대에게 결혼 적령기의 개념은 희박해진 지 오래고 만혼, 나이차 많은 결혼, 연상

연하 커플, 동거나 이혼·재혼 등 과거에 비정상적으로 여겨졌던 결혼이 보다 더 수용되고 있다.

결혼관에는 여러 가지 요인들이 영향을 미치지만, 시설보호 청년의 상황을 고려할 때 (원)가족 요인이 매우 중요할 것으로 예상된다. 일반적으로 결혼관에 영향을 미치는 가족 요인은 1) 부모자녀관계, 2) 가족건강성, 3) 부모의 부부관계 인지 등이 포함된다(김예리, 2008).

이를 자세히 살펴보면 첫째, 부모자녀관계가 결혼관에 영향을 미친다. 부모자녀관계의 선행연구들을 보면 자녀들이 부모를 애정적이고 수용적이라고 지각할수록 거부당하거나 사랑받지 못하는 것에 대해 불안 수준이 낮은 반면에, 부모가 거부적이고 무관심하다고 지각하는 자녀들은 부정적인 자아상과 타인에 대한 부정적인 지각을 가지는 것으로 나타났다.

둘째, 가족건강성이 결혼관에 영향을 미친다. 가족 건강성은 가족이 얼마나 응집되어 있고 적응되어 있는 것인가가 중요한 기준이 된다. 자신의 가족이 건강하다고 지각할수록 가족형성에 기본인 결혼에 대해 긍정적일 가능성이 높은 것이다.

셋째, 부모의 부부관계 인지가 결혼관에 영향을 미친다. 부모의 부부관계에 관련된 기존 연구들을 보면, 부모의 건강한 부부관계는 자녀의 낭만적 이성관계 형성에 긍정적인 영향을 미치는 것으로 나타났다(장혁표, 1999; 김예리, 2008 재인용). 조은수(2007)에 의하면, 부모의 결혼생활 만족도를 높게 지각한 경우 결혼 제도 및 정서적 안정에 대한 수준이 높게 나타났다(김예리, 2008 재인용). 백영수(2003)는 부모의 부부간 갈등은 자녀의 결혼 이미지에 영향을 미친다고 하였고 자녀가 관찰한 부모의 부부갈등이 높을수록 결혼 이미지는 낮았으며 부부관계 건강척도가 높을수록 결혼 이미지가 높은 것으로 나타났다(김예리,

2008 재인용).

그렇다면 시설보호 청년의 결혼관은 어떠한가? 결혼관에 영향을 미치는 원가족 요인의 측면에서 볼 때, 시설보호 청년은 오랫동안 부모자녀관계의 물리적・심리적 단절을 경험했고 시설에 입소하기까지 여러 가지 위기적인 사건을 겪었으며, 부모의 별거 혹은 이혼으로 시설에 입소한 경우도 많다. 그 결과 시설 청소년들의 경우 미래가족가치관인 결혼관, 이혼관, 미래 자신이 형성할 가족에 대한 자신감 상실을 경험할 수 있다(한유진・노남숙, 2009).

결국 미래의 결혼 및 가족 양상을 추측해볼 수 있는 유용한 지표인 결혼관을 바르게 형성하는 것은 퇴소 이후 삶의 질과 밀접한 관련을 갖는다고 볼 수 있다. 이러한 관점에서 시설보호 청년의 자립준비 및 퇴소 이후의 행복한 가정을 형성할 수 있는 기반으로 가족 가치관과 합리적인 가족 모델에 대한 정보를 주기 위한 구체적인 프로그램이 필요하다. 원가족에 대한 부정적 경험과 왜곡된 이미지를 지닌 시설보호 청년들에게 가족 이미지와 가족 개념을 긍정적으로 인식하고 개선할 수 있는 프로그램을 제공함으로써, 미래의 건강한 가족형성 자신감을 도모할 수 있도록 도와야 한다(한유진・노남숙, 2009).

2. 시설보호 청년의 결혼

강현아 외(2009)에 의하면, 시설 퇴소생은 시설에 대한 편견, 거절에 대한 두려움 혹은 자신감 부족 등으로 인해 이성관계에서 심리적 어려움을 느끼고 있다고 응답했다. 특히 고졸집단이 대졸집단에 비해 어려움을 느낀다는 비율이 더 높았다.

청소년들이 너무 일찍 결혼을 하게 되면 자신을 발전시킬 수 있는 기회를 잃거나 충분한 준비 없이 일찍 부모가 될 위험이 높아질 수 있다(강현아 외, 2009). 이런 경우 퇴소 청소년들은 사회적 지지 및 가족의 지원이 취약하므로 빈곤의 악순환으로 이어질 수도 있다(강현아 외, 2009). 그런데 퇴소 후 2년 이상 된 22~23세 연령대의 퇴소 청소년 가운데 5% 내외가 결혼한 것으로 조사되었다(강현아 외, 2009). 평균 초혼연령이 남자 31.6세, 여자 28.7세를 고려하면 너무 일찍 결혼하는 것이다.

결혼에 대한 생각을 알아보면, 퇴소생 절반 이상이 '결혼해서 행복하게 살 자신이 있다'는 긍정적인 응답을 하였다(강현아 외, 2009). 그러나 퇴소한 지 오래된 집단일수록 '자신없다'라고 응답한 비율이 높아지고 '결혼에 관심 없다'고 응답한 비율이 낮아지는 것으로 나타났다. 이것은 고졸 집단의 경우 퇴소 후 시간이 흐를수록 '결혼에 대한 무관심'[5])이 '자신없음'으로 바뀌는 것으로 해석될 수 있다(강현아 외, 2009).

5) 신혜령 외(2008)에 의하면 퇴소 청소년의 11.5%, 연장 청소년의 17.8%가 결혼에 대해 관심 없다고 응답했는데 이들의 결혼에 대한 무관심은 초기 성인기 친밀감을 형성해야 할 발달과업과 관련하여 우려할 만한 결과라고 볼 수 있다(신혜령 외, 2008).

제3장 시설보호 청년의 진로 및 결혼

1절 통합 방법론
2절 시설보호 청년의 진로
3절 시설보호 청년의 결혼

제3장 시설보호 청년의 진로 및 결혼

제3장에서는 제1장 시설보호 청년에 대한 이해, 제2장 시설보호 청년의 적응 등에 대한 설명에 이어, 2011년에 실시한 양적 및 질적 연구를 통해 시설보호 청년의 적응을 진로 및 결혼을 중심으로 살펴보았다. 그러기에 제3장의 1절과 2절 서술은 각각 한 편의 연구 논문과 같은 형식으로 이루어졌다.

한편, 시설보호 청년의 진로 및 결혼을 주제로 2011년에 실시한 연구는 통합 방법론(Mixed methodology)에 따라 양적 연구와 질적 연구가 동시에 이루어졌다. 진로 및 결혼에 대한 각각의 연구를 살펴보기에 앞서 통합 방법론에 대해 알아보았다.

1절 통합 방법론(Mixed methodology)

1970년대 이전에 출판된 사회연구방법론 교재들은 거의 자연과학 방법을 따르는 것이 바람직하다고 여겼다(홍동식 외 역, 1992). 그러나 1960년대에 현상학에 대한 높은 인식과 영향으로 말미암아 그동안

정통적 관행으로 여겨져 왔던 연구에 대해 많은 논란이 제기되면서 질적 연구에 대한 관심이 고조되었다. 우리의 사회복지학계에서도 최근 들어 질적 연구에 대한 관심이 크게 증가하였다. 최근 사회복지학계는 연구방법론 측면에서 두 가지 경향을 보이고 있다. 첫째는 양적 연구의 확대 및 고급통계의 지향성이 두드러지는 것이고 둘째는 양적 연구방법에의 지나친 편향성, 질적 연구 방법의 미성숙과 왜곡된 연구문화에 대한 자성적 고찰이 제기되면서 다양한 연구방법, 즉 질적 연구 방법의 중요성에 대한 인식이 확대되고 있는 것이다(김미옥, 2007).

국외에서는 질적 연구의 필요성, 중요성에 대한 관심과 더불어 질적 연구 방법과 양적 연구 방법의 통합에 관한 논의도 활발하게 진행되고 있다. 이와 달리 국내 사회복지학계의 경우 이 두 가지 방법론의 통합에 대한 논의는 매우 초보적인 수준에 머물러 있는데, 이는 우리 사회복지학계에서 질적 연구방법을 활용하기 시작한 것이 1990년대 말~2000년대 초로 질적 연구 방법의 역사가 10여 년에 불과한 것과 관련된다. 국외의 경우 1960년대 질적 연구에 대한 관심이 고조되었고 1980년대 통합 방법론에 대한 논의들이 등장했다는 사실로부터, 향후 우리나라 연구방법론에서 통합 방법론에 대한 관심이 크게 증가할 것으로 보인다. 실제로 사회복지실천 현장을 중심으로 통합 방법론이라는 용어를 사용하진 않더라도 욕구조사, 평가조사 등에서 양적 연구 방법과 질적 연구 방법을 함께 사용하는 것이 권장되고 행해지고 있다.

통합 방법론과 관련된 국외의 논의를 보면, "과연 양적 연구 방법과 질적 연구 방법이 통합될 수 있는가?"에 대한 논쟁이 첨예하게 이루어졌음을 알 수 있다. 또한 최근에는 두 방법론에 대한 철학적 논쟁보다는 각각의 학문적 독자성과 기여도를 인정하고 있으며, 더 나아가 질적 방법과 양적 방법을 통합하는 논의가 활발하게 진행되고 있다(김미숙, 2006). 물론 여전히 방법론적 순수성을 강조하는 사람들은 질적 방법과 양적 방법의 통합이 가능하지도 않고 바람직하지도 않다는 입장을 견지하고 있다. 그러나 연구문제를 더 잘 해결하고 연구의 발전을 도모하자는 입장에서 통합연구의 필요성이 강하게 제기되고 있으며 통합연구방법의 발전을 위한 노력들이 점점 구체화되고 있는 추세이다(Tashakkori & Teddlie, 2003; 김미숙, 2006에서 재인용).

다음에서는 우선 양적 연구 방법, 질적 연구 방법의 통합과 관련된 논쟁을 정리하였다. 그 이후 통합 방법론의 개념, 특징, 유형 등에 대해 알아보았다.

(1) 통합을 둘러싼 논쟁 - 인식론이냐 vs 기법이냐

양적, 질적 연구에 관한 논쟁에서 인식론적 관점과 기법적인 관점 간의 대비가 있다. 이 두 전통들을 서로 다른 인식론적 입장들, 그래서 서로 다른 패러다임을 반영하는 것으로 보는 경향은 이 둘 사이의 차이점을 강조하며, 이런 사고의 결과로 양적 연구와 질적 연구는 종종 서로 양립 불가능한 연구과정으로 인식된다. 여기서 인식론적 논점이란, 정당하며 받아들일 수 있는 지식이란 무엇인가 하는 의문, 즉 어떠한 것이 사회현실에 대한 정당한 지식으로 받아들여져야 하는가 하는 인식의 총체로 간주된다(홍동식 외 역, 1992).

양적 연구와 질적 연구가 서로 다른 인식론적 입장을 가진다는 것은 연구자가 사회현상의 실체는 무엇이며 어떻게 연구되어야 하는가를 결정한 다음 그에 따라 탐구방법을 선택한다는 것을 의미한다(홍동식 외 역, 1992).

한편, 학자들이 양적 연구와 질적 연구가 서로 다르다는 것은 인정한다 하더라도 이 둘 간에 인식론적 차이가 있다는 의견에 모든 학자들이 동의하는 것은 아니다. 다른 대안적 입장은 양적 연구와 질적 연구의 적절성이 연구 대상의 성질에 따라 정해진다는 것으로 연구의 성격에 따라 어떤 양식의 연구방법을 선택할 것인가를 결정한다는 것이다. 이 견해는 양적 방법을 사용할 것인가 혹은 질적 방법을 사용할 것인가의 결정이 특정 연구문제의 적합성에 관한 '기법적' 고려에 바탕을 두어야 한다는 것이다(홍동식 외 역, 1992). 이처럼 두 연구 방법 간의 차이를 특정 연구주제에 대한 상대적 적합성의 관점에서 보는 학자들은 이들 간의 차이를 단지 '연구전략'과 자료수집과정에 있어서의 차이 이상으로 보지 않는다고 말할 수 있다. 이러한 기법적 차이로 양적 연구와 질적 연구를 구별하는 경우에는 인식론적인 차이로 이 둘을 이해하는 경우와 달리, 이 둘의 통합이 가능하다고 본다.

많은 학자들은 논의의 인식론적 그리고 기법적 수준 사이를 힘들게 오가고 있다고 볼 수 있다. 질적 연구가 갖는 인식론적 경향 때문에 질적 연구에 이점이 있지만, 질적 연구를 사용할 것인가, 안할 것인가 그리고 언제 사용할 것인가에 대한 결정은 이러한 지적 입장(인식론적 경향)에 의지하지 않는 것 같다(홍동식 외 역, 1992). 다시 말해, 학자들은 질적 연구의 유용성을 실증주의를 반영하는 양적 연구와의 차별성에서 찾으면서(인식론적 차이에 주목), 질적 연구의 실제 사용에서는 매우 실용적인 입장(기법상의 차이에 주목)을 취하는 다분히 이중적인 태도를 보인다는 것이다.

실용주의자들은 최근 통합방법을 가장 적극적으로 발전시키려는 노력을 보이고 있는 집단이다(김미숙, 2006). 실용주의자들은 철학적 독단주의와 회의론의 중간지대에서 역사적으로 동의가 진전되지 않는 오랜 철학적 이원론(이성주의 대 경험주의, 현실주의 대 비현실주의, 자유의지 대 결정론, 사실 대 가치, 주관주의 대 객관주의 등)을 거부하는 대신이 논의가 문제를 해결하는 데 얼마나 도움이 되는가를 기초로 철학적 이원주의에 대한 온건하고 상식적인 견해를 선호한다(김미숙, 2006). 질적 방법과 양적 방법을 한 패러다임에서의 통합을 지지하는 실용주의자들은 방법 혹은 방법의 기저에 있다고 가정된 세계관보다 연구문제를 더 중시한다. 이들은 연구문제를 해결하기 위해서는 어떤 방법론적 도구든지 활용할 수 있다는 입장이다. 따라서 이들은 연구문제에 따라서 방법이 따라가야 한다고 본다(김미숙, 2006).

(2) 통합 방법[1)]

가. 통합 방법의 정의

통합 방법은 여러 다양한 견해를 포함하고 있다. 그러기에 한마디로 정의하는 것이 쉽지 않고 오히려 통합 방법의 다양한 특성들을 통해 이해하는 것이 보다 적절하다. Creswell 등(2011)은 통합 방법 연구(mixed methods research)에 대한 핵심적 특성을 정의하였다(Creswell et al., 2011; 5-6).

- 질적, 양적 자료(연구 문제에 기초하여)를 일리 있게 그리고 엄격하게 수집하고 분석한다.
- 이들 두 자료를 결합(combine)(혹은 이들을 결합(merge))함으로써 동시적으로 두 자료를 혼합(mix)(혹은 통합(integrate) 혹은 연결(link))하거나, 하나를 수행하고 순차적으로 그것이 다른 것의 근거가 되게 하거나 혹은 다른 것 내에 하나를 끼워 넣는(embed)다.

---

1) Creswell, J. W. & Plano Clark, V. L.(2011). Designing and Conduction Mixed Mehtods Research(2nd). Sage Publications. 책의 내용 정리.

–두 자료 가운데 하나 혹은 양자에 우선권을 부여한다.

–한 연구에서 혹은 연구의 여러 단계에서 이러한 절차를 사용한다.

–철학적 세계관, 이론적 렌즈 내에서 이러한 절차들을 표현한다.

–이러한 절차를 연구 수행 계획을 이끄는 특정한 연구 설계와 결합시킨다.

나. 통합 방법에 적합한 연구 문제–통합 방법을 언제 사용할 것인가?

통합 방법을 사용한 연구를 준비할 때, 연구자는 통합 방법을 사용하는 이유를 명확히 제시해야 한다. 통합 방법을 사용하는 이유는 〈표 3-1〉과 같다.

모든 상황에 통합 방법이 최선인 것은 아니다. 문제를 탐색하는 것, 참여자의 목소리를 존중하는 것, 상황의 복잡성을 보여주는 것, 참여자의 다양한 관점을 전달하는 것이 목적일 때는 질적 연구가 최선일 수 있다. 반면 변수들 간의 관계가 알고 싶거나 혹은 어떤 집단이 다른 집단보다 더 나은 성과를 보이는지에 관심이 있다면 양적 연구가 최선이다. 여기서 중요한 것은 연구 문제에 따라 적합한 방법을 고민해야 한다는 것이다. 예를 들어, 전체 집단에서 참여자의 견해를 이해하는 것이 필요하다면 양적 접근의 서베이가 딱 맞고 문화 공유 집단이 어떻게 움직이는가에 관심이 있다면 질적 접근인 문화기술지가 적합하다. 이렇게 볼 때, 통합 방법에 적합한 연구 문제는 한 가지 자료원으로는 불충분한 연구 문제들, 설명이 필요한 결과, 일반화될 필요가 있는 탐색적 결과 등이다. 또한 제2의 방법이 주된 방법을 돋보이게 하는 경우, 이론적 입장이 채택될 필요가 있는 경우, 전반적인 연구 목적이 다양한 국면 혹은 프로젝트를 통해 가장 잘 다루어질 수 있을 때 등이다.

한편, 통합 방법의 사용을 언제 결정하느냐와 관련된 이슈도 있다

〈표 3-1〉 방법을 통합하는 이유

Greene, Caracelli, and Graham(1989)	Bryman(2006)
-다원화(triangulation): 상이한 연구 방법으로부터 결과의 수렴, 확증, 그리고 관련성을 추구 -상보성(complementarity): 다른 연구 방법의 결과와 함께, 한 연구 방법으로부터 나온 결과의 정교화, 향상, 설명, 명료화 등을 추구 -개발(development): 한 연구 방법의 결과를 사용하여 다른 방법을 개발하거나 이해. 이때 개발은 측정 결정뿐 아니라, 표집, 실행 등을 포함 -창시(initiation): 패러독스, 모순, 새로운 준거틀의 발견. 다른 연구 방법으로부터 나온 결과 혹은 질문을 통해, 한 연구방법의 질문 혹은 결과를 재구성 -확장(expansion): 상이한 연구 요소에 대해 상이한 연구 방법을 사용함으로써 연구의 깊이와 폭을 확장	-다원화 혹은 더 큰 타당성: 결과를 다원화, 즉 상호적으로 확증하기 위해 양적, 질적 연구가 결합될 수 있다는 전통적 견해 -상쇄(offset): 양적, 질적 연구 방법은 각각 장점과 약점이 있으며, 이들을 결합함으로써 강점을 끌어내고 약점을 상쇄할 수 있음 -완전성(completeness): 양적, 질적 연구 방법을 채택한다면, 연구자가 관심 있는 연구 분야에 대한 포괄적인 이해를 끌어낼 수 있음 -과정: 양적 연구는 사회생활의 구조를 이야기하고 질적 연구는 과정을 제시함 -상이한 연구 질문: 양적, 질적 연구는 각각 상이한 연구 질문에 답한다는 주장 -설명: 다른 연구 방법에 의해 만들어진 결과를 설명하는 데, 한 연구 방법이 사용됨 -기대하지 못한 결과: 한 연구 방법에서 만들어낸 놀라운 결과가 다른 연구방법을 통해 이해될 수 있을 때, 양적 및 질적 연구 방법이 유용하게 결합될 수 있음 -도구적 개발(instrument development): 질적 연구가 설문지, 측정 항목을 개발하는 데 사용되는 맥락을 언급 -표집: 특정 접근이 응답자 혹은 사례의 표집을 촉진하는 데 사용되는 상황 -신뢰성: 양적, 질적 접근을 채택함으로써 결과의 진실성을 높일 수 있음 -맥락: 두 방법의 결합은 일반화되고 외적으로 타당한 결과 혹은 서베이에서 발견되지 않은 변수들 간의 폭넓은 관계 등과 결부되어 맥락적 이해를 제공하는 질적 연구의 측면에서 합리화됨 -예시: 양적 결과를 설명하기 위해 질적 자료를 사용. "딱딱한(dry)" 결과라는 "뼈"에 "살"을 입히는 것으로 비유됨 -결과의 유용성 증진 혹은 효용성: 두 접근의 결합이 실천가 등에게 보다 유용함 -확증과 발견: 가설을 만들기 위해 질적 연구를 사용하고 단일한 프로젝트에서 가설을 검증하기 위해 양적 연구를 사용 -견해의 다양성: 양적, 질적 연구를 통해 연구자의 관점과 실천가의 관점을 결합함. 또한 질적 연구를 통해 연구 참여자의 의미를 드러내고 동시에 양적 연구를 통해 변수들 간의 관계를 발견함 -양적, 질적 결과를 기반으로 함. 혹은 양적, 질적 결과의 가치 상승: 양적, 질적 연구 접근을 사용하여 자료를 수집함으로써, 양적 결과 혹은 질적 결과를 증가시키거나 중요시할 수 있음

자료: Creswell et al.(2011), pp. 62-63.

(Creswell et al., 2011; 54-55). 여기에는 고정된 통합 방법 설계(fixed mixed methods design)와 발생적 통합 방법 설계(emergent mixed methods design)가 있다. 고정된 통합 방법 설계는 연구 과정 초기에 양적, 질적 방법의 사용을 미리 결정하고 계획하는 것을 말한다. 발생적 통합 방법 설계는 연구를 수행하는 과정에서 만들어진 이슈 때문에 통합 방법을 사용하는 경우에 해당된다. 일반적으로 발생적 통합 방법 설계는 한 가지 방법이 불충분하기 때문에 연구가 진행되는 후에 다른 접근(양적 혹은 질적 접근)이 추가되는 상황에서 발생한다. 고정된 통합 방법 설계와 발생적 통합 방법 설계는 연속적인 과정에 있다. 즉 대부분의 연구는 고정된 통합 방법 설계와 발생적 통합 방법 설계의 중간 정도에 해당된다. 예를 들어 연구자는 연구 초기에 두 단계(phase)(이를테면 양적 연구를 수행하고 그 이후에 질적 연구 단계를 수행하는 식)로 연구를 계획할 수 있다. 이 경우는 고정된 통합 방법 설계에 해당된다. 그리고 두 번째 단계, 즉 질적 단계의 상세한 설계는 초기 양적 단계의 결과에 대한 해석에 기반하여 발생할 수 있다. 후자는 발생적 통합 방법 설계의 형태로 볼 수 있다. 결국 이런 식의 연구는 고정된 통합 방법 설계와 발생적 통합 방법 설계가 결합된 형태이다.

다. 통합 방법 설계를 선택할 때 고려할 점

통합 방법을 사용하려고 할 때 연구자는 몇 가지 결정해야 할 사항이 있다(Creswell et al., 2011; 63-66). 1) 양적, 질적 연구 간 상호작용의 수준, 2) 양적, 질적 연구의 우선순위, 3) 양적, 질적 연구의 시기 등이다.

① 양적, 질적 연구 간 상호작용의 수준

상호작용은 두 연구 방법이 서로 독립 혹은 상호작용하는 정도를 의미한다. 즉, 연구자는 두 연구 방법이 상호 독립적인지, 상호적인지를 선택해야 한다. 독립적인 경우는 양적, 질적 연구가 독립적으로 수행될 때를 지칭한다. 즉, 두 연구 방법은 별개이고 연구자는 양적, 질적 연구문제, 자료 수집, 자료 분석 등을 별개로 진행한다. 연구가 독립적일 때, 연구자는 연구 말미에 전반적인 해석을 하면서 결론을 도출할 때만 두 연구를 통합한다. 반면, 상호적인 수준에서는 양적, 질적 연구 간에 직접적인 상호작용이 존재한다. 직접적인 상호작용을 통해 최종 해석 이전에 두 방법은 통합된다. 연구 과정의 다양한 시점에서 다양한 형태로 통합이 이루어진다.

② 양적, 질적 연구의 우선순위 결정

연구자는 연구 설계에서 양적 혹은 질적 연구의 상대적 중요성을 결정해야 한다. 상대적 중요성은 1) 양적, 질적 연구의 동등성, 2) 양적 우위, 3) 질적 우위 등으로 구분된다. 양적, 질적 연구의 동등성은 연구 문제를 다루는 데 있어서, 양적, 질적 방법이 동일하게 중요한 역할을 하는 경우를 지칭한다. 양적 우위 혹은 질적 우위는 양적 혹은 질적 연구에 더 많은 강조점이 주어지는 경우를 말한다.

③ 양적, 질적 연구의 시기

시기(timing)는 한 연구 설계에서 양적, 질적 연구 간의 시간적 관계를 언급한다. 시기라고 하면 종종 자료를 수집하는 시기로만 제한하여 언급하는데, 보다 중요한 것은 두 자료로부터 나온 결과를 연구자가 사용하는 순서이다. 따라서 시기는 단지 자료 수집에만 제한된 것이 아니라 양적, 질적 연구 전체와 관련된다. 시기는 1) 동시적 시기(concurrent timing), 2) 순차적 시기(sequential timing), 3) 다단계 결합 시기(multiphase combination timing) 등으로 구분된다.

동시적 시기는 연구의 단일 국면(single phase)에서 양적, 질적 연구를 수행하는 것을 뜻한다. 순차적 시기는 한 가지 유형의 자료 수집과 분석이 다른 유형의 자료 수집과 분석이 이루어진 이후에 진행되는, 그러니까 별개의 두 개 국면에서 연구가 이루어진다. 마지막으로 다단계 결합 시기는 순차적 그리고(혹은) 동시적 시기를 포함하는 다단계 국면에서 연구를 수행하는 것이다.

라. 통합 전략

통합(mixing)은 연구의 양적 부분과 질적 부분을 명확히 관련짓는 것으로 결합(combination) 혹은 통합(integration)으로 불리기도 한다(Creswell et al., 2011; 66-68). 통합이 언제(접점, point of interface), 어떻게(전략) 이루어지는가에 대한 이해가 필요하다.

통합의 접점에는 1) 해석, 2) 자료 분석, 3) 자료 수집, 4) 연구 설계의 4개 지점이 있다. 또한 통합 전략에는 1) 두 개의 자료를 결합(merge)하는 것, 2) 한 개 자료의 분석으로부터 다른 자료의 수집을 연결 짓는 것, 3) 보다 큰 연구 설계 혹은 절차 내에 한 가지 자료 형태를 끼워 넣는 것(embed), 4) 두 자료를 하나로 묶기 위한 준거틀(이론적 혹은 프로그램)을 사용하는 것 등이 있다.

마. 통합 방법 설계 유형

Creswell et al.(2011)은 6개의 주요한 통합 방법 설계를 제시하고 있다. 6개의 통합 방법 연구 설계는 다음과 같다(Creswell et al., 2011; 70-76).

① 수렴적 병렬적 설계(convergent parallel design)

이 연구 설계는 연구 과정의 동일 국면(phase) 기간 동안 양적, 질적 연구를 동시에 수행하고 양적, 질적 방법에 동일한 우선 순위를 부여하며 양적, 질적 방법을 각각 별개로 독립적으로 분석하고 전반적인 해석에서만 결과를 통합(mix)하는 것을 특징으로 한다.

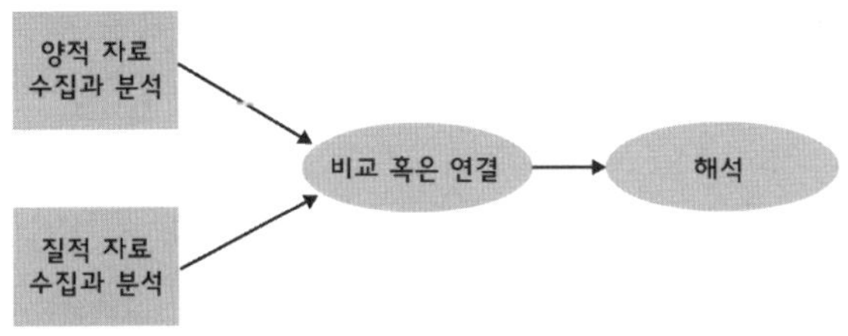

자료: Creswell et al.(2011), p. 69.

〈그림 3-1〉 수렴적 병렬적 설계

② 설명적 순차적 설계(enplanatory sequential design)

이것은 뚜렷이 다른 두 개의 상호적 국면(phase)에서 발생한다. 먼저 양적 자료의 수집과 분석을 시작(첫번째 국면)하고 이후에 질적 자료의 수집과 분석이 이루어진다. 이후의 질적 국면은 양적 국면의 결과에 따라 설계되며, 연구자는 질적 결과가 초기의 양적 결과를 설명하는 데 어떻게 도움이 되는가를 해석한다.

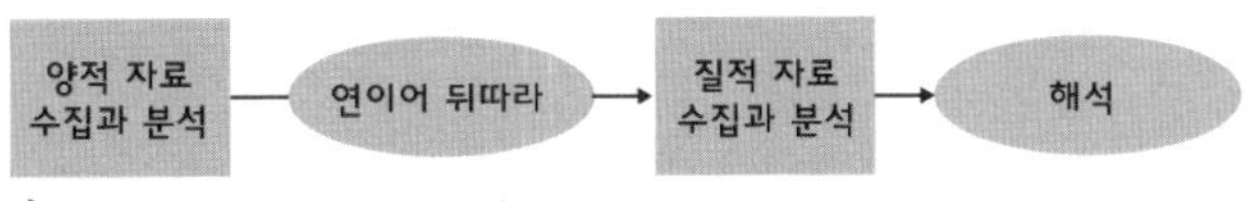

자료: Creswell et al.(2011), p. 69.

〈그림 3-2〉 설명적 순차적 설계

③ 탐색적 순차적 설계(exploratory sequential design)

앞서 살펴본 설명적 순차적 설계와 달리, 이것은 질적 자료의 수집과 분석에 우선순위를 둔다. 탐색적 결과에 기초하여 초기 결과를 검증하거나 일반화하기 위해 양적 국면(phase)을 시작한다.

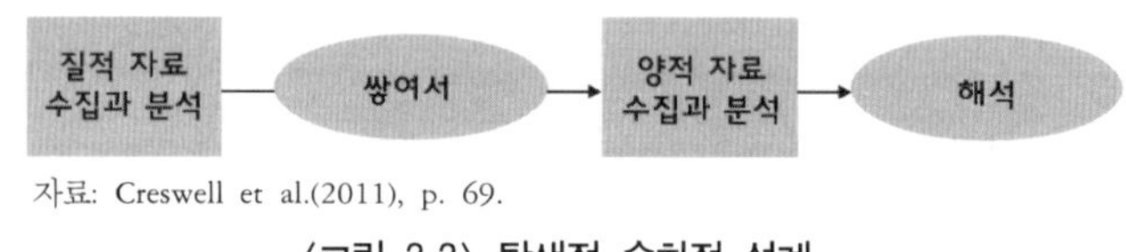

자료: Creswell et al.(2011), p. 69.

〈그림 3-3〉 탐색적 순차적 설계

④ 내장형 설계(embedded design)

이것은 전통적 양적 혹은 질적 설계 안에서 양적, 질적 자료를 수집하고 분석할 때 사용된다. 내장형 설계는 실험과 같은 양직 설계 내에 질적 연구를 추가하는 것 혹은 사례연구와 같은 질적 설계 내에 양적 연구를 추가하는 것이다.

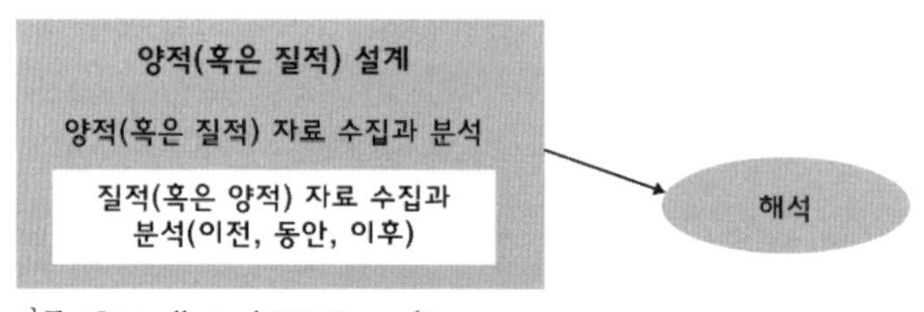

자료: Creswell et al.(2011), p. 69.

〈그림 3-4〉 내장형 설계

⑤ 변혁적 설계(transformative design)

이것은 변혁적 이론적 틀 내에서 통합 방법 설계를 수행하는 것이다. 양적 연구와 질적 연구의 상호작용, 우선순위, 시기 등에 대한 결정은 변혁적 틀이라는 맥락에서 이루어진다. 예를 들어 페미니스트 관점을 사용하는 연구자는 여성 흡연자에 대한 편견이 학교 맥락에서 여학생을 "위험한" 학생으로 어떻게 주변화시키는가를 질적으로 설명하고 양적으로 발견하기 위해 변혁적 설계를 사용할 수 있다.

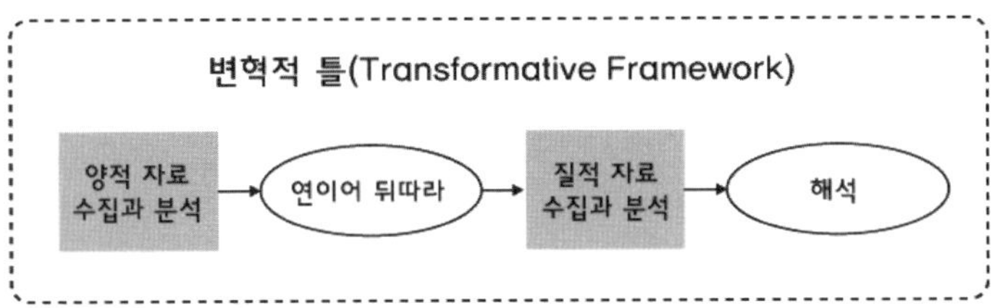

자료: Creswell et al.(2011), p. 70.

〈그림 3-5〉 변혁적 설계

⑥ 다단계 설계(multiphase design)

이는 순차적, 동시적 연구를 결합한 형태이다. 이러한 접근은 시간의 경과에 따라 특정 프로그램의 개발, 적용, 평가를 지지하기 위해 양적, 질적 접근을 사용하는 프로그램 평가에서 종종 사용된다. 예를 들어, 특정 북미 원주민 지역사회에 살고 있는 청소년의 흡연율을 낮추는 데 관심을 두고 있다고 하면 연구자는 먼저 이 지역사회에 살고 있는 청소년의 관점에서 건강과 흡연의 의미를 이해하기 위해 질적 연구를 시작한다. 그러한 연후에 질적 연구 결과를 사용하여 도구를 개발하고 지역사회별로 상이한 태도의 발생을 사정한다(양적 연구). 마지막 세 번째 국면에서는 연구자가 알고 있는 것들에 기초하여 개입 프로그램을 개발하고 이 프로그램의 과정과 성과를 검토(양적+질적)한다.

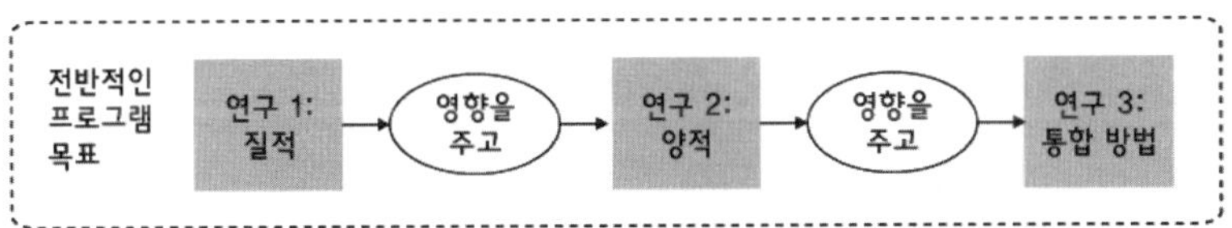

자료: Creswell et al.(2011), p. 70.

〈그림 3-6〉 다단계 설계

(3) 수렴적 병렬적 연구 설계

이 글에서 사용한 통합 방법은 수렴적 병렬적 연구 설계이다. 시설보호 청년의 진로발달수준을 알아보기 위해 양적 연구방법을 사용하였고 또한 이들에게 대학 진학이 갖는 의미를 이해하기 위해 질적 연구방법을 동시에 사용하였다. 양적, 질적 연구 방법 어디에 특별히

〈표 3-2〉 수렴적 병렬적 연구 설계의 특징

영역	–수렴적 병렬적 연구 설계
연구 설계 목적	–특정 주제에 대한 보다 완전한 이해 –양적 척도를 타당화 혹은 입증할 필요
패러다임 기반	–상위 철학(umbrella philosophy)으로서의 실용주의
상호작용 수준	–독립적
우선순위	–양적, 질적 연구방법을 동일하게 강조
시기	–동시적
통합(mixing)을 위한 접점	–상호작용 수준이 독립적인 경우는 해석부분에서 통합 –상호작용 수준이 상호적인 경우는 분석부분에서 통합
주요 통합 전략	–별개의 자료 분석 이후 두 연구 부분을 결합(merge) –추가 분석(예를 들어 비교 혹은 개별 결과의 변환)을 하며 두 연구 부분을 결합(merge)
장점	–연구자가 직감으로 이해할 수 있음. 통합 방법론에 익숙하지 않은 연구자들이 종종 선택함. 가장 대중적인 통합 방법론 –거의 동시에 연구의 단일한 국면(phase)에서 두 종류의 자료가 수집된다는 점에서 효율적임 –각 유형의 자료가 각기 따로따로 수집되고 분석될 수 있어 팀 작업이 가능함
약점	–동시에 자료를 수집하고 양적, 질적 연구 방법에 동일한 비중이 주어지기 때문에 많은 노력과 전문성이 요구됨 ⇒ 팀 작업이 요구됨 –두 자료를 결합(merge)할 때, 상이한 표본, 상이한 표본 크기가 야기하는 결과를 고려해야 함 –매우 상이한 자료와 결과를 의미 있는 방식으로 결합(merge)하는 것에 어려움이 있음 –양적, 질적 결과가 일치하지 않을 때 어떻게 할 것인가의 문제가 있음. 불일치가 해당 연구 문제에 대한 새로운 통찰을 제시하기도 하지만 이러한 차이를 해결하는 것은 쉽지 않고 추가 자료 수집이 요구될 수도 있음

자료: Creswell et al.(2011), pp. 73-76.

우선순위를 부여하지 않았고 연구 결과(해석 부분)에서 양적 연구의 결과와 질적 연구의 결과를 통합해서 제시하였다.

수렴적 병렬적 연구 설계의 특징을 제시하면 〈표 3-2〉와 같다. 〈표 3-2〉를 보면, 수렴적 병렬적 연구 설계가 여러 가지 통합 방법론 유형 가운데 가장 대중적인 설계이지만 두 자료를 결합(merge)하는 데 상당한 어려움이 있음을 알 수 있다.

이 글에서는 앞서 밝힌 바와 같이, 시설보호 청년의 진로발달에 대한 이해를 위해, 양적 연구방법과 질적 연구방법을 동시에 사용하고 해석부분에서 연구 결과를 결합하는 수렴적 병렬적 연구 설계를 사용하였다. 다음은 시설보호 경험이 있는 청년의 진로발달을 통합 방법론 유형 가운데 하나인 수렴적 병렬적 연구 설계를 적용하여 연구한 내용이다.

2절 시설보호 청년의 진로

1. 선행연구 검토

시설보호 청소년을 대상으로 이들의 진로 문제를 다룬 국내 연구는 다음과 같다.

김미희(2008)는 양육시설청소년과 일반청소년을 대상으로 진로성숙도와 개인적 변인(성별, 학년, 학업성취도, 경제적 수준)을 조사하여 두 집단의 진로성숙도 차이와 개인적 변인이 진로성숙도에 미치는 영향관계를 연구하였다. 조사결과 양육시설청소년이 일반청소년에 비해 진로성숙도의 태도영역과 능력영역이 낮은 것으로 나타나 진로에 대한 계획이나 일에 대한 태도를 가지고 자기 이해를 통한 개인의 능력을 개발하는 과정이 상대적으로 미숙함을 알 수 있다. 이러한 진로에 대한 태도나 능력이 성숙되지 않은 상태에서 사회·경제적으로 자립하기 위해 얻는 생계형 직업은 잦은 이직을 초래하는 원인이 될 수 있다. 이 연구에서 양육시설청소년과 일반청소년의 진로성숙도의 하위요인에 대한 유의미한 차이를 살펴보면, 태도 영역에서는 독립성, 일에 대한 태도, 계획성의 전 영역에서 일반청소년 집단이 양육시설 청소년보다 높았다. 진로성숙도의 다른 하위요인인 능력영역에서는 자기 이해, 직업에 대한 지식 중 하는 일, 임금 및 근무환경, 선호직업에 대한 지식에 있어서 양육시설청소년 집단이 일반청소년 집단보다 낮게 나타났다. 이는 진로에 대한 가족과 사회의 지지체계가 부족한 양육시설 청소년이 자신의 장래에 대해 덜 생각하고 덜 준비한다는 것으로 해석될 수 있다.

홍미리(2005)는 양육시설에서 생활 중인 고등학생들을 대상으로 이들의 진로결정수준, 진로준비행동, 이에 영향을 미치는 요인들을 연구하였다. 연구결과, 개인적 배경(성별, 학년, 시설입소기간), 진로지도를 받은 경험 및 고용관련 경험, 학교적응, 사회적 지지는 진로결정수준에 어떤 영향도 미치지 않는 것으로 나타났다. 한편, 진로준비행동의 경우에는 진로지도를 받은 경험, 학습적응, 친구의 지지 등이 영향을 미치는 것으로 나타났다. 이러한 결과를 바탕으로 학습증진을 위한 지원이 진로준비에 중요함을 제안하고 있으며 진로 관련 측정도구의 개발을 후속연구 과제로 제시하고 있다.

또한 이 연구에서 나타난 결과 중에서 유의할 부분은 진로지도 관련 경험이다. 조사대상자 116명 가운데 86.8%가 진로의논 상대가 있으며 주요 상대는 원장, 총무, 보육사 등의 시설 관계자, 친구, 학교 교사의 순으로 나타났다. 진로지도를 받은 경험에 대한 질문에서도 응답자의 85.3%가 진로지도를 받은 경험이 있다고 응답하였다. 이들이 받은 진로관련 프로그램은 진로상담이 가장 많았고 다음이 적성 및 자립능력검사, 진로(직업)탐색 프로그램으로 나타났다. 그런데 문제는 시설 청소년의 대부분이 진로 관련 프로그램에 참여하였음에도 불구하고 이러한 프로그램들이 진로 결정에 영향을 미치지 않는 것으로 나타났다는 점이다. 한편 진로 관련 프로그램은 진로준비행동에는 유의미한 영향을 미쳤다. 이것은 기존의 진로 관련 프로그램들이 도구적으로 무언가를 준비하는 것에만 집중되어 있을 뿐, 정작 시설 청소년 자신에게 적합한 진로가 무엇인가에 대한 고려는 적음을 암시한다.

박은미 · 장신재(2009)는 양육시설의 중학교 이상 청소년의 진로결정수준과 진로결정수준에 영향을 미치는 메커니즘을 발견하고자 시도하였다. 연구결과 진로결정수준에는 의미 있는 타자와 자아존중감이 유의미한 영향을 미치는 것으로 나타났다. 반면, 가족의 지지나 친구의 지지는 진로결정수준에 유의미한 영향을 미치지 않았다. 또한 사회적 지지가 진로결정수준에 미치는 영향이 자아존중감에 따라 달라지는가를 알아본 결과, 의미 있는 타자와 친구 요인이 진로결정수준에 미치는 영향이 자아존중감 수준에 따라 달라지는 것으로 나타났다.

문은숙(2010)은 탄력성 요인(내적요인: 지적 차원, 정서적 차원, 의지적 차원, 영성적 차원; 외적요인: 시설 차원, 학교 차원, 지역사회 차원, 또래 차원)과 진로성숙도 간의 관계에 대해 연구하였다. 대구 · 경북지역 아동양육시설 21개소의 고등학생 190명을 대상으로 조사한 결과에 의하면, 학교성적이 중상위권 청소년과 종교를 갖고 있는 청소년이 탄력성이 높았고 이러한 탄력성이 진로성숙도와 정적 관계가 있는 것으로 나타났다. 탄력성 하위 요인 중 내적 요인인 지적 차원과 의지적 차원이 진로성숙도에 영향을 주었다.

이상과 같이 시설보호 청소년의 진로 관련 연구는 매우 제한적이다. 이에 비해 일반 청소년의 진로 관련 연구는 상당히 많이 축적되어, 시설보호 청소년 대상 진로 연구에서 기존 연구의 관련 개념들과 분석틀을 많이 차용하고 있다. 이에 시설보호 청년의 진로에 대한 이해를 돕기 위해, 시설보호에 국한하지 않고 진로 관련 연구들을 포괄적으로 살펴보았다.

〈표 3-3〉 양육시설 아동 · 청소년 진로 관련 연구- 진로결정수준, 진로준비행동을 중심으로

연구	진로관련 변수	사용 척도	표본	대상	결과
홍미리 (2005)	진로결정 수준	CDS(Career Decision Scale:CDS)를 고향자(1992)가 번안	층화표본추출(시설평가에서 상위평가를 받은 시설을 도 지역별로 선택)	양육시설 고등학생 (116명)	2.59(0.48)
	진로준비 행동	김봉환(1997)			2.15(0.57)
박은미· 장신재 (2009)	진로결정 수준	CDS(Career Decision Scale:CDS)를 고향자(1992)가 번안	14개 시설(공동모금회 테마기획사업 참여 기관)	중학생 이상 (412명 중 14명 전문대재학)	2.65[2](0.51)

2) 박은미 · 장신재(2009)의 경우 진로결정수준 평균점수는 2.35이다. 박은미 외(2009)는 점수가 높을수록 미결정수준이 높음을 의미한다. 따라서 이 경우 2.35는 중간보다 높은 결정수준을 보이는 것으로 재해석될 수 있고 이를 역점수(1→4, 2→3, 3→2, 4→1, 즉 점수가 높을수록 결정수준이 높은 것으로 해석)로 표시하면, 2.65에 해당한다.

1) 진로발달수준 – 진로결정수준, 진로준비행동, 진로결정 자기 효능감

진로 문제를 다룬 연구들은 진로 관련 변수로 진로결정수준, 진로준비행동, 진로결정 자기효능감, 진로 성숙도 등을 주로 사용하였다. 이 글에서는 진로발달 정도를 진로결정수준, 진로준비행동, 진로결정 자기 효능감 등을 중심으로 알아보았다.

(1) 진로결정수준

진로결정은 Emerging Adulthood에 해당하는 대학생들이 당면한 주요 발달 과제이다. 진로를 결정하고 이에 대한 준비 행동을 하는 것은 대학생활 적응의 지표일 뿐 아니라, 앞으로의 삶을 설계하고 대비할 수 있는 기반이 되기 때문에 대학생들의 주요 관심사가 되어 왔다(김은진, 2000). 진로결정은 한 개인이 자아를 실현하고 행복한 삶을 영위하는 데 직접적인 영향을 미치게 되며 개인이 어떤 직업과 진로를 선택하느냐에 따라 생활의 모든 측면이 영향을 받게 되고 결국 개인의 인생은 진로에 의해 결정된다고 볼 수 있다(문승태 · 이상래, 2002).

이러한 진로결정수준은 진로미결정과 진로결정을 양극단으로 하는 연속선상에서 어느 한 지점을 지칭하는 것으로 볼 수 있다(김봉환, 1997; 김은진, 2000 재인용).

일반적으로 진로를 결정했다는 것은 현재 상태 이후에 자신의 진로와 관련된 방향을 분명히 설정했음을 의미하며, 예를 들면 대학에서의 전공 선택에 대한 확신 혹은 졸업 후의 구체적인 직업분야에 대한 선택 등을 뜻한다(박미경, 2008).

(2) 진로준비행동

진로준비행동은 진로성숙, 진로정체감 등이 인지나 태도의 측면을 강조하는 것과 달리 행동적 차원을 중시한다. 진로준비행동은 진로와 관련된 인지과정이 실제 행동으로 전환되는 과정에 관심을 가지며, 진로와 관련된 실제적이고 구체적인 행위의 차원을 뜻한다(김희진, 1997; 조명실, 2006 재인용).

직업을 얻기 위해 필요한 자격증을 취득하는 활동, 진로목표를 달성하기 위하여 필요한 도구들을 갖추는 활동, 설정된 진로목표를 달성하기 위하여 시간과 여력을 투자하는 기타의 활동 등이 진로준비행동인 것이다(김봉환, 1997; 조명실, 2006 재인용).

(3) 진로결정 자기 효능감

진로결정 자기 효능감은 Bandura(1977)의 자기효능감 이론을 진로결정에 적용한 것으로써, 일반적으로 진로결정과 관련된 과업을 성공적으로 수행할 수 있는 개인의 능력에 대한 신념으로 정의된다(Hackett & Betz, 1981; 이성식, 2007 재인용).

진로결정 자기 효능감의 수준이 낮은 개인은 진로결정을 하는 데 필요한 과정이나 행동을 회피하는 경향이 강하고, 진로결정 자기 효능감의 수준이 높은 개인은 이러한 행동을 적극적으로 하려는 경향이 강하다고 할 수 있다(이성식, 2007).

2) 진로발달수준 관련 요인

(1) 진로와 자아정체감

에릭슨은 자아정체감을 청소년기의 중요한 성격발달로, 그리고 생산적이고 행복한 성인이 되기 위한 중요한 단계로 인식한 첫 번째 사람이다. 자아정체감은 자기가 누구인지, 자신이 가치 있다고 생각하는 것이 무엇인지, 생에서 추구하는 방향이 무엇인지 등으로 정의된다(이옥경 외 역, 2009).

자아정체감 발달의 진전 정도를 에릭슨 이론에 기반을 둔 "탐색", "해결을 위한 시도"를 근거로 구분하였을 때 4가지 자아정체감 상태가 나온다. 이것은 자아정체감 성취, 자아정체감 유예, 자아정체감 폐쇄, 자아정체감 혼미 등이다.

대학생들은 대학에 다니면서 직업 선택이나 라이프스타일을 탐색할 기회가 많아지기 때문에 고등학교 때보다 자아정체감을 형성하는

〈표 3-4〉 자아정체감 상태

자아정체감 상태	탐색	해결을 위한 시도	상태 기술
정체감 성취	○	○	정체감을 이룬 사람들은 이미 대안을 탐색하였고 자신이 선택한 가치와 목표에 맞추어 행동하려 한다. 그들은 심리적으로 행복하고 시간이 흘러도 변하지 않고 어디로 가고 있는지를 알고 있다고 느낀다.
정체감 유예	○	×	아직 분명한 행동을 하지 못한다. 그들은 정보를 탐색하고 모으는 과정에 있고 자신의 삶을 인도할 가치와 목표를 발견하고 싶은 바람을 가지고 행동을 시험해보고 있다.
정체감 폐쇄	×	○	대안을 탐색하지 않고 가치와 목표를 설정하고 그 가치와 목표에 따라 행동한다. 그들은 부모, 교사, 종교지도자, 사랑하는 사람 등 권위 있는 사람들이 그들에게 선택해 준 이미 만들어진 정체감을 받아들인다.
정체감 혼미	×	×	분명한 방향이 결여되어 있다. 그들은 가치나 목표를 설정하지도 못하고 적극적으로 그것을 찾으려 시도하지도 않는다. 그들은 대안을 탐색하지 않고 그러한 과제가 너무 위협적이고 부담스럽다고 생각한다.

자료: Laura, E. Berk. Development Through the Lifespan(4th eds.). 이옥경, 박영신, 이현진, 김혜리, 정윤경, 김민희 공역(2009). 생애발달 II-청소년기에서 후기 성인기까지, p. 59(부분 수정).

방향으로 움직인다(Meeus et al., 1999; 이옥경 외역, 2009 재인용). 대학을 졸업한 후에도 그들은 삶의 방향을 선택하기 전에 폭넓은 경험을 하기도 한다. 고등학교를 졸업하자마자 직장을 다니는 사람들은 대학교육을 받는 젊은이들보다 더 일찍 자신에 대한 정의를 내린다. 그러나 훈련이나 직업선택이 부족하여 직업에 대한 목표를 실현하는 것이 어려운 청소년들은 자아정체감 혼미를 일으킬 위험에 놓이기도 한다(Eccles et al., 2003; 이옥경 외 역, 2009 재인용).

자아정체감은 진로와 관련한 연구에서 중요한 변인으로 다루어지고 있다. 자아정체감의 형성은 진로결정과 긍정적인 관계에 있어, 자아정체감이 높을수록 진로결정에 있어 더 확신적이고 결정상태가 높으며, 반면에 자아정체감의 혼미와 부재 및 낮은 상태에 있는 개인일수록 의사결정 유형이 비합리적이며 진로결정 수준도 낮게 나타났다(Fuqua, et al., 1988, Holland et al., 1977; 조명실, 2006 재인용).

(2) 진로와 애착

Savickas(2002)에 의하면, 애착 인물과의 안정애착을 형성한 아동은 자기 및 타인을 신뢰하는 것을 학습하고 자기 및 타인에 대한 긍정적 내적작동모델을 발전시킨다(최옥현, 2006 재인용). 성인기에 안정애착은 개인들로 하여금 조직 속에서 멘토, 상사 및 동료들과 긍정적인 상호작용을 하도록 도와준다. 반대로 불안정애착은 덜 적응적인 유형의 진로 구성(career construction)에 특징적인 자기 및 타인에 대한 부정적 개념을 만들어 낸다. 몰두형은 직업발달 과업과 관련하여 불안 및 양가감정을 보인다. 거부-회피형은 직업발달 과업을 향한 비사회적인 태도를 취하고 회피적 태도를 보인다. 공포-회피형은 진로에 무관심한 태도를 보인다(최옥현, 2006 재인용).

(3) 진로와 사회적 지지

진로이론에서 사회적 지지의 중요성은 Swell 등(1969)의 '교육 및 직업적 지위 획득 모델'과 사회인지적 진로이론에서 살펴볼 수 있다.

우선, Swell 등(1969)은 교육적 · 직업적 지위 획득 과정에 대한 순환적 모델을 개발하였다. 이 모델은 교육적 · 직업적 지위 획득과 사회경제적 지위, 인지적 능력 간의 관계를 사회 · 심리적 변수의 중재를 통해 설명한다. 이 모델에서 사회 · 심리적 변수는 학업적 성취, 의미 있는 타자의 영향, 그리고 교육적 · 직업적 열망 등이다. 이 모델을 통해 개인의 직업적 지위 획득과정에서 사회경제적 배경과 개인에게 영향력이 있는 부모, 교사, 친구 등과의 상호작용이 중요한 요인이라는 점을 알 수 있다(2002, 윤수진).

다음으로 사회인지적 진로이론은 기존의 진로상담 연구들이 지나치게 개인의 진로발달에 영향을 미칠 수 있는 인지적-개인적 변인에만 관심을 두고, 개인의 결정을 제약하거나 지원해주는 환경적 요인들을 간과했다고 지적하면서 개인이 속한 환경적 요인들을 연구에 반드시 포함해야 한다고 강조한 바 있다(Lent et al., 1994; 엄태영 외 2011 재인용). 이러한 환경적 요인 중의 하나가 바로 사회적 지지이다.

진로결정수준이나 진로발달에 영향을 주는 주요 변수로서 가족구조나 관계, 부모의 행동 등이 보고되고 있고 특히 아동기 정서적 지지의 부족이나 가족과의 부적절한 분리가 진로결정수준에 영향을 준다는 선행연구가 있다(Chope, 2001; Lopez & Andrew, 1987; 박은미 · 장신재, 2009 재인용). Chope(2001)는 아동기에 적절한 정서적 지지를 받지 못하면 진로선택에 있어서 미결정수준이 높아진다고 보고한 바 있으며, Lopez & Andrew(1987)도 부모와 부적절한 분리를 경험했거나 부모로부터 지지를 받지 못하면 진로결정수준에 영향을 받는다고 하였다(박은미 · 장신재, 2009 재인용).

2. 시설보호 청년의 진로에 관한 연구

1) 양적 연구

(1) 연구 설계 및 표본선정

가. 시설보호 청년

시설에서 생활한 경험이 있는 대학생의 진로발달수준 및 이에 영향을 미치는 요인을 발견하기 위해, 서베이 연구방법을 활용하였다. 본 연구의 구체적인 표집 대상은 시설보호경험이 2년 이상이고 2011년 현재 대학에 재학 중(휴학 포함)인 시설 연장 및 퇴소 아동이다. 그러나 표본의 추출단위는 청소년이 아닌 시설을 기본 단위로 한다. 개인을 표집 단위로 하지 않은 것은 시설에서 생활한 경험이 있는 대학생의 표본틀을 구할 수 없기 때문이다.

표집은 『2010년 아동복지시설 일람표』에 기재된 전국 239개의 양육시설과 자립생활관 12곳의 명단을 표본틀로 하여, 체계적 표본추출(systematic sampling) 과정을 통해 이루어졌다. 전체 양육시설의 30%, 자립생활관 50%의 시설을 표본추출하는 것을 원칙으로 하여, 16개 광역자치단체에서 일정한 표집간격에 따라 조사 대상 시설을 추출하였다. 표집된 시설에 대해서는 전화를 걸어 자립담당 직원과 통화를 하고 연구의 목적 등을 설명한 후 협조를 구하였다. 협조를 얻지 못한 경우, 표집된 시설의 일련번호 앞 혹은 뒷 번호에 해당하는 시설에 전화를 걸어 협조를 구하였다.

한편, 이러한 체계적인 표본추출 과정을 통해 연구 대상을 모집하

〈표 3-5〉 표집된 시설의 수와 실제 조사된 시설의 수

	표집대상시설		실제 조사시설	
	양육시설	자립시설	양육시설(부수)	자립시설(부수)
서울	11/33	2/3	10(49)	2(14)
부산	6/19	0/1	6(37)	
대구	6/18	1/2	4(12)	1(1)
인천	3/9	0/0		
광주	3/9	1/1	3(10)	1(16)
대전	4/11	0/1	2(7)	
울산	0/1	0/0		
경기도	9/27	0/0	3(16)	
강원도	3/9	0/0	4(11)	
충북	3/10	1/1	1(5)	
충남	5/14	0/1	1(2)	
전북	4/14	1/1		
전남	7/21	0/1	1(5)	
경북	5/15	0/0	3(6)	
경남	8/24	0/0	3(20)	
제주	2/5	0/0	1(3)	
계	79/239	6/12	42(183)	4(31)

는 것에 덧붙여, 본 연구에서는 비확률적 표집방법의 하나인 편의표집 방법도 동시에 사용하였다. 시설의 협조를 구하는 것이 용이하지 않을 것에 대비하여, 교보생명교육문화재단에서 실시하는 희망다솜 장학금 장학생에 대해서도 조사를 실시하였다. 희망다솜 장학금은 시설에서 성장한 대학생에게 학비를 지원하는 사업이다. 희망다솜 장학생의 경우, 1차 서류 심사, 2차 면접 심사를 통해 선정된 학생들로 시설보호 경험이 있는 다른 대학생과 진로 계획 등에서 차이가 있을 수 있다[3].

3) 이 글에서는 이들을 함께 분석하였다. 그러나 추후에는 희망다솜 장학생들을 체계

조사를 허락한 시설에 대해서는 설문지를 우편으로 발송하거나 시설 자립담당자 혹은 시설 대표 전자우편으로 설문지를 전송하였다. 시설퇴소 대학생의 경우는 언제 시설을 방문할지 알 수 없기 때문에 전자우편으로 조사를 실시하게 되었다. 시설연장 대학생의 경우에도 시설에서 대학을 다니는 경우도 있으나 평일 혹은 학기 중에는 기숙사에서 생활하고 주말 혹은 방학에만 시설에 오는 학생이 많았다. 그래서 우편조사와 함께 전자우편 조사를 병행하였다. 자료 수집은 2011년 2월~4월 초에 걸쳐 이루어졌고 총 214부가 회수되었다.

한편, 교보생명교육문화재단 희망다솜 장학생의 경우는 2011년 2월 중순에 열린 장학생 대상 캠프에 참석하여 연구의 목적을 설명하고 현장에서 설문조사하였다. 설문에 참여한 학생의 수는 41명이었다. 이 중 소년소녀가장이 2명 포함되어 분석에는 39부만 사용하였다.

나. 시설보호 경험이 없는 청년 - 일반 청년

시설보호 청년의 진로발달수준을 보다 정확히 파악하기 위해 일반 청년을 비교집단으로 설정하고 이들에 대해서도 설문조사하였다. 서울, 경기, 대전, 광주, 강원, 부산 소재 9개 대학(전문대 포함)을 편의표집한 후, 사회복지학과 교수의 도움을 받아 사회복지학과에 재학 중인 학생들을 제외한 타 학과 학생들을 대상으로 설문 조사를 실시하였다. 이를 통해 161명을 조사하였다. 일반 대학생의 경우 확률표집의 어려움으로 비확률표집을 실시하였고 이에 일반화에 주의가 요구된다.

적 표집을 통해 조사한 대학생들과 구분하여 분석할 필요도 있다.

(2) 측정도구

가. 진로발달수준-진로준비행동, 진로결정수준, 진로결정 자기 효능감

① 진로준비행동

조명실(2006)이 사용한 진로준비행동 측정도구를 사용하였다. 조명실(2006)은 김봉환(1997)이 개발한 진로준비행동검사 도구 16문항에, 인터넷 진로정보 사이트 이용, 대학교 학생상담센터 등의 진로상담센터 이용 등의 내용을 추가하여 18개 문항을 만든 심형균(2003)의 연구에 기초하여 문항을 구성하였다. '전혀 그렇지 않다(1점)'에서 '매우 그렇다(4점)'의 리커트 척도로 진로준비행동 수준을 측정하였다. 점수가 높을수록 올바른 진로결정을 위해 노력하고 있으며, 결정된 진로 목표를 달성하기 위해 구체적으로 충실하게 노력하고 있는 것으로 해석한다.

② 진로결정수준

대학생들의 진로결정수준을 측정하기 위해 개발된 '진로결정검사(Osipow, Carney, Winter & Koschier, 1980)'를 고향자(1992)가 번안한 검사를 사용하였다. 이 검사는 진로결정에 대한 확신성과 미결정성을 측정하는 두 하위척도로 구성되어 있으며, 미결정성의 이유를 알아낼 수 있도록 제작되었다(이성식, 2007). 본래 척도는 자유응답문항 1문항, 자기보고식 문항 18개 문항으로 구성되어 있고 자기보고식 문항은 확신성 문항(2문항), 미결정성 문항(16문항)으로 구성되어 있으며 각 문항은 4점 리커트 척도로 응답하게 되어있다(이성식, 2007). 이성식(2007)은 이 척도에서 자유응답 문항과 확신성 문항을 제외한 16개 문항만을 활용하였고 이를 역코딩하여 진로결정수준을 측정하였다.

16개 문항의 합산 점수가 높을수록 진로결정수준이 높은 것을 의미한다. Osipow 등(1980)은 진로결정검사의 총점을 사용할 것을 권하고 있어(이성식, 2007 재인용) 이 연구에서도 총점을 활용하였다.

진로준비행동과 진로결정수준은 진로준비의 행동적 측면과 인지적 측면에 해당한다. 이는 Iglehart(1994)가 자립생활기술에서 '행하는 기술(hard skill)', '인지하는 기술(soft skill)'이 모두 포함되어야 한다는 점을 강조한 것(강철희, 2001)과 일맥상통한다.

③ 진로결정 자기 효능감

이성식(2007)이 사용한 진로결정 자기 효능감 측정도구를 사용하였다. 이 척도는 Tayor와 Betz(1983)이 개발한 진로결정 자기 효능감 척도(CDMSES: Career Decision Making Self Efficacy Scale) 50개 문항을 25개 문항으로 단축한 CDMSED-SF(Short Form)이다. CDMSED-SF는 효과적인 진로결정을 하기 위해서 필요한 과제들에 대해서 이를 완수할 수 있다는 개인의 믿음의 정도를 측정하기 위해 개발되었다(이성식, 2007). 이 척도는 직업정보수집, 목표설정, 계획수립, 문제해결, 자기 평가 등의 5개 하위 요인별로 5개 문항으로 구성되었다. 총 25개의 진로 결정과 관련된 과제에 대해서 자신의 자신감 정도를 5점 척도로 응답하게 되는데 높은 점수를 보일수록 강한 자신감을 나타내는 것이다.

나. 애착유형

애착유형[4]은 Batholomew & Horowitz(1991)의 성인애착질문지

4) 성인 애착유형 측정에서 가장 많이 사용되는 것은 핵가족 내에서의 부모-자녀 관계의 애착 패턴을 사정하는 AAI(Adult Attachment Interview), 그리고 또래 관

(RQ: Relational Questionnaire)를 사용하여 애착유형을 측정하였다. 이들은 자신과 타인에 대한 내적실행모델에 기초하여 애착유형을, 즉 안정형(secure), 거부-회피형(dismissing/avoidant), 공포-회피형(fearful/avoidant), 몰두(양가)형(preoccupied) 등의 4가지로 구분하고 있다. Batholomew & Horowitz의 RQ(Relationship Questionnaire) 척도는 각각의 애착유형을 진술한 4가지의 진술문을 주고 4가지 애착유형이 일반적인 대인관계 상황에서 자신과 얼마나 유사한지를 7점 척도로 평가하도록 하였다(성선욱, 2002a). 4개의 진술문 중에서 최고 점수를 받은 것을 응답자의 최종 애착유형으로 정리하였다. 한편, 4가지 진술문에서 2가지 이상의 애착유형에 같은 점수로 평가했을 때는 무응답 처리하였다.

다. 자아정체감

박아청(1996)이 개발한 한국형 자아정체감 질문지 가운데, 자아정체감 유예, 자아정체감 혼미 등과 같은 부정적 척도 관련 문항을 제외하고 13개 문항만을 사용한 문승태(2002), 조명실(2006) 연구에 기초하여 문항을 구성하였다. 총 13개 문항이고 '전혀 그렇지 않다(1점)'에서 '매우 그렇다(4점)'의 리커트 척도로 자아정체감 정도를 측정하였다. 자아정체감은 3가지 하위영역, 즉 미래확신성(시간적 경과에 대한 희망의 정도), 자기수용성(자신감을 갖고 자신에 대한 신뢰의 정도), 주체성(수관적인 역할 혹은 환경을 적극적으로 지배하고 영향을 줄 수 있다는 느낌의 정도)으로 구성되며 점수가 높을수록 미래확신성, 자기수용성, 주체

계와 낭만적 관계에서의 사회적 행동과 관련된 실행 모델을 평가하는 데 주로 사용되는 자기 보고식 애착유형 측정도구가 있다(Simpson et al., 1998). Hazan & Shave(1987), Collins & Read(1990), Bartholomew & Horowitz(1991)의 척도들은 후자에 해당된다. 본 연구에서는 면접 및 관찰을 통해 이루어지는 AAI를 사용할 수 없었기 때문에 후자에 해당하는 척도로 애착유형을 측정하였다.

성이 높다고 해석한다. 또한 미래확신성, 자기수용성, 주체성 점수를 합산하여 점수가 높을수록 자아정체감이 높다고 해석한다.

라. 사회적 지지

사회적 지지는 지각된 사회적 지지에 대한 다차원 척도(MPSS; Multidimentional Scale of Perceived Social Support)를 사용하여 측정하였다. 이 척도는 Zimet 등(1988)이 개발한 것으로 총 12문항으로 구성되었으며, 세 가지 원천—가족, 친구, 의미 있는 타자—으로부터 지각된 사회적 지지를 측정하기 위해 설계된 도구이다(서초구립반포종합사회복지관 연구지원팀 · 서울대학교 실천사회복지연구회, 2002). 개별 문항의 점수를 합산하고 문항 수로 나누어 전체 척도를 계산하고 또한 지지원별 하위 척도 점수도 같은 방식으로 계산하였다. 측정 결과는 점수가 높을수록 사회적 지지를 더 높게 지각하는 것으로 해석한다.

마. 대학생활관련 및 기타 조사 내용

〈표 3-6〉 대학생활관련 및 기타 조사 내용

<table>
<tr><th>구분</th><th>대상</th><th>하위영역</th></tr>
<tr><td rowspan="2">대학생활</td><td>시설생활경험 대학생</td><td rowspan="2">대학입학년도, 입학전형, 학교유형, 대학진학이유, 대학재진학의사, 휴학여부, 휴학횟수, 휴학학기, 휴학이유, 학교를 그만 둘 생각, 학교를 그만 두려는 이유, 최근 스트레스, 전공재선택의사, 졸업 후 진로계획, 대학생활만족도</td></tr>
<tr><td>시설생활 비경험 대학생</td></tr>
<tr><td rowspan="2">개인적, 가족 특성</td><td>시설생활경험 대학생</td><td>성별, 연령, 동거인, 현 주거형태, 부모연락, 가족관계, 시설생활기간, 수급여부</td></tr>
<tr><td>시설생활 비경험 대학생</td><td>성별, 연령, 동거인, 부모연락, 가족관계</td></tr>
</table>

(3) 측정도구의 신뢰도

이 글에서 사용된 척도들의 신뢰도는 〈표 3-7〉과 같다.

〈표 3-7〉 척도의 신뢰도(Cronbach's α)

척도	문항수	조사 신뢰도		문항번호
		시설	시설 비경험	
진로발달수준				
진로준비행동	18	0.862	0.857	
진로결정수준	18	0.894	0.890	역채점문항: 3-18문항
진로결정 자기 효능감	25	0.909	0.870	
자아정체감	13	0.848	0.845	역채점문항: 2, 3, 6, 8, 10, 12
사회적 지지	12	0.854	0.844	

(4) 양적 연구 결과

가. 조사대상자의 일반적 특성

조사된 시설생활 경험 대학생(이하 시설보호 청년), 시설보호 비경험 대학생(이하 일반 청년)의 일반적 특성은 〈표 3-8〉과 같다.

성별에서 시설보호 청년과 일반 청년 모두 여자 응답자가 조금 더 많았다. 동거하는 사람에 대한 질문에서 일반 청년의 경우 60% 정도가 부모와 함께 생활한다고 했고 시설보호 청년의 경우 기타 응답자가 많았다. 기타에 응답한 경우는 예를 들어 자립생활관에서 타 시설에서 온 사람과 함께 사는 것 등이 속한다. 이혜연 외(2007)에서 동거인을 조사한 결과를 보면, 이 연구에서도 공동생활(43.1%)이 가장 많았다.

부모와 연락을 하고 있는가의 질문에서도 일반 청년의 경우 거의 부모와 연락을 취하고 있었고 시설보호 청년의 경우에는 연락하지 않는다는 응답이 70% 정도나 되었다. 부모를 포함한 가족관계에 대한 질문에서 시설보호 청년의 경우 '그저 그렇다', '사이가 나쁜 편이다', '매우 사이가 나쁘다'라는 부정적인 응답이 50% 이상을 차지하

〈표 3-8〉 조사자의 일반적 특성 1 (시설보호 청년: 253, 일반 청년: 161)

변수		시설보호 청년	일반 청년
		빈도(백분율)	빈도(백분율)
성별	남자	116(45.8)	67(41.6)
	여자	137(54.2)	94(58.4)
동거자	혼자	47(18.7)	31(19.5)
	형제자매	25(9.9)	4(2.5)
	동성친구(선후배)	47(18.7)	26(16.4)
	이성친구(선후배)	1(0.4)	0
	부모님	3(1.2)	95(59.8)
	(부모님이나 친형제자매를 제외한) 친척	5(2.0)	1(0.6)
	배우자	0	1(0.6)
	기타	124(49.1)	1(0.6)
부모 연락	예	171(67.6)	160(99.4)
	아니오	82(32.4)	1(0.6)
가족 관계	매우 사이가 나쁘다	6(3.0)	0
	사이가 나쁜 편이다	13(6.4)	2(1.3)
	그저 그렇다	85(41.9)	19(11.9)
	사이가 좋은 편이다	62(30.5)	82(51.2)
	매우 사이가 좋다	37(18.2)	57(35.6)
	무응답	0	0
시설 거주 여부	예	210(83.0)	
	아니오	43(17.0)	
	무응답	0	
시설 종류	아동복지시설	153(60.4)	
	자립생활관	46(18.2)	
	공동생활가정(그룹홈)	9(3.6)	
	기타	3(1.2)	
	무응답	42(16.6)	
현주거 형태	자가	1(0.4)	
	정부지원 전세주택	8(3.2)	
	월세	16(6.3)	
	기숙사	25(9.9)	
	전세(정부지원 없음)	4(1.6)	
	영구임대주택	1(0.4)	
	친척집	5(2.0)	
	기타	11(4.3)	
	무응답	180(71.9)	
수급 여부	예	183(72.3)	
	아니오	70(27.7)	
	무응답	0	

였다. 이에 비해 일반 청년의 경우 86.8%가 '사이가 좋은 편이다', '매우 사이가 좋다'고 응답하였다. 원가족과 분리되어 시설보호를 받은 청년의 경우 가족과의 접촉이나 관계 만족도가 일반 청년과 비교하여 매우 낮음은 예상된 결과이다.

18세가 넘을 경우 시설보호 청년이 주거와 관련하여 할 수 있는 선택은 시설 연장으로 본래 시설에서 생활하거나 본래 시설을 퇴소하여 다른 시설, 예를 들어 자립생활관, 공동생활가정 등에 입소하거나 전(월)세를 구해 완전 독립하는 것이다. 본 연구에서 시설보호 청년의 경우 83%가 여전히 시설에서 생활하고 있었고 43명(17%)만이 시설에서 생활하지 않는 것으로 나타났다. 시설에 거주하는 경우 거주 시설의 종류는 역시 연장으로 거주하는 아동복지시설(아동양육시설)이 가장 많았고 그 다음이 자립생활관, 그룹홈으로 나타났다. 한편, 시설에 거주하지 않는 경우 기숙사에 거주한다는 응답이 가장 많았고 그 다음으로 월세가 높은 비율을 차지하였다.

국민기초생활보장제도의 급여를 받고 있느냐는 질문에는 70% 이상이 급여를 받고 있다고 응답하였다. 18세가 넘어 대학에 진학하거나 아니면 진학하지 않고 취업을 했지만 소득이 일정수준 이하인 경

〈표 3-9〉 조사 대상자의 일반적 특성 2

변수	구분	평균	표준편차	최대	최소
연령	시설보호 청년	20.10	1.64	29[1].00	18.00
	일반 청년	21.43	2.56	34.00	18.00
시설생활 기간	시설보호 청년	139.49	60.68	281.00	23
	일반 청년				

주 1) 퇴소 후 직장에 다니다가 정원외재직자전형으로 뒤늦게 대학에 진학한 경우이다.

우 급여를 받을 수 있기 때문에, 대학에 재학 중인 시설보호 청년을 조사한 본 연구에서 수급자 비율이 높게 나타났다.

조사 대상자의 연령 및 시설거주 기간을 살펴보면, 시설보호 청년의 평균 연령과 일반 청년의 평균 연령은 각각 20.1세, 21.43세로 나타났다. 연령상으로 볼 때 이들은 전형적으로 청년기(Emerging Adulthood)를 경험하는 계층임을 알 수 있다. 시설보호 청년의 경우 시설에서 생활한 기간은 평균 11년 6개월로 나타났다.

나. 대학생활

다음으로 시설보호 청년과 일반 청년의 대학생활에 대해 살펴보았다.

우선 대학입학연도를 보면, 시설보호 청년의 경우 1학년/2학년의 비율이 62.5%로 저학년이 많이 조사되었다. 이와 달리 일반 청년의 경우는 3학년 이상이 66.5%로 조사되었다. 학년에 따라 진로발달수준에 차이가 있기 때문에, 이후 진로발달수준 및 관련 요인을 비교할 때 해석에 주의가 필요하겠다. 또 한 가지 주목할 것은 시설보호 청년의 경우 2007년 이전 입학자가 일반 청년에 비해 매우 적다는 점인데, 그 이유는 시설보호 청년의 경우 시간이 지날수록 시설과의 연락이 소원해지는 것, 휴학의 부담(경제적인 이유로 휴학을 하는 경우도 있고 경력을 쌓기 위한 과정으로 휴학을 하는 경우도 있지만, 한편 졸업을 빨리해야 한다는 압박감도 크게 작용하여 휴학을 꺼리는 경향이 있음), 2007년 이전의 경우 대학 입학자의 수 자체가 적었다는 것 등으로 볼 수 있다.

다음으로 입학 전형에서의 차이를 살펴보았다. 시설보호 청년은 수능시험과 큰 관련이 없는 수시전형으로 대학에 입학한 경우가 70.2%로 수능시험을 치루고 대학에 가는 경우(정시)보다 월등히 많았다. 또한 시설보호 청년의 경우 특별전형으로 입학한 경우가 일반전형에 비해 많았다. 일반전형은 일반학생을 대상으로 한 것이고 특별전형은 교과 성적우수자, 추천자, 특기자, 사회배려대상자, 특수교육대상자 등 특별한 경력이나 소질 등 일정한 지원 자격이 있는 학생을 대상으로 한 것이다. 학교 유형에서도 시설보호 청년과 일반 청년의 차이가 발견되었다. 시설보호 청년의 경우 2년제 재학 비율이 일반 청년에 비해 2배 이상 높았다. 시설보호 청년은 빠른 취업을 희망하기에 2년제 혹은 3년제 진학 비율이 높다고 하겠다. 또한 2년제 재학 비율이 높은 이유 중 하나는 학비에 대한 부담 때문으로 보인다. 소득계층과 대학유형 선택 간의 관계를 알아본 결과에 의하면(김안나 외, 2008), 월 평균 소득이 낮을수록 4년제 대학보다는 2~3년제 전문대학을 선택할 가능성이 큰 것으로 나타났는데, 시설보호 청년의 경우도 소득이 낮은 계층에 속하기 때문이다.

다음으로 대학에 진학한 이유를 알아보았다. 대학에 진학한 이유를 1순위 기준으로 살펴보면, 시설보호 청년의 경우 '대학 졸업 후 더 넓은 직업 선택의 기회를 갖기 위해서'가 대학에 진학한 가장 큰 이유로 나타났다. "취업"이 자립의 가장 기본적인 요건이기에, 시설보호 청년은 다양한 직업 선택의 기회를 찾아 대학에 진학한 것이다. 그 다음으로 '사회가 대학 졸업자를 전반적으로 더 우대하기 때문에', '대학 졸업 후 더 높은 임금을 받기 위해서' 등이 대학 진학의 주된 이유로 나타났다.

다음으로 다시 고3으로 돌아갔을 때 대학 진학을 선택할 것인지를 알아보았다. 시설보호 청년의 89.8%는 다시 대학에 가겠다고 응답했고 대학이 아닌 다른 선택을 하겠다는 응답자는 5.1%였다. 대부분의 시설보호 청년은 대학 진학에 대해 후회하지 않음을 엿볼 수 있다.

대학에 입학한 후에도 대학생활의 적응 및 졸업 후 자신의 진로

등 여러 가지 요인을 고려하여 대학을 계속 다닐 것인가 휴학 또는 자퇴를 할 것인가를 고민하게 된다. 교육통계연보(한국교육개발원, 2000; 2009)에 의하면, 대학생의 휴학은 증가 추세를 보이고 있다. 4년제 대학과 전문대학의 휴학률(군입대 휴학 포함)은 2000년에는 각각 30.5%와 34.3%였으나 2009년에는 31.5%와 35.7%로 각각 증가하였다(채재은, 2011 재인용). '군입대'를 제외한 순수 휴학률을 보여줄 수 있는 여학생 통계를 살펴보면, 2000년에는 4년제 대학과 전문대학의 여학생 휴학률이 각각 6.6%, 10.6%였으나, 2009년에는 10.5%, 14.9%로 눈에 띄게 상승하였다(한국교육개발원, 2000; 2009; 채재은, 2011 재인용). 이러한 결과는 휴학이 대학생들 사이에서 선택이 아닌 필수처럼 인식되는 경향을 반영한다. 이에 시설보호 청년의 휴학 경험에 대해서도 알아보았다.

휴학 경험에 대해 조사한 결과, 시설보호 청년은 15.0% 정도가 경험이 있다고 응답했고 일반 청년은 2배가 넘는 36.0%가 휴학 경험이 있다고 응답했다. 일반 청년의 휴학 경험이 많은 이유는 '군입대' 때문으로 볼 수 있다. 시설보호 청년의 경우 병역법 시행규칙 제96조(시설에서 5년 이상 거주한 아동은 신청자의 원에 의해 병역을 면제받을 수 있음)에 의해 군입대로 인한 휴학이 일반 청년에 비해 적게 발생한다. 그래서 '군입대'를 제외한 순수 휴학률을 비교하기 위해 여학생 휴학 경험을 알아보았다. 조사 결과, 여학생의 경우도 일반 청년의 휴학 경험(16%)이 시설보호 청년(8%)에 비해 2배 많았다. 여학생들의 휴학 사유는 어학연수, 편입, 고시, 취업 등과 같은 진로준비의 경우가 많은데(주휘정 외, 2011), 시설보호 청년이 적게 휴학하는 이유는 진로준비를 위해 별도의 시간을 투자하는 것에 대한 부담이 작용한 것으로 보인다.

휴학 횟수의 경우 시설보호 청년이나 일반가정 청년 모두 1회 정도 휴학을 하는 것으로 조사되었다. 휴학 기간은 보통 2학기 정도 휴학하는 것으로 나타났다.

휴학 사유를 1순위 중심으로 살펴보면, 시설보호 청년은 '학비와 생활비 마련이 어려워서(38.9%)'라는 이유가 가장 많았다. 대학에 다니는 시설보호 청년의 학비, 생활비 압박이 매우 큼을 알 수 있다. 그 다음으로 '스펙을 쌓기 위해서(19.4%)', '전공이 적성에 맞지 않아서(11.1%)'로 나타났다. 일반 청년의 경우 '기타' 의견이 63.1%를 차지했고 그 다음이 '스펙을 쌓기 위해서', '학비와 생활비 마련이 어려워서' 등으로 나타났다. 일반 청년의 경우 기타 의견의 대부분은 군입대로 인한 휴학이었다.

특이한 것은 양 집단 모두 '대학을 졸업하는 것이 취업에 도움이 되지 않을 것 같아서'라는 응답한 사람이 한 사람도 없다는 점이다. 시설보호 청년과 일반 청년 모두 대학 졸업과 취업과의 관련성을 인정하고 있는 것으로 보인다. 휴학 이유에서 주목할 또 다른 점은 시설보호 청년의 경우 전공이 적성에 맞지 않아서(11.1%), 공부가 어려워서(5.6%)에 대한 응답이 일반 청년에 비해 높게 나타났다는 점이다. 대학 진학 이전에는 전공 선택에 대한 지원이, 그리고 진학 이후에는 대학교 학업에 대한 지원이 필요하겠다.

'학교를 그만둘 생각을 한 적이 있는가'라는 질문에는 75.9%가 '그렇지 않다'고 응답하였다. 대부분이 학교를 졸업해야 한다는 생각을 갖고 있지만 24.1% 정도의 시설보호 청년은 학교 중퇴에 대해 고민한 적이 있는 것으로 나타났다. 정선욱(2010)에 의하면, 대학 교육의 기회를 가진 444명 가운데 중퇴자가 247명으로 55.6%가 중퇴하는 것으로 나타나, 대학에 진학한 시설보호 청년의 과반수 정도가 중퇴하는 것으로 조사된 바 있다.

학생의 입장에서 학업중단은 추가적인 비용(기회비용 등)을 지불해야 한다. 휴학 또는 자퇴 등의 학업중단은 직업획득 및 이에 따르는 사회경제적 보상의 지연을 야기하며 다른 대학으로의 편입을 위한 추가 비용과 시간을 필요로 하기 때문이다(김용남, 2009).

'학교를 그만 둘 생각을 한 이유'를 1순위 중심으로 살펴보면, '전공이 적성에 맞지 않아서(33.3%)', '학비와 생활비 마련이 어려워서(31.7%)'가 학교 중퇴를 고민하게 하는 중요한 요인으로 나타났다. 본인에게 맞지 않아 중퇴를 한다는 것 자체를 부정적으로 볼 것은 없지만, 대학 진학 이전의 전공 선택 과정에서 불충분한 지원을 받았던 것과 마찬가지로 중퇴 결정 전후에서도 충분한 지원이 이뤄지지 않을 것임은 명약관화하다. 적절하고 충분한 지원이 없는 상황에서 이루어진 중퇴 결정이 시설보호 청년의 삶에 긍정적인 작용을 하리라 기대할 수 없기에, 이들의 중퇴를 줄일 수 있는 방안에 대한 고민이 필요하겠다. 이 결과에서 한 가지 인상적인 것은 일반 청년의 경우 '대학을 졸업하는 것이 취업에 도움이 되지 않을 것 같아서' 중퇴를 고민한다는 응답이 시설보호 청년에 비해 상당히 많았다. 시설보호 청년의 경우 대학 졸업과 취업 간의 관계에 대해 높은 기대를 갖고 있음을 알 수 있다.

최근에 경험한 스트레스에 대한 질문(중복 응답)에서, 시설보호 청년은 '경제적 걱정', '학업(공부) 걱정', '진로관련 걱정', '인간관계 걱정'의 순으로 스트레스를 받는 것으로 나타났다. 이혜원 외(2007)의 연구에서도 최근 세 달간 가장 스트레스를 받은 항목 3가지를 선택하라는 질문에, '경제적 영역(76.1%)', '진로관련 영역(45.7%)', '심리적 영역(42.5%)', '인간관계영역(35.6%)'의 순으로 결과가 나타났다.

시설보호 청년의 대부분이 경제적 압박 문제로 스트레스를 받고 있음을 알 수 있다. 이러한 경제적 압박은 수업연한과 관련이 있다. 김안나 외(2008)에 의하면, 대학등록금 비용에 대한 걱정이 학업 및 진로계획과 관계가 있음 밝혔다. 즉 경제적인 어려움이 큰 학생일수록 졸업하는 데 더 오래 걸리는데, 이는 소득이 낮은 학생들에게 학업중단 상황이 발생할 가능성이 크다는 것을 의미한다. 한편, 일반 청년은 '학업(공부) 걱정', '진로관련 걱정'이 가장 높은 스트레스 요인으로 밝혀졌다.

현재 전공에 대한 선호도를 보다 직접적으로 알아보기 위해 '다시 고3이 되어 전공을 선택할 수 있다면 지금의 전공을 재선택할 것인가?'를 질문하였다. 시설보호 청년의 47.4%는 현재의 전공을 재선택하겠다고 응답했고 39.5%는 다른 전공을 선택하겠다는 응답을 보였다. 그 중간에서 모호한 반응을 보이는 응답자도 13.1%나 되었다. 대학 진학을 취업과 연결 지어 생각하는 경향이 보다 강한 시설보호 청년에게 전공에 대한 관심이 떨어진다는 것은 취업과정에서 불리하게 작용할 것으로 보인다. 전공이 적성에 맞지 않는 경우 높은 학업성취를 기대할 수 없기 때문이다. 이것도 시설보호 청년의 전공 선택과정을 지원해야 하는 이유이다.

전공 선택과 관련하여 추가로 고려할 점이 있다. 대학교육에 드는 비용과 재성지원 기회에 따라 대학 및 전공 선택이 달라진다는 점이다. 최근 연구에 의하면, 대학교육에 드는 비용과 재정지원 기회에 반응하는 양식은 소득계층에 따라 다르게 나타난다고 한다(김안나 외, 2008). 즉, 가난한 학생들은 비용에 민감하게 반응하여 학비와 생활비가 적게 들고 학교에 다니면서 일을 할 수 있는 대학을 선택하는 경향이 높고 중간과 상위 소득계층의 학생들은 대학에서 제공하는 장학

〈표 3-10〉 대학생활 1

(시설보호 청년: 253, 일반 청년: 161)

변수		시설보호 청년	일반 청년
		빈도(백분율)	빈도(백분율)
대학 입학 연도	2011년	80(31.7)	14(8.7)
	2010년	78(30.8)	40(24.8)
	2009년	42(16.6)	32(19.9)
	2008년	34(13.4)	38(23.6)
	2007년 이전	19(7.5)	37(23.0)
입학전형	수시일반	94(37.9)	54(33.5)
	수시특별	80(32.3)	16(9.9)
	정시일반	41(16.5)	88(54.8)
	정시특별	18(7.3)	2(1.2)
	기타	15(6.0)	1(0.6)
학교유형	2년제	80(31.6)	23(14.3)
	3년제	24(9.5)	2(1.2)
	4년제	148(58.5)	134(83.3)
	기타	1(0.4)	2(1.2)
대학 진학 이유 1순위	대학 졸업 후 더 넓은 직업 선택의 기회를 갖기 위해	154(60.9)	75(46.6)
	대학 졸업 후 더 높은 임금을 받기 위해	20(7.9)	18(11.2)
	사회가 대학 졸업자를 전반적으로 더 우대하기 때문에	28(11.1)	37(23.0)
	공부가 좋아서(공부를 더 해브고 싶어서)	14(5.5)	15(9.3)
	시설출신에 대한 사회적 편갼에 대응하기 위해	2(0.8)	
	시설에서 대학을 보내주기 때문에	3(1.2)	
	고등학교 졸업 후 바로 사회에 나갈 준비가 안됐다고 생각해서	12(4.7)	5(3.1)
	기타	18(7.1)	11(6.8)
	무응답	2(0.8)	0
대학 진학 이유 2순위	대학 졸업 후 더 넓은 직업 선택의 기회를 갖기 위해	36(14.2)	41(25.5)
	대학 졸업 후 더 놓은 임금을 받기 위해	56(22.1)	29(18.0)
	사회가 대학 졸업자를 전반적으로 더 우대하기 때문에	61(24.2)	44(27.2)
	공부가 좋아서(공부를 더 해보고 싶어서)	23(9.1)	17(10.6)
	시설출신에 대한 사회적 편견에 대응하기 위해	13(5.1)	
	시설에서 대학을 보내주기 때문에	5(2.0)	
	고등학교 졸업 후 바로 사회에 나갈 준비가 안됐다고 생각해서	37(14.6)	24(14.9)
	기타	14(5.5)	3(1.9)
	무응답	8(3.2)	3(1.9)

다시 고3 대학 진학여부	대학에 가지 않겠다	13(5.1)	3(1.9)
	대학에 가겠다	227(89.8)	149(92.5)
	잘모르겠다	13(5.1)	9(5.6)
휴학여부	예	38(15.0)	58(36.0)
	아니오	215(85.0)	103(64.0)
휴학 이유 1순위	전공이 적성에 맞지 않아서	4(11.1)	3(5.3)
	학비와 생활비 마련이 어려워서	14(38.9)	6(10.5)
	대학을 졸업하는 것이 취업에 도움이 되지 않을 것 같아서	0	0
	학업과 일(아르바이트 포함)을 병행하기 어려워서	1(2.8)	3(5.3)
	공부가 어려워서	2(5.6)	0
	공부하는 것이 싫어서	0	1(1.8)
	학교가 멀어서	0	0
	친구관계, 선후배 관계때문에	0	0
	스펙(자격증 취득, 영어공부 등)을 쌓기 위해서	7(19.4)	8(14.0)
	기타	3(22.2)	36(63.1)
휴학 이유 2순위	전공이 적성에 맞지 않아서	0	2(6.1)
	학비와 생활비 마련이 어려워서	4(13.8)	3(9.1)
	대학을 졸업하는 것이 취업에 도움이 되지 않을 것 같아서	1(3.4)	1(3.0)
	학업과 일(아르바이트 포함)을 병행하기 어려워서	9(31.1)	8(24.2)
	공부가 어려워서	1(3.4)	3(9.1)
	공부하는 것이 싫어서	0	2(6.1)
	학교가 멀어서	2(6.9)	0
	친구관계, 선후배 관계때문에	2(6.9)	0
	스펙(자격증 취득, 영어공부 등)을 쌓기 위해서	8(27.6)	9(27.2)
	기타	2(6.9)	5(15.2)
학교 그만둘 생각	예	61(24.1)	45(28.0)
	아니오	192(75.9)	116(72.0)
학교 그만 둘 이유 1순위	전공이 적성에 맞지 않아서	20(33.3)	13(29.0)
	학비와 생활비 마련이 어려워서	19(31.7)	9(20.0)
	대학을 졸업하는 것이 취업에 도움이 되지 않을 것 같아서	2(3.3)	6(13.3)
	학업과 일(아르바이트 포함)을 병행하기 어려워서	6(10.0)	3(6.7)
	공부가 어려워서	3(5.0)	1(2.2)
	공부하는 것이 싫어서	1(1.7)	0
	학교가 멀어서	1(1.7)	2(4.4)
	친구관계, 선후배 관계때문에	3(5.0)	0
	공부 말고 다른 일(취업, 장사 등)을 하기 위해	2(3.3)	5(11.1)
	기타	3(5.0)	6(13.3)

변수		시설보호 청년	일반 청년
		빈도(백분율)	빈도(백분율)
학교 그만 둘 이유 2순위	전공이 적성에 맞지 않아서	6(10.2)	10(23.9)
	학비와 생활비 마련이 어려워서	10(16.9)	4(9.5)
	대학을 졸업하는 것이 취업에 도움이 되지 않을 것 같아서	5(8.5)	5(11.9)
	학업과 일(아르바이트 포함)을 병행하기 어려워서	12(20.3)	1(2.4)
	공부가 어려워서	8(13.6)	3(7.1)
	공부하는 것이 싫어서	2(3.4)	3(7.1)
	학교가 멀어서	3(5.1)	5(11.9)
	친구관계, 선후배 관계때문에	2(3.4)	1(2.4)
	공부 말고 다른 일(취업, 장사 등)을 하기 위해	10(16.9)	7(16.7)
	기타	1(1.7)	3(7.1)
최근 스트레스	경제적 걱정(생활비,집세, 학비, 학원비, 의료비, 주택마련비용 등)	191(76.4)	100(62.1)
	인간관계걱정(친구, 선배, 선생님, 부모, 형제자매, 친척, 친구, 교수, 동료 등)	72(28.8)	70(43.5)
	신체적 걱정(건강, 성문제, 피르, 신체적 불편함 등)	38(15.2)	42(26.1)
	심리적 걱정(외로움, 우울, 불안 등)	78(31.2)	34(21.1)
	가사 생활 걱정(식사준비, 청소, 빨래 등)	18(7.2)	10(6.2)
	학업(공부) 걱정(학점 관리 등)	167(66.8)	105(65.2)
	진로관련 걱정(직업 선택, 취업고민 등)	148(59.2)	105(65.2)
	기타	6(2.4)	5(3.1)
다시 고3 전공 재선택 여부	현재와 다른 전공을 선택하겠다	100(39.5)	70(43.5)
	현재의 전공을 다시 선택하겠다	120(47.4)	67(41.6)
	잘 모르겠다	33(13.1)	24(14.9)
졸업 후 진로 계획	전공을 살려 취업할 생각이다	166(65.6)	84(52.4)
	전공과 무관하게 취업할 생각이다	13(5.2)	26(16.3)
	현재의 전공 공부를 좀 더 할 생각이다(편입 혹은 대학원 진학)	23(9.1)	21(13.1)
	다른 공부를 해볼 생각이다	14(5.5)	10(6.3)
	아직 결정하지 못했다	25(9.9)	15(9.4)
	기타	12(4.7)	4(2.5)
대학 생활 만족도	전혀 만족하지 않는다	1(0.4)	3(1.9)
	만족하지 않는다	18(7.1)	16(9.9)
	보통이다	101(39.9)	60(37.3)
	만족한다	108(42.7)	72(44.7)
	매우 만족한다	25(9.9)	10(6.2)

〈표 3-11〉 대학생활 2

변수	구분	평균	표준편차	최대	최소
휴학횟수	시설보호 청년	1.28	0.66	4.00	1.00
	일반 청년	1.13	0.33	2.00	1.00
휴학학기	시설보호 청년	2.67	1.32	6.00	1.00
	일반 청년	3.38	1.89	10.00	1.00

금과 같은 재정지원을 중요하게 고려한다는 것이다(DesJardins et al., 1999; 김안나 외, 2008 재인용). 또한 김안나 외(2008)의 연구 결과 본인이 이용할 수 있는 학비 지원제도가 있다는 사실을 알았다면 현재와 다른 대학이나 전공을 선택하였을 가능성이 있다고 응답한 비율은 소득이 낮은 가정의 학생일수록 높게 나타났다. 이렇게 볼 때, 시설보호 청년의 경우도 적성이나 향후 전망보다는 비용을 고려하여 대학과 전공을 선택할 가능성이 매우 높다. 바로 이러한 이유 때문에 시설보호 청년에 대한 대학 학자금 지원의 의미는 매우 크다.

졸업 후 진로 계획에 대해서도 시설보호 청년은 '전공을 살려 취업할 것이다(65.6%)'에 가장 많이 응답했다. 이러한 응답은 일반 청년의 '전공을 살려 취업할 것이다(52.4%)'의 응답 비율보다 높다. 시설보호 청년은 '대학-전공-취업'에 대한 생각이 일반 청년에 비해 강하다는 것을 알 수 있다.

대학생활과 관련된 마지막 질문은 '전반적인 대학생활에 대한 만족도'이다. 시설보호 청년의 경우 전체 응답자의 52.6%가 대학생활에 만족한다('만족'과 '매우 만족'을 합산)고 응답하였다. 그 다음으로 보통 정도의 만족도를 보이는 학생의 비율은 39.9%, 불만족은 7.8%로 나타났다. 신혜령 외(2008)의 연구에서도 퇴소생의 49.5%가 만족한다는 응답을 보였고 연장의 경우는 60.8%의 만족도를 보이는 것으로 나타난 것을 고려할 때, 대학에 진학한 시설보호 청년의 경우 대학생활에 만족하는 비율이 과반수 이상일 것으로 예측된다.

다. 애착유형

이 연구에서 애착유형을 분류하기 위해 사용한 척도는 Bartholomew & Horowitz(1991)의 성인애착질문지이다. Bartholomew & Horowitz 척도는 개인의 내적실행모델에 초점을 맞춘 것으로 자신과 타인에 대해 개인이 지니고 있는 내적실행모델을 중심으로 애착을 4분류한다.

내적실행모델을 강조한 Bartholomew & Horowitz의 4분류 애착유형을 사용하여 애착유형을 구분한 결과는 다음과 같다.

시설보호 청년의 경우, 안정형이 가장 많았고 그 다음으로 몰두 양가형, 거부 회피형, 공포 회피형의 순으로 나타났다. 거부 회피형과 공포 회피형을 합산했을 때는 몰두 양가형과 회피형의 비율이 거의 동일하였다. 일반 청년의 경우도 비슷한 분포를 보여 유의미한 차이가 없었다.

이러한 결과를 정선욱(2002a)과 비교하면 차이가 발견된다. 정선욱(2002a)에 의하면, 시설에서 생활하는 중고등학생의 애착유형은 안정

〈표 3-12〉 4분류 애착유형

변수		시설보호 청년	일반 청년
		빈도(백분율)	빈도(백분율)
개인별 애착유형	A유형(안정형)	105(41.5)	68(42.2)
	B유형(거부회피형)	25(9.9)	18(11.2)
	C유형(몰두양가형)	37(14.6)	26(16.1)
	D유형(공포회피형)	15(5.9)	7(4.3)
	무응답	71(28.1)	42(26.1)
	계	253(100.0)	161(100.0)

〈표 3-13〉 시설보호를 받는 중고등학생의 4분류 애착유형(정선욱, 2002)

4분류 애착 유형	빈도(백분율)
안정형 애착유형	363(34.8)
거부-회피형 애착유형	142(13.6)
몰두(양가)형 애착유형	208(19.9)
공포-회피형 애착유형	256(24.5)
무응답	75(7.2)
계	1,044(100.0)

형 > 공포-회피형 > 몰두 양가형 > 거부-회피형의 순으로 나타났다.

또한 정선욱(2002b)에서 시설보호를 포함한 가정외 보호 아동의 애착유형과 일반 가정 아동의 애착유형을 비교한 것에 의하면, 안정형 비율에서 유의미한 차이를 보이고 있다. 즉 일반 가정 아동들에서 안정형 비율이 높았다. 중고등학교에 재학 중인 시설 아동의 경우 일반 가정 아동들에 비해 안정형 비율이 낮고 시설거주 여부에 따라 애착유형에 차이가 나타났지만, 본 연구에서 보듯이 대학생의 경우에는 시설보호 경험이 있느냐에 따라 애착유형에 차이가 없는 것으로 나타났다.

시설보호 청년의 애착유형과 시설보호 중인 중고등학생의 애착유형에서 발견된 차이, 중고등학생에게는 발견된 시설경험에 따른 애착유형의 차이가 대학생에서는 나타나지 않는 점 등은 조사 시점의 차이, 조사 대상의 차이 등으로 설명 가능한데, 이것에 대해서는 이후 보다 면밀한 연구가 진행되어야 할 것이다.

라. 사회적 지지

이혜영 외(2007)에 의하면, 퇴소생들이 받는 사회적 지지의 평균은 2.72점(최소값 1, 최대값 4)인데 이 중 정서적 지지는 2.71점, 평가적 지지는 2.77점, 정보적 지지는 2.56점, 물질적 · 도구적 지지는 2.59점으로 평가적 지지, 정서적 지지는 중간보다 약간 높은 수준인 데 비해, 정보적 지지("내가 무엇인가 의논하거나 이야기하고 싶을 때 도움이 된다"), 물질적 · 도구적 지지("내가 필요할 때 자기가 가지고 있는 것(물건, 장소 등)을 주거나 빌려준다")는 상대적으로 낮은 값을 나타내 실질적인 도움과 관련한 사회적 지지가 부족하다고 한다.

한편 본 연구와 같은 척도를 사용하여 퇴소 및 연장 청소년의 사회적 지지를 측정한 신혜령 외(2008)에 의하면, '친구 지지'를 가장 많이 받는 것으로 나타났으며 '타인 지지', '가족지지' 순으로 나타났다.

본 연구에서 시설보호 청년의 사회적 지지는 평균 42.84, 일반 청년은 46.89로 나타나 두 집단에서 사회적 지지의 차이가 있는 것으로 나타났다. 즉, 일반 청년이 사회적 지지를 더 많이 받는 것으로 나타났다. 사회적 지지의 하위 요소별로 나눠서 살펴보면, 시설보호 청년의 경우 '친구지지 > 특별한 타인지지 > 가족 지지'의 순으로 지지를 받고 있는 것으로 나타났다. 이러한 결과는 신혜령 외(2008)와 같은 결과이다. 또한 시설보호 중인 중학생 이상의 청소년을 대상으로

〈표 3-14〉 사회적지지

종속변수	독립변수	평균	표준편차	t값	유의도
사회적 지지	시설보호 청년	42.84	7.88	5.36	.00***
	일반 청년	46.89	6.84		
특별한 타인지지	시설보호 청년	14.74	3.45	-.64	.52
	일반 청년	14.49	3.99		
친구 지지	시설보호 청년	15.77	2.99	2.04	.04*
	일반 청년	16.33	2.48		
가족 지지	시설보호 청년	12.36	4.45	10.33	.00***
	일반 청년	16.07	2.85		

*p<.05, **p<.01, ***p<.001

동일한 척도를 사용하여 연구한 박은미 외(2009)에서도 친구지지 > 의미 있는 타인지지 > 가족 지지의 순으로 사회적 지지를 지각하는 것으로 나타났다.

한편, 일반 청년의 경우는 친구 지지와 가족 지지가 비슷한 수준으로 나타났다. 시설보호 청년과 일반 청년의 사회적 지지를 하위 요소별로 구분하여 비교한 결과, 일반 청년은 가족 지지, 친구 지지에서 시설보호 청년보다 높은 점수를 보여 가족 지지와 친구 지지를 많이 받는 것으로 나타났다.

마. 자아정체감

Emerging Adulthood의 특징은 여러 가지 가능성을 자유롭게 탐색하면서 정체성을 확립해가는 시기이다. 자아 정체감은 주체성, 미래확신성, 자기수용성의 3가지 하위 차원으로 나눠서 분석하였다. '주체성'은 능력감, 즉 주관적인 역할 혹은 환경을 적극적으로 지배하여 영향을 줄 수 있다는 느낌의 정도, 자신의 연속성과 자기가 누구인지를 알고 있는가?를 측정한다. '미래확신성'은 자신의 장래 직업에 대한 계획에 확신을 갖고 있는 정도, 시간적 경과에 대한 희망의 정도를 의미한다. '자기수용성'은 있는 그대로의 능력과 재능을 그대로 받아들이고 있는 정도, 자신감을 갖고 자신에 대한 신뢰의 정도를 뜻한다(임효신, 2010).

본 연구에서 시설보호 청년의 자아정체감이 일반 청년에 비해 유의미하게 높은 점수를 보였다. 이는 시설보호 청년의 자아정체감 수준이 일반 청년에 비해 높음을 의미한다. 하위 차원별로 비교해보면, 시설보호 청년은 미래확신성에서 일반 청년에 비해 유의미하게 높은 점수를 나타났고 주체성, 자기수용성에서는 유의미한 차이가 없었다.

시설보호 청년의 미래확신성 정도가 일반 청년에 비해 높게 나타난 것을 어떻게 해석할 수 있을까? 시설보호 청년 중에 시설의 추천을 받아 교보생명교육문화재단의 장학생(이하, 교보 장학생)으로 선정된 청년들이 포함되었기 때문일까?

우선 교보 장학생을 분리시켜 일반 청년, 시설보호 청년(비장학생), 시설보호 청년(교보 장학생), 이들 세 집단에서의 자아정체감 수준을 비교해보았다(〈표 3-16〉). 분석결과, 미래확신성에서 시설보호 청년(비장학생)이 다른 두 집단에 비해 높은 점수를 보였고 시설보호 청년(장학생)과 일반 청년 사이에는 미래확신성에서 유의미한 점수 차이가 없었다. 결국, 비교적 적응 수준이 높다고 평가되는 교보 장학생이 분석에 포함되어 시설보호 청년의 미래확신성이 높게 나타났을 가능성은 없음을 알 수 있다. 그렇다면 어떤 이유로 시설보호 청년의 미래확신성이 일반 청년에 비해 높은 것인가?

시설보호 청년의 자아정체감, 특히 미래확신성이 일반 청년에 비해 높게 나온 것은 불안을 야기하는 진로 미결정 상황에 직면하여 이러한 불안을 극복하는 방법으로 미래에 대한 계획을 일찌감치 정해버린 결과가 아닐까 생각된다. 일반 청소년은 미결정 상황에서의 불안을 가족을 비롯한 주변의 지지를 통해 제어하면서 미래에 대해 열린 자세를 취할 수 있기에 미래확신성에서 상대적으로 낮은 점수를 보인 것으로 추정된다.

한편 이러한 결과는 자아정체감 유형과 관련지어 해석할 수도 있다. 대학생은 성인으로서의 정서적 성숙과 자기상 확립 이전에 미래 직업에 대한 계획을 세워야 하는 어려움을 경험하는데 이는 진로 정체성의 문제와 연결되며, 대학생에게 직업의 선택이란 바로 정체성 위기를 가져오게 하는 실존적 갈등이라고 한다(Herr et al., 1988; 박종환, 2007 재인용). 대학생은 이처럼 직업의 선택과 관련하여 정체성 위기를 경험하는데, 시설보호 청년의 경우 이러한 위기가 없는 유형, 즉 '정체성 폐쇄' 혹은 '정체성 혼미' 상태에 있는 것이 아닌가?

위기(탐색), 관여(해결을 위한 시도)에 따라 정체성을 구분한 것에 의하면 정체성 폐쇄와 정체성 혼미는 의미 있는 결단을 내리기 위해 고민하는 위기를 경험하지 않는다는 점에서는 유사하다. 그러나 전자는 자기 자신의 신념을 명확하게 표현하거나 그것에 근거해서 행동하는 관여가 나타나는 유형이다.

이동수 외(2007)의 '한국인의 정체성에 관한 연구'에 의하면, '정체성 폐쇄'는 관여(해결을 위한 시도)는 있으나 위기(탐색)가 없는 유형이다. 즉, 어떤 의사결정의 위기경험이 없으면서 특정한 직업과 이데올로기에 적극적으로 관여된 상태이다. 정체성 폐쇄 유형은 안정 지향적이며 현실 순응형이지만 위기에 약한 특징이 있다. 즉, 평소 일상생활을 영위하는 데 있어서 반드시 뚜렷한 문제를 일으키거나 스트레스를 높게 경험한다고 보기는 어렵지만, 실직이나 이혼 등으로 주변 환경이 급격하게 변화되면 그 상황에 유연하게 대처하지 못하는 특징이 있다(이동수 외, 2007). '정체성 혼미'는 탐색과 해결을 위한 시도를 모두 하지 않는 수동적이며 무기력한 방관자 유형이다.

대학교에 진학한 시설보호 청년의 경우 '대학-전공-취업'을 서로 연결시켜 생각하는 경향이 일반 청년에 비해 보다 강하다. 즉, 더 많은 직업 선택의 기회를 갖기 위해 대학에 진학한 이상, 전공을 살려 취업한다는 생각이 일반 청년에 비해 강한 것이다. 다른 가능성을 탐색할 시간적, 정신적 여유가 없다. 실현가능성도 낮은 가능성을 위해 실패를 무릅쓰고 도전할 시간이 이들에게는 적기 때문이다. 그렇기에 전공과 취업에 대한 보다 확고한 신념을 갖고 노력할 뿐이다. 빨리

〈표 3-15〉 자아정체감

종속변수	독립변수	평균	표준편차	t값	유의도
자아정체감	시설보호 청년	40.71	5.78	-2.38	.02*
	일반 청년	39.32	5.88		
주체성	시설보호 청년	12.36	1.81	-1.56	.12
	일반 청년	12.07	1.87		
미래확신성	시설보호 청년	14.99	3.32	-3.59	.00***
	일반 청년	13.76	3.51		
자기수용성	시설보호 청년	13.36	2.22	.549	.58
	일반 청년	13.48	2.31		

*p<.05, **p<.01, ***p<.001

〈표 3-16〉 장학생 여부를 고려한 미래 확신성

	청년 유형	평균 (표준편차)	F값	집단 간 유의미한 차이
미래확신성	시설보호 청년(비장학생, A)	15.02(3.27)	6.51**	A>C
	시설보호 청년(교보 장학생, B)	14.79(3.66)		
	일반 청년(C)	13.76(3.51)		

**p<.01

결정하고 빨리 취업하고 빨리 성공해야 한다는 생각이 강한 시설보호 청년에게 탐색(위기)은 사치일 수 있다.

그런데 이러한 가정은 이론적으로 검증된 것은 아니며, 후속 연구를 통해 시설보호 청년의 정체성에 대한 이해가 보다 증진되어야 할 것이다.

한편, 시설보호 청년의 자아정체감 수준이 높게 나온 것은 시설과 연락이 닿는 비교적 적응수준이 높은 시설보호 청년으로부터 자료를 수집한 결과일 수도 있기에, 해석에 유의를 요한다.

바. 진로발달수준

시설보호 청년의 진로결정수준, 진로준비행동, 진로결정 자기 효능감 등에 대해 알아보았다.

① 진로결정수준

시설보호 청년의 경우 일반 청년에 비해 진로결정수준이 유의미하게 높았다. 시설보호 청년과 일반 청년의 진로결정수준의 차이는 구체적으로 교보 장학금을 받지 않는 집단과 일반 청년 사이에서 나타났다(〈표 3-18〉). 교보 장학금 수령자의 경우, 시설의 추천을 받고 서류 및 면접 심사를 통과한 장학생으로 일반 시설보호 청년에 비해 전공과 진로에 대한 계획이 명확한 특징이 있다. 그럼에도 불구하고 비장학생 시설보호 청년의 진로결정수준이 가장 높게 나타난 것은 매우 특이한 것이다. 이런 결과는 앞서 자아정체감에서 설명한 바와 같이, 진로에 대해 조기에 결정을 내리는 시설보호 청년의 상황으로 해석될 수 있다.

〈표 3-17〉 진로결정수준

종속변수	독립변수	평균	표준편차	t값	유의도
진로결정 수준	시설보호 청년	51.48	8.48	-2.42	.02*
	일반 청년	49.33	9.28		

*p<.05

〈표 3-18〉 장학생 여부를 고려한 진로결정수준

	청년 유형	평균(표준편차)	F값	집단 간 유의미한 차이
진로결정 수준	시설보호 청년(비장학생, A)	51.59(8.38)	3.037*	A>C
	시설보호 청년(교보 장학생, B)	50.87(9.11)		
	일반 청년(C)	49.33(9.28)		

*p<.05

② 진로준비행동

시설보호 청년의 진로결정수준이 일반 청년의 그것에 비해 높게 나타났다. 그러나 진로준비행동에서는 두 집단 사이에 유의미한 차이가 나타나지 않았다. 진로준비행동이란 앞으로의 진로를 준비하기 위해 실제 얼마나 활발히 행동하고 있는가를 나타낸다. 진로준비행동은 자신의 특성에 대해 알아보거나 진로정보를 찾아보는 것과 같은 진로정보 탐색행동과, 실제 결정된 진로로 나아가기 위한 능력개발을 하는 등과 같은 진로 개발 준비행동으로 나뉜다(황매향 외, 2010).

본 연구에서 시설보호 청년과 일반 청년은 진로준비행동에서 유의미한 차이가 없었다. 이것은 진로결정수준에서 유의미한 차이를 보인 것과는 사뭇 다른 결과이다. 즉, 시설보호 청년의 진로결정수준은 일반 청년에 비해 높지만, 준비행동수준은 비슷하다는 것이다. 높은 진로결정수준은 높은 수준의 진로준비행동(구체적으로 진로 정보 탐색행동)의 결과이거나 높은 수준의 진로준비행동(구체적으로 진로 개발 준비행동)을 수반하는 것으로 기대할 수 있다. 그렇다면 일반 청년에 비해 높은 진로결정수준을 가진 시설보호 청년이 일반 청년에 비해 높은 진

〈표 3-19〉 진로준비행동

종속변수	독립변수	평균	표준편차	t값	유의도
진로준비행동	시설보호 청년	44.93	8.27	.12	.90
	일반 청년	45.04	8.46		

*p<.05, **p<.01, ***p<.001

〈표 3-20〉 진로결정수준과 진로준비행동 간의 상관관계

시설보호 청년	0.237^{***}
일반 청년	0.397^{***}

*p<.05, **p<.01, ***p<.001

로준비행동을 보여야 하는 것이 아닌가? 진로결정수준과 진로준비행동 간의 다소 어긋나는 결과를 어떻게 이해할 것인가?

한편, 김봉환 외(1997)는 진로발달의 인지 및 태도적인 측면의 진로결정수준과 행동적 측면의 진로준비행동 간에는 상호 밀접한 관계에 있다고 하였다. 본 연구에서도 시설보호 청년과 일반 청년을 나눠 진로결정수준과 진로준비행동 간의 상관관계를 알아보았다. 두 집단 모두 김봉환 외(1997)의 연구와 마찬가지로 진로결정수준과 진로준비행동 간에 정적 관계를 나타났다. 두 변수 간의 상관관계 정도는 일반 청년의 경우가 조금 더 높았다.

진로준비행동과 관련된 이상의 결과는 일반 청년과 비교하여 시설보호 청년의 경우, 진로결정수준과 진로준비행동 사이에 괴리가 있음을 드러낸다. 이러한 결과는 양육시설 고등학생들 대상으로 진로준비 정도를 살펴본 홍미리(2005)의 연구에서도 나타난다. 이 연구에서는 아예 진로결정수준과 진로준비행동 간에 상관관계가 발견되지 않았다.

③ 진로결정 자기 효능감

진로결정 자기 효능감은 자신의 진로목표를 성공적으로 수행하고 성취하기 위해서 필요한 진로결정 능력에 대한 신념 혹은 유능감을 의미한다(이성식, 2007). 시설보호 청년과 일반 청년 두 집단에서 진로결정 자기 효능감의 차이가 있는지 살펴본 결과, 두 집단에 유의미한 차이가 발견되지 않았다.

종합하면, 진로발달수준에서 시설보호 청년과 일반 청년은 진로결정수준에서만 유의미한 차이를 보였고 진로준비행동, 진로결정 자기 효능감에서는 차이가 없었다. 이러한 결과는 앞서 지적한 대로 시설보호 청년의 경우 취업에 대한 압박으로 진로(직업, 직종)에 대한 결정

〈표 3-21〉 진로결정 자기 효능감

종속변수	독립변수	평균	표준편차	t값	유의도
진로효능감	시설보호 경험대학생	88.02	12.48	-.56	.58
	일반대학생	87.34	11.17		
자기평가	시설보호 경험대학생	17.87	2.95	-.56	.58
	일반대학생	17.71	2.73		
직업정보 수집	시설보호 경험대학생	17.92	2.92	.09	.93
	일반대학생	17.94	2.95		
목표선택	시설보호 경험대학생	18.17	3.13	-1.62	.11
	일반대학생	17.66	3.07		
미래계획	시설보호 경험대학생	17.29	3.35	-1.097	.27
	일반대학생	16.95	2.92		
문제해결	시설보호 경험대학생	16.76	2.90	1.09	.28
	일반대학생	17.07	2.74		

은 미리 내려놓았지만, 이를 달성할 수 있다는 자신감, 구체적으로 자신이 원하는 바를 이루기 위한 노력은 그만큼 뒤따르지 못함을 보여준다.

사. 진로발달수준과 관련요인 간의 관계

시설보호 청년을 대상으로 진로발달수준(진로결정수준, 진로준비행동, 진로결정 자기 효능감)과 애착유형, 사회적 지지, 자아 정체감 간의 관련성에 대해 탐색적으로 살펴보았다.

먼저, 애착유형별로 진로발달수준의 차이가 있는가를 알아보았다. 진로결정수준, 진로준비행동에서는 애착유형별로 차이가 없는 것으로 나타났다. 다만 진로결정 자기 효능감은 애착유형별로 차이가 있어서 안정형 애착유형이 몰두 양가형, 공포 회피형에 비해 진로결정 자기 효능감이 유의미하게 높았다.

〈표 3-22〉 애착유형별 진로발달수준의 차이

	애착유형	평균(표준편차)	F값	집단 간 유의미한 차이
진로결정수준	안정형	46.06(7.99)	0.61	
	거부-회피형	45.24(11.40)		
	몰두-양가형	43.89(8.43)		
	공포-회피형	45.0(6.21)		
진로준비행동	안정형	51.96(9.10)	1.15	
	거부-회피형	51.88(7.44)		
	몰두-양가형	50.16(7.96)		
	공포-회피형	48.13(7.51)		
진로결정 자기효능감	안정형(A)	90.59(11.96)	3.77*	A와 C A와 D
	거부-회피형(B)	90.40(12.53)		
	몰두-양가형(C)	84.73(11.07)		
	공포-회피형(D)	82.87(9.34)		

*p<.05

〈표 3-23〉 사회적 지지, 자아 정체감과 진로발달수준 간의 상관관계 분석

	자아정체감	사회적 지지	진로 결정수준	진로 준비행동	진로결정 자기 효능감
자아정체감	1				
사회적 지지	0.396***	1			
진로 결정수준	0.643***	0.322***	1		
진로 준비행동	0.414***	0.356***	0.237***	1	
진로결정 자기 효능감	0.646***	0.409***	0.592***	0.450***	1

***p<.001

다음으로 사회적 지지, 자아 정체감과 진로발달수준 간의 관계를 상관관계 분석을 통해 알아보았다. 분석 결과, 사회적 지지, 자아 정체감은 진로발달수준과 정적 상관관계를 보였다. 즉, 사회적 지지를

많이 받고 있다고 지각할수록 진로결정수준, 진로준비행동, 진로결정 자기 효능감이 모두 높았다. 또한 자아 정체감의 수준이 높을수록 진로결정수준, 진로준비행동, 진로결정 자기 효능감 또한 높았다.

2) 질적 연구

"시설보호 청년의 대학생활은 어떠한지?", "대학에 다닌다는 것은 어떤 의미인지?", "대학에 진학한 이유는 무엇인가?" 등에 대한 이해를 높이기 위해 질적 연구방법을 사용하였다. 양적 연구에 덧붙여 별도의 질적 연구를 수행한 이유는 시설보호 청년의 대학생활에 대해서 알려진 바가 거의 없기 때문이다. 또한 저자가 시설보호 청년, 그것도 대학생에 관심을 갖게 된 이유는 시설보호 경험이 있는 대학생에 대한 현장의 우려 섞인 이야기 때문이었다.

학력에 따른 임금 차이가 명확한 현실에서, 시설보호 청년이 대학에 진학한 것은 어쩌면 시설보호 청년에게 붙여진 부정적 이미지를 감소(완화)시킬 수 있는 기회이고 자립에 필요한 실질적 기반을 다지는 시기로 고려될 수 있다. 저자도 이러한 생각을 갖고 있었다. 그런데 원장을 비롯한 시설 실무자, 시설 관련 연구자와의 몇 차례 대화를 통해, 대학에 진학하는 것이 능사는 아니라는 생각을 하게 되었다. 시설출신자 특별 전형 등의 방법으로 대학에 진학하는 것이 쉬워지면서 별다른 목표 의식 없이 대학에 가는 경우가 있고 학점 관리를 잘 하지 못해 학사경고를 받거나 이런 저런 이유로 다른 학생들과 잘 교류하지 못한다는 이야기를 들으면서, 대학 시기가 자아를 성찰하고 진로를 탐색·준비하는 시기로 활용되지 않을 수 있다는 생각을 갖게 되었다. '대학 시기가 본격적인 사회생활을 준비할 수 있는 마지막 기회인데, 어떻게 하면 시설보호 청년의 대학생활을 지원할 수 있을까?'라는 생각도 시설보호 청년, 그중 대학생에 대한 관심으로 이어졌다.

시설 실무자, 시설 관련 연구자와의 만남을 통해, 그렇다면 "대학은 시설보호 청년에게 어떤 의미인가"에 대해 당사자의 이야기를 들어봐야겠다는 마음을 먹게 되었다. 그래서 질적 연구방법을 채택하게 되었다. 저자는 다양한 질적 연구 방법, 예를 들어 근거이론, 현상학, 문화기술지, 사례연구, 생애사 연구 등의 방법에 제한을 두지 않고 귀납적인 방식으로 주제를 발견해가는 질적 연구의 기본적인 접근방법을 활용하였다.

(1) 연구 참여자

시설보호 경험이 있는 대학생을 찾기 위해, 서울 시내 1개 시설의 협조를 구했다. 이 시설을 통해 시설보호 기간이 2년이 넘고 현재 재학 중인 학생을 면접하였고 다시 이 연구 참여자를 통해 같은 자립생활관에서 생활하는 2명의 대학생을 추가로 면접하였다.

그리고 교보생명교육문화재단을 통해 희망다솜 장학생을 대상으로도 면접을 진행하였다. 이들의 경우 장학생으로 선정된 만큼 앞서 면접한 3명과는 다른 이야기를 할 수 있을 것이라는 기대에서 연구 참여자로 선정하였다.

한편, 휴학생이나 대학을 중퇴한 학생들에 대한 면접도 진행할 계획이었으나, 이들의 경우 휴학 혹은 중퇴와 함께 시설과 연락을 끊는 경우가 많아 부득불 면접을 진행할 수 없었다. 결과적으로, 시설과 연락이 닿은 대학생들과 면접이 이루어졌기 때문에 이 연구의 결과가 적용될 수 있는 상황(대학에 다니고 있음), 시기(2011년 초), 사람(연락이

〈표 3-24〉 연구 참여자의 일반적 특징

번호	이름(가명)	대학	학과	기타	교보
1	원길(남)	4년제 대학(지방 소재)	사회복지학과	자취(자가)	○
2	준혁(남)	4년제 대학(서울 소재)	생활체육정보학과	자취(전세)	○
3	지희(여)	3년제 대학(지방 소재)	간호학과	자취(전세), 연장/ 실업계 특별전형	○
4	동수(남)	4년제 대학(서울 소재)	정치외교학과	자취(전세)	○
5	소민(여)	2년제 대학(지방 소재)	관광학과	자립생활관, 퇴소/ 실업계 특별전형	×
6	승신(여)	4년제 대학(지방 소재)	청소년복지학과	자립생활관, 퇴소/ 실업계 특별전형	×
7	민지(여)	2년제 대학(지방 소재)	호텔경영학과	자립생활관	×

닿은 대학생), 맥락에 제한이 있다. 맥락을 지키는 것은 질적 분석에서 매우 중요한 원칙이다(Patton, 1987).

연구 참여자의 일반적 특징은 〈표 3-24〉와 같다.

(2) 자료 수집

총 7명을 면접하였고 면접 장소는 시설, 자립생활관, 커피숍 등에서 다양하게 이루어졌다. 이 중 2명의 학생은 경기 이남의 지방에서 생활한 관계로 그 지역에 내려가 면접을 진행하였다. 면접 소요시간은 대략 1시간 30분~2시간 15분 정도 걸렸고 연구 참여자의 동의하에 녹음을 진행하였다. 면접 기간은 2011년 1월 20일~2월 22일이었다.

면접에서 제시된 주된 질문은 “대학생활의 의미는 무엇입니까?”이다. 구체적인 질문 목록은 〈표 3-25〉와 같다.

〈표 3-25〉 시설보호 경험이 있는 대학생 면접 질문지

<대학생 면접 질문 목록>
* 자기소개: 학교, 학년, 전공, 사는 곳, 누구와 사는지? * 주거형태 * 학업 관련 내용: 전공 선택 동기, 전공 만족도, 학업성취정도, 현재와 다른 대학이나 전공 선택 가능성, 졸업 후 진로계획 변경 가능성 * 교우관계 내용: 친구관계, 연인관계, 동아리활동 * 아르바이트 관련 내용: 아르바이트 참여 경험, 학비/생활비 조달 방법 * 건강상태 * 친부모와의 관계
- 대학생활 -
* 대체적인 대학생활의 일과? 무엇을 하면서 시간을 보내는지? 학기중, 방학중 * 대학 진학의 의미? - 대학교에 다닌다는 것은 ○○에게 어떤 의미인가?(왜 대학에 다니는가? 왜 대학 진학을 결정했는가?) ○○에게 대학은 어떤 곳인가? * 대학생활에서 가장 추구하고 싶은 것은? 대학생활에서 꼭 이루고 싶은 것은? * 대학에 입학한 후 달라진 것이 있다면? * 대학생활 중의 위기? 어려움? 위기 발생 맥락, 위기 극복 과정(전략)? * 대학 진학 결정 과정 - 전공 선택과정(대학에 진학할 결심을 하게 된 시점, 계기, 그 이후의 활동) - 누가, 언제, 어떻게, 왜? * 졸업 후 진로가 어느 정도 결정되었는가? 대학 졸업 후의 계획? 어떤 직업을 갖고 싶은지? 직업선택 기준? 준비 정도?(취업을 위해 하고 있는 일?) 취업 장벽(진로 장애)은 무엇이라 생각하는지? * 대학생활과 졸업 후 진로 결정을 위해 필요한 것(도움)은?

(3) 자료 분석

수집된 자료는 김영천(1996)이 제시한 질적 분석의 일반적 절차를 참고하여 분석하였다. 우선 퇴소생과의 면접을 통해 녹음한 자료를 축어록의 형태로 필사하였다. 축어록을 주의 깊게 반복하여 읽으면서 중요한 단어와 문장을 표시하고 개념화하였다. 개념화된 내용들을 비슷한 것들끼리 묶어 범주화한 후 원래의 자료(축어록)로 돌아가 다시 읽으면서 분석에 관한 처음의 생각을 재검토하였다. 이러한 과정에서 개념화가 다시 이루어지고 범주가 새롭게 생겨나며 유사한 범주가 통합되기도 하였다. 최종적으로 형성된 범주들에 대해 해석을 덧붙이는 것으로 분석을 마무리하였다(권지성 · 정선욱, 2009).

(4) 질적 연구 결과

시설보호 경험이 있는 대학생들의 이야기를 통해 대학 선택 과정, 대학진학이유, 대학생활의 어려움, 대학생활의 의미 등을 분석한 결과는 다음과 같다.

가. 대학진학 선택 과정

18세가 된 시설보호 청년이 할 수 있는 선택은 대학에 진학하느냐 혹은 취업을 하느냐, 대학에 진학하고 같은 시설에 연장 거주할 것인지, 퇴소할 것인지 등이다. 여기에 친부모의 존재를 알고 간헐적이라도 연락을 취하고 있었던 경우는 친부모와 재결합하는 문제를 고려할 수 있다.

대학 진학을 선택한 경우는 크게 2가지 유형으로 나눠볼 수 있다. 첫째는 대학을 뒤늦게 결정한 유형, 둘째는 일찌감치 대학을 염두에 두었던 유형이다.

대학을 뒤늦게 결정한 유형은 꿈이 없었고 공부를 잘하지 못한 경우이고 후자는 어렸을 때부터 이루고 싶은 꿈이 있었고 공부를 열심히 한 경우이다. 먼저 전자의 이야기를 들어보자.

① 막연부지한 상태로 대학 진학

'막연부지'는 뚜렷하지 못하고 어렴풋하여 알지 못하다는 뜻이다. 대학에 가는 목적, 이유가 뚜렷하지 않고 대학생활이 어떠한지 무엇을 하고 싶은지 모르는 상태에서 다들 대학을 가니까 대학 진학을 선택하는 경우이다. 그러기에 마땅히 원하는 학과가 없고 주변 사람의 권유나 성적에 맞춰 그리고 취업이 잘될 것 같다는 막연한 기대를 갖고 학과를 선택한다. 재밌을 것 같고 자신에게 맞을 것 같아 학과를 선택하지만 학과에 대해 아는 것은 별로 없는 상태이다.

물론 시설보호 청년들 이외에, 일반적인 대학 신입생의 경우도 다들 대학에 가니까, 대학을 나와야 좋은 직장에 취업을 할 수 있기 때문에 대학 진학을 선택하고 학과에 대한 정확한 정보가 없이 부모 혹은 교사의 추천에 의해 진학하기도 한다. 이렇게 보면 막연부지한 상태로 대학에 진학하는 것이 특별한 것은 아니다. 그러나 문제는 대학 진학 이후에 발생한다. 학비와 생활비를 마련해야 하고 국가 장학금이라도 받으려면 학점을 잘 받아야 하는데 공부는 별로 해본 적이 없어서 따라가기 어렵다는 점이다. 또한 수강신청부터 학교생활 관리까지 다 스스로 알아서 해야 하는 상황이 녹록치 않다. 그나마 연장으로 시설에 계속 머무는 경우와 달리, 자립생활관이나 자취 등으로 퇴소한 경우는 달리 도움을 받을 곳도 마땅치 않다.

> 연구 참여자: 그냥 저가 단순히 즐기려고 했던 것 같아요 그냥 잠깐의 생각이 너무 짧았던 것 같아요 그냥 어렸을 때니까 뭔가 즐기고 싶었던 그런 마음이 너무 강했던 것 같아요
>
> 연구자: 좀 자유롭고 대학생활 안해봤으니까 대학생이란거 한번 해보고 싶고
>
> 연구 참여자: 애들이랑 놀고 싶고 근데 대학교 안가서 안 가면은 뭔가 그런 게 없잖아요 즐길 수…(웃음). 좀 후회한 것 같아서
>
> —대학진학에 대해 별로 고민하지 않음, 연구 참여자 5

② 꿈을 찾아 대학 진학

어렸을 때부터 꿈을 갖고 있었고 꿈을 이루기 위해 대학 진학을 결정한 경우이다. 그 꿈이 성적 때문에 변경되기도 하지만 하고 싶은

것에 대한 고민과 결정이 막연부지한 상태로 대학에 진학한 경우보다 구체적이고 현실적이다. 막연부지한 상태로 대학에 진학한 경우는 다소 안일하다. 무엇이든 쉽고 편안하게 생각하여 관심을 적게 두는 태도가 있다. 이 점이 바로 꿈을 찾아 대학에 진학하고 꿈을 이루기 위해 노력하는 시설 청년들과 다른 부분이다.

한편, 꿈을 찾아 대학에 진학한 시설 청년들은 퇴소하고 힘들게 살아가는 시설 선배들의 모습을 반면교사로 삼은 것도 특징적이다. 대학에 진학하지 않고 바로 취업전선에 뛰어들었지만 그야말로 잘 살고 있지 않은 선배들의 모습을 통해 자신을 담금질한다.

> 성공할 수 있다면 대학을 가는 길이 빠른데 좀 뭔가 지금 당장은 어 자기가 좋아서 하는 거면 대학을 안 가도 상관이 없어요(그렇지 않으면..) 예 그렇지 않으면은 그니까 고등학생 중고등학생이라면 공부를 하는 쪽을 권하죠 아니면 하고 싶은 걸 정해서 그걸 빨리 그니까 뭐 이런 거 요리사 준비하는 애들 집에 있었어요 다 뭐 한식 자격증 따게 해주고 그 선택을 나쁘게 보진 않는데 아예 공부를 못하는 애들도 있잖아요 그런 애들이 그걸 열심히 해서 따는 것 보면 그세 현명한 선택이라고 말하고 싶은데요 그게 아니라면 좀 공부를 하는 쪽으로 생각을 하게 되죠 공부를 하면서도 얻을 수 있는 게 있으니까
>
> −대학진학여부보다 하고 싶은 것을 정하는 것이 중요함, 연구참여자 2

> 아 또 가장 큰 이유 중 하나는 집에 있는 형들이 어.. 막 전 어렸을 때 지금보단 어렸을 때 생각이 더 그렇게 좀 생각이 안 좋았던 게 좋은 대학을 가야 멋진 사람이 될 거라는? 그런 생각 있잖아요 형으로서 본을 보이려면 좋은 대학을 가야겠다란 생각을 좀 가지고 있었어요 그

니까 그 위에 형들이 다 대학을 막 변변치 않게 가고 공부를 원래 안 했으니까 그런 거에 대해서 되게 부정적인 시각을 가지고 있었어요. 나는 꼭 떳떳하게 좋은 대학에 가서 집에서도 눈치 안보고 살아야겠다.

—시설형들의 모습을 반면교사로 삼음, 연구참여자 2

나. 대학진학 이유

대학진학의 이유도 대학진학에 대한 고민 정도와 관련된다. 무조건 대학은 가고 볼 일이라고 생각하는 경우부터 빈곤에서 벗어나고 미래의 자녀들에게 자신과는 다른 삶을 살게 해주고 싶은 바람까지 매우 다양한 이유가 있다.

① 일단 대학에 가고 볼 일

대학은 무조건 가야한다고 생각한다. 요즘은 시설 아이들도 다들 대학에 가기 때문이다. 대학에 가서 무엇을 할지는 그때 가서 생각해 볼 일이다. 그때 가서는 어떻게 달라질까?

이 부분에서 스펜서 존슨 박사가 쓴 책 『누가 내 치즈를 옮겼을까』의 네 마리의 생쥐 주인공이 떠오른다. 냄새를 잘 맡는 스니프, 민첩하고 재빠른 스커리, 현실에 대한 비관과 원망으로 과거에 발목 잡힌 헴, 그리고 과거에서 벗어나 새로운 미래를 찾아 험난한 모험을 떠나는 허가 주인공이다. 이 책의 주인공들은 복잡하고 어려운 미로 속을 뛰어다니다 치즈(성공과 행복)를 얻는다. 그러던 어느 날, 치즈는 온데간데없이 사라져 버린다. 스니프와 스커리는 한 치의 망설임도 없이 미로를 향해 또 다른 치즈를 찾아 나서지만, 헴과 허는 현실을 부정하고 불평만 해댄다. 그러나 마침내 허는 문제가 무엇인지 깨닫게 되고 또 다른 치즈를 찾아 미로 속으로 들어간다.

시설보호 청년은 18세가 되었을 때 보호→독립(자립)으로의 변화, 청소년기→성인기로의 전환에 직면한다. 이러한 변화에 어떻게 대처하는가에는 개인차가 존재한다. 대학에 가서 무엇을 할지에 대해 헴과 같이 주저앉아 안일하게 생각하는 시설보호 청년이 있는가 하면 스니프와 스커리만큼은 아니어도 새로운 환경 변화에 맞춰나가는 허와 같은 시설보호 청년도 있는 것이다.

연구자: 그럼 거기 대학 안간 친구가 더 많은 셈이잖아요? 그럼 거긴 어떻게 나도 그냥 공장에 가거나 다른 선택 할 수 있는데 대학에 가게 된 이유는 뭔가요?

연구 참여자: 그런 생각은 처음부터 없었어요.(중략)

연구자: 중학교때보다?

연구 참여자: 네. 그래도 그냥 국립대는 가야겠다. 고등학교때는 그렇게 하고 싶은건 없었거든요? 그냥 국립대는 가야겠다 하고 중학교때는 인문계는 가야겠다. 그래서 대학을 안간다는 생각은 한번도 안해봤어요.

연구자: 아, 그래요? 어째서 그랬을까?

연구 참여자: 그냥 제 친구들 다 반 친구들 다 그러니까.(중략)

연구자: 대학에 와서 나 이거 꼭 해보고 싶었다 대학가면 이거 해봐야지 이런거 있었어요?

연구 참여자: 고등학교때요? 아니요 저는 진짜 고등학교때 왜 공부를 안했냐면 대학가서 어느 대학 가고 싶은지 생각도 없었고 하고 싶은 것도 없었고 뭐 하고 싶은 생각이 그냥 대학에 간다 이 생각밖에 안해가지고 그렇게 생각해 본 적이 없어요.

—막연하지만 대학에 안간다는 생각은 안함, 연구 참여자 1

연구자: 음 그렇구나 그럼 만약에 고3때 그런 내용을 알았으면 그땐 대학 그런건 안가고 거기 직업훈련학교 바로 갔을까?

연구 참여자: 아니요 안 그랬을 것 같아(응 그때는)뭔가 아니 고등학교 때는 그런게 있었어요 대학교에 대한 환상같은게 있었어요 막 그냥 대학교친구들이랑 어울리고 그런 그런게 하고 싶었어요

—대학생활에 대한 환상으로 진학, 연구 참여자 5

② 차별당하지 않기 위해 대학 진학

고3 졸업생의 80% 이상이 대학에 진학하는 현실에서, 대학 졸업장이 없다는 점이 취업에 불리하게 작용할 것이라는 생각을 한다. 또한 취업 여부와 상관없이 고졸 출신으로 무시를 당할 것에 대한 걱정이 크다. 시설에 살면서 보통의 사람들과 다른 삶을 살아온 이들에게 대학졸업장은 남과 다르지 않음을 보여주는 일종의 징표인 셈이다.

연구 참여자: 그냥 대학교 안들어가면 안들어가고 취업하면은 뭔가 더 그 차별화된게 좀 있을 것 같아서(무슨 차별?)보는 눈도 막 그렇고 뭔가 그럴 것 같았어요 대학교 안나오면은

연구자: 대학 안나오면 취업이 더 어려울 것 같구?

연구 참여자: 그것도 그렇고 막 뭐라해야되지? 대학교 나온애랑 안나온애랑 비교할 것 같고 그래 가지구. (중략) 그런 것도 그렇고 그냥 취업할 때 그냥 사람들한테 막 무시 같은 거 당하기 싫어가지고

—차별당하지 않기 위해 대학진학 생각, 연구 참여자 5

③ 고진감래의 마음으로 대학 진학

대학은 한 단계 도약할 수 있는 기회이다. 내 의지와는 다르게 살아졌던 내 삶을 내가 주인이 되어 바꿀 수 있는 기회이다. 대학에 진

학하기 위해, 그리고 대학생활을 잘 보내기 위해 힘들고 어려운 시간을 보내는 것이 보다 안정된 직장, 행복한 가정을 꾸리는 데 밑거름이 되리라 여긴다. 당장 퇴소 후에 얼마를 버느냐보다 장기적인 관점에서 생애설계를 하는 것이 중요하다는 것을 인식하고 있다.

연구 참여자: 우선 간호사가 되고 싶었기 때문에 어느 정도의 제가 이제 기초를 쌓아야 되니까 그런 생각으로서 또 대학을 진학했고 대학교 나온 것과 안 나온 것과 또 차이가 있잖아요 간호조무사도 될 수도 있었지만은(아 조무사는 대학 안 나와도 되죠? 참 학원?) 네 학원 있으니까 거기에 대해서도 차이가 있기 때문에 대학을 진학할 수 있었고 또 나중에 또 후회 할 것 같았어요 제가 만약에 대학을 안가고 취업을 해서 돈을 벌면 그 그 이제 돈을 제가 만지면 좋잖아요 솔직히 어린 나이에(그렇죠)돈벌고 아 이런거구나 하겠지만은 이제 대학을 나중에 간다면 너무 시기에 늦고 그 나이에 맞지 않기 때문에 대학을 먼저 진학해서 제 실력을 쌓아두는 게 더 낫다고 생각했어요

연구자: 대학을 가면은 뭐 일단 학비는 학비 해결도 지금 되고 있는 거죠? 학비도 있지만 생활비도 있고 하잖아요 생활비 이거는 아 참 여기도 수급자에요?(네 수급자)음 그러면은 생활비 학비 이런 게 뭐 해결이 어느 정도 되나요?(네 되요)그 일단 집이 지금 집세가 나갈 거 아니에요

연구 참여자: 네 집세도 나가는데요 거기 대해서 여유가 없지만 아니면 방학 때나 제가 틈틈이 학기 중에 이제 알바 같은 거 해서

연구자: 음 아르바이트도 해요? 아 그렇게 해서 그래서 대학가서 아 막 공부도 해야 되고 또 뭐 약간의 생활비도 벌어야 되고 하는 거 때문에 아 대학생활이 참 해보고 싶긴 하지만 우리가 할 수 있을까 이런 걱정들도 하는 것 같은데 그런 생각들은 없었나요?

> 연구 참여자: 그런 것 감안해서 이제 대학을 진학한 것 같아요 이제 또 언니 보니까 되게 힘들어 한 것도 있었지만은 대학하고 나서 취업해서 자기가 이뤘던 거 꿈을 또 이루고 하니까 거기에 대해서 되게 나도 열심히 해서 뭐 힘든 거는 이제 힘든 시기만 잘 넘기면 되는 거니까
>
> —고진감래의 마음으로 대학에 진학함, 연구 참여자 3

> 길게 봤어요(아 그래요?)네 항상 그때도 그런 생각을 가지고 있던 건 그니까 대학을 가야 내 꿈을 일단 실천을 하려면 대학을 가야 했어요 그거 그게 그냥 그 이유였던 것 같아요 돈을 벌고 이런 거 보다 꿈을 실현 시키고 싶은 게 지금도 돈을 많이 벌고 싶단 생각은 안하고요 그냥 행복한 가정을 꾸리는 게 목푠데요
>
> —장기적인 관점에서 대학에 진학함, 연구 참여자 2

다. 시설보호 청년의 대학생활

시설보호 청년의 대학생활은 어떠한가? 요즘 대학생들의 주요 관심사는 스펙 쌓기와 높은 등록금이다. 시설보호 청년도 예외는 아니다. 등록금과 생활비를 모두 마련해야 하는 시설보호 청년의 경우도 경제적인 압박이 매우 심하다. 일반 대학생들과 다른 부분은 공부에 대한 어려움을 많이 호소한다는 것이다.

① 환상 속 대학, 현실 속 대학

자유로운 대학생활, 1박2일과 같은 MT, 캠퍼스의 낭만 등을 생각했다. 친구들과 오순도순 나누는 수다의 즐거움도 그려보았다. 하고 싶은 공부만 골라서 할 수 있다는 생각에 꽉 짜진 시간표대로 수업을 듣던 과거는 생각하고 싶지 않다. 그러나 현실 속의 대학은 조금 다

르다. 자유로움이 있지만 책임이 따르고 친구들과 모두 함께 어울려 지낼 줄 알았는데 다들 삼삼오오 짝을 이루어 다닌다. 마음에 맞는 친구 찾기가 쉽지 않다. 특히 공부가 어렵다. 일단 공부가 익숙하지 않다. 공부를 별로 해본 적이 없기 때문이다. 또한 등록금을 마련하지 못해 자립정착금까지 끌어다 보충하지만 그것도 모자라 휴학을 해야 할 판이다. 경제적인 어려움으로 친구를 사귀는 것도 제한을 받는다. 만남에는 돈이 들고 한 번 얻어먹으면 한 번 사야하기 때문에 만남이 부담스러울 때도 있다.

대학에 진학하면 선택의 고민이 사라질 줄 알았는데, 이건 오히려 책임이 따르는 선택의 연속에 직면하여 난감하다.

> 연구자: 내가 학교 대학오기 전에 생각했던 간호학과 모습하고 학교 와서 실제로 접한 간호학과의 모습은 좀 어땠던가요?
>
> 연구 참여자: 많이 틀렸어요(틀렸어요?)저희가 또 학생 수가 많아요(아 그래요?) 3학년에 220명씩 있거든요(간호학과만?)네(반이 몇 개씩 있겠네요)4개(아 4개반)그 정도 있다 보니깐 되게 대학생활에 대해서 약간의 꿈이 야방이 야망이라고 그래야 되나? 그런게 있잖아요 대학에 오면 뭐 소개팅도 하고 애들끼리 막 놀고(로망이겠지)했는데 그런 거에 대해서 더 없고(다 공부만 해요?)네 경쟁이 되게 치열하고 애들끼리 그런 거에 대해서 되게.. 실습도 나가니까 그때 새벽 5시까지 가서 4시 반에 끝나니까 너무 제가 지치고(그러겠네 진짜)너무 힘들었던 거에요 그런 거에 대해서 조금 제가 이제 간호사에 되기 전에 그런 거 자세까지 몰랐으니까 들어와서 느끼니까 약간의 틀렸던 것 같고 근데 뭐 이제 간호사 된다고 하면 그런 거 다 감수하고 열심히.
>
> —현실의 대학생활은 상상한 것과 다름, 연구 참여자 3

처음에 입학했을 때에는 1학년때다 보니까 애들하고 놀고 그런게 좋고. 공부하는 방법도 몰랐어요. 실업계에서는 모의고사 그런거 한 번도 본적이 없고 거기서는 당일치기로 해도 성적이 나와요. 문제를 아예 막 알려줘요 선생님들이. 근데 완전 바뀌니까 공부를 이렇게 열심히 해야되는지는 몰랐어요. 다 열심히 이렇게 하는구나 이제 알고 기숙사 들어가고부터 정신 차린거에요.

—입학 후 공부 방법을 몰라 어려웠음, 연구 참여자 6

연구 참여자: 제가 더 제가 진짜 1학년 들어와서 아르바이트 이런거 신입생 때 할 여건도 안되고 그때 생활비가 너무 모자란 거에요.

연구자: 그렇죠.

연구 참여자: 생활비가 진짜 너무 모자라서 아르바이트를 하면 아르바이트를 하기 때문에 또 힘들고 학업이나 이런 정신적으로. 진짜 아 이거 그만둘까 그만둘까

연구자: 대학을?

연구 참여자: 되게 생각을 많이 해봤어요. 그만두고 나도 그냥 돈 빨리 벌어가지고 대학 와서도 대게 생각 많이 해봤는데.

연구자: 본인 의지가 강함에도 불구하고?

연구 참여자: 네. 왜냐면 제가 가장 힘든거는 경제적으로 힘든거는 어떻게든 제 자신이 노력해서 채워나갈 수 있는데 정신적으로 너무 힘든거에요. 저는 작은 선택부터 큰 선택까지 모두 다 제가 히거든요. 그래서 조언을 받을 사람이 없어요. 그니까 다른 사람들의 경우에는 부모님이 해주거나 뭐 형이나 누나들이 큰 영향을 미치는데 휴학을 할까말까 외국에 갈까말까 대학원을 갈까 이런거를 제가 다 결정을 해야되요. 그런면에서 너무 힘든게 좀 있어요.

—모든 결정을 혼자 내린다는 것이 힘듦, 연구 참여자 4

아무리 생활 하다보면은 친구들 한달에 두세번은 만나잖아요. 그거 들어가죠. 거기다가 순간순간 변수가 있어요. 학교에서 뭐 MT가기 전에 전 MT 안가는데 불참비도 받으니까 불참비 내고 뭐 과 전공모임하는데 불참비 받죠. 그거 내죠. 교재. 3월초 9월 초에 교재 거의 한학기에 12만원 15만 원씩 들어가죠. 가끔씩 근로 하더라도 학기중에 저녁에 따로 알바할 때도 있어요. 주말에 하고.

–지출생각하면 대학생활을 즐길 여유없음, 연구 참여자 1

② 대학생활의 요령을 터득함

대학을 졸업하기 위해서는 등록금 등의 경제적 문제가 해결되어야 한다. 자신의 미래를 위해 성실하게 달려가고 있는 대학생은 공통적으로 경제적 어려움 해결의 노하우를 알고 있다. 우선 국가에서 지원하는 여러 장학금 제도와 수급권자로서 이용할 수 있는 서비스 혜택에 대해 잘 알고 이용하고 있다. 이에 비해 연구 참여자 5와 같이 경제적 어려움을 호소하는 경우는 각종 제도를 잘 모르기도 하거니와 학점 등의 자격요건에 미달하여 지원을 받지 못하는 상황이다. 이를테면 연구 참여자 5의 경우는 총체적 난국에 직면해 있다. 실업계 출신으로 무조건 대학에 진학해야 한다는 생각만 했지 대학에 진학하기 위한 노력도 미래의 자신에 대해서도 별다른 생각이 없었다. 『누가 내 치즈를 옮겼을까』의 헴처럼 시설에 입소한 이후에는 큰 도전 없이 살아왔기에 18세에 직면한 도전은 매우 낯설고 두려운 상황으로 어찌할지 몰라 고민만 하고 있다.

연구 참여자: 잘 다니는 사람도 있는데, 저 말고 ○○ 퇴소한 언니중에 **언닌가? 저는 잘 모르거든요 늦게 들어와서. 그런데 그 언니

도 대게 대학생활 잘하고 제일 성공한 언니라고.

연구자: 그렇구나. 그럼 이렇게 대학생활을 잘 하고 텔레비전에서 보는 것처럼 대학생활을 힘들게 하고 그런거의 차이점이 뭘까요?

연구 참여자: 그니까 요령을 모르는거 같아요.

연구자: 요령?(중략)

연구자: 요령을 몰라서? 장학금 받을 수 있는 방법?

연구 참여자: 네. 혜택 받을 수 있는 방법이 많은데 또 ○○ 퇴소한 애중에 ##라는 남자애 있거든요. 걔는 △△△인가? 갔었어요. 갔는데 걔는 아예 자립관 그런데 들어온것도 아닌데 퇴소하고도 자기가 받을 수 있는 혜택 다 받으려고 미래로든 막 그거 뭐냐 교내 장학금 뭐 그런거 다 알아보고 해요. 생활비 받을 수 있는 100만원 그런거 있대요. 그것도 걔한테 들어서 저도 이번에 신청하라고 그러더라구요.

연구자: 어디 신청해요? 지금 수급자죠?

연구 참여자: 네. 그건 생활비로 받는거래요. 학비 깎이는게 아니고. 그래서 자기 저번에 받았었다고 알려줘서 아 이런것도 있구나 해서 그것도 성적이 조금 되어야되는데 그래서 요령을 좀만 알면은 되는거 같아요.

–<u>시설출신 대학생은 요령이 있어야 함</u>, 연구 참여자 6

다. 대학생활의 의미

대학에 다닌다는 것이 시설보호 경험이 있는 대학생들에게는 어떤 의미인가? 대학진학의 이유가 다르지만 대학생이라는 것, 대학생활을 한다는 것은 이들에게 어떤 값어치를 갖는 것일까에 대한 이들의 이야기를 들어보았다.

① 보통 사람의 삶

대학 진학이 특별한가? 요즘에 누구나 대학을 간다. 시설보호 청년이라고 예외겠는가! 대학을 나와야 차별 덜 받는 세상이니 시설보호 청년도 그렇게 보통 사람의 삶을 사는 것이다. 아동양육시설 및 공동생활가정에 5년 이상 보호된 청소년은 '고아사유 제2국민역 편입'에 해당하여 징병검사를 실시하지 아니하고 제2국민역으로 편입(현역, 보충역, 예비군복무 면제) 대상이다(병무청 홈페이지 http://www.mma.go.kr/kor/s_navigation/reduction/reduction03/index.html, 검색일: 2011.7.12). 그러나 이런 경우에도 현역으로 입대 신청하여 군대에 다녀오는 시설보호 청년이 있다. 남들도 다 가는 군대이기 때문이다. 남들도 다 가는 대학과 같은 맥락이다.

> 근데 요즘엔 해마다 대학 가는 퍼센트가 높아지는걸로 알고 있어요. 솔직히 요즘 최소학력이 대졸이잖아요. 대학간게 대단한건 아니잖아요. 제가 대학간게 진짜 벼슬한것처럼 대단하면 이렇게 걱정하지도 않아요. 요즘엔 최저학력이 대졸인데..
>
> –대학졸업이 대단하지 않음, 연구 참여자 1

② 즐거움

대학생활은 내 마음껏 해볼 수 있는 시기이다. 시설에 연장으로 있는 경우 동생들을 돌보는 역할을 맡아 힘들기도 하지만 간섭을 덜 받으면서 지낼 수 있다. 자립생활관이나 자취를 하는 경우는 그야말로 더 자유롭다.

> 친구들하고 어울리는 것도 재밌고, 공부도 원래 안했는데 학점 올리고 그러다보니까 재미붙어서 공부도 재미붙고 인제 전공같은거 발표하

고 저희는 다 그거거든요 발표. 그런 것도 준비하고 그런 것도 이제 재미들리니까 재밌고.

—<u>학교생활이 즐거움</u>, 연구 참여자 6

저는 제 시간이 있다는게 좋아요.(제 시간?) 그니까 여기서는 공동체 생활 했잖아요 그렇기 때문에 제 사생활이 좀 없었거든요? 공동체 생활이기 때문에 근데 이제는 제 사생활도 있고 그리고 그리고 또 무엇보다 저녁에 귀가 할 수 있는 그런 시간들이 여긴 딱 10시안에 들어와야 되는데 그런 게 좀 풀리니까 (생활관은 그게 없어요?) 아뇨 있긴 있어요 12시까지

—<u>자기 시간을 맘껏 보냄</u>, 연구 참여자 7

③ 꿈에 다가가는 불안한 과정

어린 시절 꾸었던 꿈에 점점 다가가는 느낌이 든다. 대학진학이 종착역은 아니지만 발판은 마련된 셈이다. 꿈을 키워 대학에 진학한 자신이 자랑스럽고 힘들고 포기하고 싶을 때도 있지만 참고 견뎌내면 좋은 결과가 있으리라 믿는다. 지금의 힘겨움은 나만을 위한 것이 아니라 내가 꾸릴 미래의 가족을 위해서이다.

한편, 졸업이 다가올수록 취업걱정에 마음이 복잡한 것이 사실이다. 돈이 없어 고생한 만큼 남들만큼은 벌어서 살고 싶은데 취업이 어려워 걱정이 많다.

연구자: 그.. 우리 친구한테 대학은 어떤 곳이에요?
연구 참여자: 대학이요? 음... 나의 꿈이 있어서 꼭 거쳐야 된다는 그런 단계?
연구자: 꼭 거쳐 가야 돼 꿈을 이루기 위해서? 어떤 면에서요?

연구 참여자: 제가 아까 말한 그니까 학원을 다녀서 간호조무사도 충분히 될 수 있었는데 이제 지원에 있기 때문에 제가 더 갈 수 있었던 것 같고 또 이제 학원하고 대학 그거 틀리기 때문에 또 이제 사회에 나가면 이제 간호조무사와 간호사와 그 지급이 다르잖아요 그런 것도 그렇고 자기 꿈이 있기 때문에 꼭 거쳐야 되는.

—<u>대학생활은 꿈에 다가가는 과정</u>, 연구 참여자 3

연구자 : 그러면 그 대학생활이라고 하는게? **학생한테는 대학생활 대학생이라는게 어떤 의미 인가요? 대학생이 됐다고 하는거 대학생에 갔다라고 하는 것은 본인의 삶에서?

연구 참여자: 자립하는 그런 시기 같아요. 저한테(자립하는 시기?) 그니까 음 어 이제 내가 하고 싶은 공부들을 하면서 내 나름대로의 그런 것도 목표 같은 것도 이제 내가 성인이 됐으니까 그런 것도 생각해야 되고 또 여기서는 이제 다 받고 받고 자라고 밥이나 이런 것도 내가 쓸게 거의 군것질이나 친구들 노는데 그런데 썼지 옷사고 그런데 썼지 막 그렇게 돈이 막 많이 들어가지 않았거든요? 근데 이제는 제가 교통비 그런거서부터 제가 다 부담해야되니까 점점 식비나 그런 것들에 점점 내가 자립해나가는 시기같아요.

—<u>대학생활은 자립으로 나아가는 시기</u>, 연구 참여자 7

연구 참여자: 제가 앞으로 어떻게 될지 모르겠어요 지금. 가장 걱정되는게. 저에 대해서 생각하면 걱정밖에 안되요.

연구자: 걱정?

연구 참여자: 네. 지금이야 나이가 어리니까. 어리잖아요 아직. 어리니까 당장 학교 그만둬도 먹고 살 걱정은 없어요. 아직 젊으니까.

연구자: 뭐라도 할 수 있으니까?

연구 참여자: 네. 근데 20년뒤가 걱정이잖아요. 그때 나이들었는데

생산직을 당장 들어갈 수 있는 것도 아니고. 그때 내가 되면 제가 뭔가 과장이든 부장이든 뭔가 해놓고 있어야지 안정된 직장 가지고 있어야지. 그게 걱정이에요. 그렇다고 제가 특별히 잘하는 것도 없고.

–지금 당장보다 나이든 미래가 더 걱정됨, 연구 참여자 1

3) 종합

본 연구는 통합연구 방법의 유용성에 대해 로스만 등(Rossman et al., 1985)이 제시한 것에 따라 양적 연구 결과와 질적 연구를 종합하여 정리하였다. 로스만 등이 제시한 유용성은 첫째, 질적/양적연구 방법 등 다양한 연구방법을 통해 얻어진 결과를 통합하고 수렴하는 이론의 확증(corroboration), 둘째 표면적으로 나타나지 않고 이면에 숨겨져 있는 풍부하고 상세한 내용을 찾아내어 표면화하는 정교화(elaboration), 마지막으로 이러한 증거와 근거에 기반을 둔 종합적인 분석을 통해 새로운 해석을 모색하고 기존에 논의되지 않았던 새로운 아이디어나 연구주제 등을 찾아내는 창시(initiation) 등이다(Rossman et al., 1985, 천희란 외, 2011 재인용).

(1) 다양한 연구방법을 통한 이론의 확증

양적 연구 방법 및 질적 연구 방법을 통해 공통적으로 확인된 것은 다음과 같다. 대학에 진학한 시설보호 청년이 대학생활에서 경험하는 어려움은 양적·질적 연구 공히 경제적인 문제로 나타났다. 양적 연구에서 시설보호 청년은 '경제적 걱정', '학업(공부) 걱정' 등으로 스트레스를 받는 것으로 나타났고 질적 연구에서도 등록금 및 생활비로 인한 압박, 공부를 해본 적이 없어 학업에 대한 부담 등이 큰 것으로 확인되었다. 경제적 어려움의 경우(물론 정도의 차이는 있지만) 반값 등록금 문제에서도 드러나듯이 모든 대학생에게 공통적으로 해당되는 것임에 비해, '학업(공부) 걱정'은 시설보호 청년에게서 크게 두드러지는 어려움이다.

(2) **정교화**

서베이 조사를 통해 파악한 양적인 결과에 대한 심층적 설명이 가능하다. 시설보호 청년이 대학에 진학한 이유는 양적인 서베이에서 확인된 바와 같이, '대학 졸업 후 더 넓은 직업 선택의 기회를 갖기 위해', '사회가 대학 졸업자를 전반적으로 우대하기 때문에' 등이다. 그러나 시설보호 청년에게 대학 진학은 또 다른 의미를 갖는다. 대학 진학은 그리 특별할 것이 없는 보통의 삶을 살고자 하는 바람이 작용한 것이기도 하고 너무나 당연하게 꿈을 이루기 위한 과정의 하나이다. 보통의 사람들과는 다른 삶을 살아온 시설보호 청년에게 대학은 평범한 사람들과 같은 경로를 밟고 보통의 사람들과 어울릴 수 있는 공간인 셈이다. 또한 취업은 경제적인 자립을 위한 수단일 뿐 아니라, 오랫동안 꿔왔던 꿈을 이루는 과정이다.

(3) **창시**(initiation)

양적 연구와 질적 연구 결과의 차이를 통해 새로운 연구의 주제를 확인할 수 있다. 사실 본 연구에서는 양적 연구와 질적 연구의 결과가 수렴하는 경향이 강해서 차이를 통해 새로운 연구 주제를 확인하기보다 각각의 연구 결과로부터 새로운 연구 주제를 확인할 수 있다.

우선, 여러 지표에서 확인된 대학생활 및 진로발달수준과 관련된 개인차는 꿈(희망)을 갖고 있는가의 이슈, 대학진학 결정의 시기, 어린 시절 성공의 경험(특히 학업 측면에서), 원가족과의 관계(지원), 적극적인 도움 추구(helping behavior) 등과 관련이 있다. 이러한 것은 질적 연구를 통해 확인되었다. 대학생활을 꿈을 이루는 과정으로 보내고 있는 시설보호 청년의 경우, 어렸을 때부터 대학진학을 염두에 두고 본인이 이루고 싶은(혹은 하고 싶은) 것이 있었다. 또한 다른 시설 친구들보다 공부를 잘해 시설의 관심과 지원을 많이 받았던 경험이 있고 원가족이 집을 마련해주거나 최악의 경우 의지할 수 있는 상황이 되는 경우였다. 또한 시설보호 청년으로 활용할 수 있는 주변 자원을 잘 알고 적절히 활용하였다.

결국 시설보호 청년의 적응(자립)과 관련된 요인들을 고려할 때, 꿈(희망)에 대한 인식, 대학진학 결정 시기, 학업성적(학교생활적응), 원가족 관계, 도움 추구 등이 면밀히 고려될 필요가 있다.

또한 양적 연구에서 진로결정수준이 일반 청년보다 높게 나타나고 진로준비행동, 진로결정 자기 효능감 등은 일반 청년과 차이가 없게 나타난 부분을 확인해야 할 것이다. 본 연구에서 설명한 바와 같이 이것을 자아정체성 폐쇄, 자아정체성 혼미로 파악할 수 있는가에 대한 추후 검증이 요구된다.

시설보호 청년에게 대학생활은 그것이 꿈을 이루기 위한 선택이든 대학생활에 대한 막연한 동경과 취업에 도움이 될 것이라는 기대에서 나온 결정이든 일단 시작한 이상 다른 길로 돌아가는 것이 쉽지 않다. 대학에 진학하고 부딪친 현실에 당황하고 주춤하더라도 이들에게 별다른 대안이 없다. 휴학 정도가 자신을 이해하고 적성을 탐색할 기회이지만, 이나마도 생활비와 다음 학기 학비를 마련하는 부담으로 자신에게 집중할 수 없다. 시설생활이라는 과거에 발목 잡히고 고단한 현실에 지친 시설보호 청년에게 미래는 불안하며 이러한 불안을 줄이기 위해 흔들리지 않고 달려갈 목표를 빨리 정하는 게 상책이다. 또한 목표를 빨리 이루고 싶지만 마음만큼 행동이 따라주지 않는다.

시설보호 청년은 청년기 진입(청소년기 분리)－전환－ 성인기 진입이라는 과정을 매우 압축적으로 밟는다. 이도 저도 아닌 전환기의 불안정함을 견디기 어렵기 때문이다. 그래도 대학교에 진학한 경우는 형편이 낫다. 전환 시기를 위해 최소 2년(전문대학 진학의 경우)을 쓸 수 있기 때문이다. 문제는 전환기를 어떻게 보내느냐, 전환기 시기의 발달과제를 어떻게 달성하느냐, 이를 위한 지원책은 무엇인가에 대한 고민이 요구된다.

3절 시설보호 청년의 결혼

1. 선행연구 검토

시설보호 청년의 결혼관에 대한 국내 연구는 거의 없다. 신혜령 외(2008)에서 결혼자신감을 조사한 것이 결혼이라는 주제를 직접 다룬 유일한 연구이다. 그러기에 현재로서는 원가족과의 관계에 관한 연구들에서 결혼에 대한 태도를 유추할 수 있는 수준이다.

이양숙(2000)의 연구에 의하면, 시설 아동들은 부모에 대해 “기다림”, “막연히 그리워함”, “부모를 상상함”, “친구 부모를 보며 그리워함”, “원망함”, “잊혀져감과 포기함”, “살짝 보고 싶어함”, “부모를 닮을까 두려움”, “스스로 위로함”, “운명으로 돌림”, “사람을 믿기 어려워짐", "감정이 메말라짐", "마음을 열기 어려워짐" 등의 체험을 한다고 했고 이러한 체험의 본질적 주제로 "막연히 그리워하며 기다림", "친구 부모를 보고 상상하며 그리워함", "원망하며 잊혀져 감", "운명으로 돌림" 이 4가지를 제시하였다.

이 연구에서 "부모를 닮을까 두려움"이라는 주제가 시설보호 청년의 결혼에 대한 태도와 관련이 있다. 이양숙(2000)에 의하면, 부모가 어떤 사람인지 알고 있는 경우의 청소년은 부모의 부정적인 면을 닮을까봐 두려워하고 부모에 대해 잘 모르는 경우에는 어렴풋한 기억이나 자신에 관한 기록을 통해 알게 된 부모의 행동 즉, 부모 중 한 사람이 외도를 하였거나 가출을 해서 이혼을 하게 되었고 그 결과 자신이 고아원에 보내진 것처럼 자신도 가정을 유지하지 못하고 자식을 고아원에 버릴까봐 두려워한다고 한다. 즉, 부모의 운명을 따라 갈까봐 두려워한다. 이런 경우 결혼에 대해 긍정적인 태도를 갖기 어려울 것이다.

권지성・정선욱(2009)의 퇴소 후 생활 경험 연구를 보면, 가족이 준 상처로 결혼생활에 대한 회의를 느낀다는 주제가 발견된다. 권지성 외(2009)에 의하면, 연애 과정이나 결혼을 앞두고 상대방과 상대방의 가족에게 시설출신임을 드러내야 하는 것이 상당히 부담스럽고 이런 부담 때문에 사람 만나기가 쉽지 않다고 한다. 이양숙(2000)과 마찬가지로 자신의 부모와 같은 삶을 살게 될까 하는 두려움이 결혼을 가로막기도 한다. 누구보다 행복한 가정을 꾸리고 자녀들을 끝까지 책임지면서 살고 싶지만 과연 그럴 수 있을지 걱정이 앞선다.

2. 시설보호 청년의 결혼에 관한 연구

시설보호 청년의 결혼관도 앞서 진로관련 부분과 마찬가지로 통합방법을 사용하였다. 연구 설계 및 표본선정은 앞에서 기술한 진로 관련 실태 연구 부분과 동일하여 간단히 정리하였다.

1) 양적 연구

(1) 연구 설계 및 표본선정

가. 시설보호 청년

시설에서 생활한 경험이 있는 대학생의 결혼관 및 이에 영향을 미치는 요인을 발견하기 위해, 서베이 연구방법을 활용하였다. 본 연구의 구체적인 표집 대상은 시설보호경험이 2년 이상이고 현재 대학에 재학 중(휴학 포함)인 시설 연장 및 퇴소 아동이다. 자료 수집은 2011년 2월~4월 초에 걸쳐 이루어졌다. 총 214부가 회수되었다.

한편, 교보생명교육문화재단 희망다솜 장학생의 경우는 2011년 2월 중순에 열린 장학생 대상 캠프에 참석하여 연구의 목적을 설명하고 현장에서 설문조사하였다. 설문에 참여한 학생의 수는 41명이었다. 이 중 소년소녀가장이 2명 포함되어 분석에는 39부만 사용하였다.

나. 시설보호 경험이 없는 청년-일반 청년

시설보호 청년의 결혼관 등을 보다 정확히 파악하기 위해 비교집단으로 일반 청년을 설정하고 이들에 대해서도 설문조사하였다. 서울, 경기, 대전, 광주, 강원, 부산 소재 9개 대학(전문대 포함)을 편의표집한 후, 161명을 조사하였다.

(2) 측정도구

가. 결혼에 대한 태도

김예리(2008)가 사용한 결혼에 대한 태도 측정도구를 사용하였다. 김예리(2008)는 정윤경(1997) 등이 개발한 결혼관 척도 23개 문항 중에 신뢰도가 낮은 8개 문항을 제외한 15개 문항을 사용하였다. 또한 동거에 대한 문항과 결혼계약서에 관한 문항을 추가하여 최종적으로 17개 문항을 사용하여 결혼관을 측정하였다. 17개 문항에서 '매우 그렇다(5점)', '대체로 그렇다(4점)', '보통이다(3점)', '대체로 그렇지 않다(2점)', '전혀 그렇지 않다(1점)'의 리커트 척도를 사용하여 측정하였다. 부정 문항은 역채점하였고 점수가 높을수록 결혼에 대해 긍정적인 태도를 갖고 있음을 의미한다.

나. 이혼에 대한 태도

이혼에 대한 태도는 김예리(2008)가 사용한 측정도구를 통해 측정하였다. 이혼에 대한 태도는 이혼에 대해 개인이 지향하는 가치관 및 관념으로 정리된다. 이혼에 대한 태도를 측정하기 위해 전숙영(1996)이 개발하고 조연제(2003)가 수정・보완한 것을 사용하였으며 '이혼은 어떤 경우에도 안 된다'라는 문항을 추가하여 총 8개 문항으로 이혼에 대한 태도를 측정하였다. 8개 문항에 '그렇다' 1점, '그렇지 않다' 0점을 부여하여, 점수가 높을수록 이혼에 대해 허용성이 높은 것을 의미한다.

(3) 측정도구의 신뢰도

결혼관 연구에 사용된 척도들의 신뢰도는 〈표 3-26〉과 같다. 일반 청년 집단에서 결혼에 대한 태도 척도의 신뢰도가 낮은 것을 제외하

〈표 3-26〉 척도의 신뢰도(Cronbach's α)

척도	문항수	조사 신뢰도		문항번호
		시설	일반	
결혼에 대한 태도	17	0.620	0.587	역채점 문항: 10, 11, 13, 16, 17
이혼에 대한 태도	8	0.646	0.639	역채점 문항: 8

고는 대체적으로 신뢰도의 문제는 없는 것으로 나타났다.

(4) 양적 연구 결과

결혼에 대한 태도 척도와 이혼에 대한 태도 척도를 사용하여 조사한 결과 〈표 3-27〉과 같다. 시설보호 청년이 일반 청년에 비해 결혼에 대한 태도가 부정적이었다. 시설보호 청년의 결혼에 대한 태도 평균 점수는 57.13점, 일반 청년의 결혼에 대한 태도 평균 점수는 58.54로 나타났고 두 집단 사이의 평균 차이는 유의수준 .05에서 유의미했다.

한편, 이혼에 대한 태도의 경우 시설보호 청년의 경우 일반 청년에 비해 이혼에 대해 보다 허용적인 태도를 취하는 것으로 나타났다. 시설보호 청년의 이혼에 대한 태도 평균 점수는 11.10, 일반 청년의 이혼에 대한 태도 평균 점수는 10.63으로 나타났고 두 집단 사이의 평

〈표 3-27〉 시설보호 청년과 일반 청년의 결혼 및 이혼에 대한 태도

종속변수	독립변수	평균	표준편차	t값	유의도
결혼태도	시설보호 청년	57.13	6.76	2.12	.04*
	일반 청년	58.54	6.43		
이혼태도	시설보호 청년	11.10	1.98	-2.44	.02*
	일반 청년	10.63	1.85		

*p<.05, **p<.01, ***p<.001

균 차이는 유의수준 .05에서 유의미했다.

〈표 3-28〉에서는 결혼에 대한 태도, 이혼에 대한 태도 각 문항별로 평균 점수를 비교해보았다.

두 집단에서 유의미한 차이를 보인 문항은 "결혼은 심리적인 안정감을 준다", "결혼은 사람을 성숙시킨다", "결혼은 부모님이 동의해야 할 수 있다", "결혼은 상호보완적인 관계이다", "결혼 전 결혼계약서를 쓰는 것이 바람직하다" 등이다.

〈표 3-28〉 결혼에 대한 태도 문항별 비교

결혼에 대한 태도	시설보호 청년	일반 청년	t값
결혼은 바람직한 제도이다	4.00(0.85)	4.01(0.87)	0.144
결혼은 반드시 해야 한다	3.37(1.20)	3.36(1.22)	-0.093
결혼은 심리적인 안정감을 준다	3.70(0.90)	3.91(0.84)	2.486*
결혼은 외로움을 덜어준다	4.00(0.78)	4.03(0.83)	0.386
결혼은 좋은 것이다	3.84(0.86)	3.78(0.87)	-0.703
결혼은 사랑의 완성이다	3.49(1.14)	3.50(1.13)	0.115
결혼은 인생을 풍요롭게 한다	3.53(0.99)	3.65(0.99)	1.228
결혼은 경제적인 안정을 갖고 온다	3.16(0.98)	3.12(1.06)	-0.370
결혼은 사람을 성숙시킨다	3.94(0.88)	4.12(0.70)	2.284*
결혼은 한번만 해야 한다°	2.40(1.25)	2.57(1.26)	1.362
결혼은 부모님이 동의해야 할 수 있다°	3.01(1.21)	2.75(1.08)	-2.758**
결혼은 상호보완적인 관계이다	3.80(0.88)	4.14(0.83)	3.975***
결혼은 동성 간에 해서는 안된다°	2.17(1.40)	2.34(1.34)	1.224
연애와 결혼은 일치해야 한다	2.79(1.19)	2.91(1.19)	0.971
결혼에 실패했을 경우 재혼할 수 있다	3.60(0.99)	3.76(1.03)	1.604
결혼과 상관없이 동거할 수 있다°	3.34(1.14)	3.28(1.18)	-0.553
결혼 전 결혼계약서를 쓰는 것이 바람직하다°	2.93(1.14)	3.29(1.05)	3.156**

° 역점수 문항

*p<.05, **p<.01, ***p<.001

일반 청년은 시설보호 청년에 비해 '결혼이 심리적인 안정감을 제공하고', '결혼이 사람을 성숙시키는 것'으로 여겼다. 또한 일반 청년은 시설보호 청년에 비해 '결혼을 상호보완적인 관계'로 파악하고 있는 것으로 나타났다. 한편, 시설보호 청년은 '결혼에서 부모의 동의를 받을 필요가 없고', '결혼 전 결혼 계약서를 쓰는 것이 바람직하다'는 응답을 보였다.

이러한 결과로 볼 때, 시설보호 청년은 일반 청년에 비해 결혼을 안정감을 제공하고 성숙할 수 있는 기회로 여기지 않는 경향이 발견되었다. 또한 시설보호 청년의 경우, 부모가 없거나 부모가 있더라도 관계가 소원한 경우가 많기에 결혼을 부모의 동의를 얻어 진행하는 것에 소극적인 입장을 취하는 것으로 나타났다.

다음으로 이혼에 대한 태도를 문항별로 비교해보았다.

시설보호 청년이 일반 청년과 이혼에 대한 태도에서 차이를 보인 문항은 '남편이 경제력이 없다면 아내는 이혼을 할 수도 있다', '경제력이 있는 여자는 이혼 후 살아갈 수 있는 능력이 있으므로 이혼을 할 수도 있다' 등 경제력 관련 문항이다. 이들 문항에 대해 시설보호 청년은 일반 청년에 비해 '이혼할 수 있다'는 입장을 보였다. 또한 "이혼은 어떤 경우에도 안 된다"는 문항에 대해서는 일반 청년이 시설보호 청년에 비해 '상황불문 이혼 불가 입장'이 강한 것으로 나타났다. 즉 시설보호 청년이 이혼에 대해 다소 융통성 있게 접근함을 알 수 있다.

흔히들 시설보호 아동들은 이혼 등의 가족해체로 시설에 입소하는 경우가 많아, 이혼에 대해 보다 완고한 입장을 취할 것으로 예상할 수 있는데, 본 연구의 결과는 이와 달랐다. 오히려 시설보호 청년들이 이혼에 대해 보다 허용적인 입장을 취하는 것으로 나타난 것이다.

시설보호 청년의 이혼에 대한 태도 연구는 본 연구가 처음이기 때문에, 이 연구 결과와 비교할 수 있는 타 연구를 찾기 어렵다. 다만 이혼가정 대학생의 이혼에 대한 태도와 일반가정 대학생의 이혼에 대한 태도를 비교한 연구와 매우 조심스럽게 비교를 하고자 한다.

유희정(2005)은 일반가정 대학생과 이혼가정 대학생을 대상으로 두 집단의 결혼 및 이혼에 대한 태도를 비교하였는데 전체적으로 두 집단 간에 결혼 및 이혼에 대한 태도 차이가 그다지 크지 않은 것으로 나타났다. 특히 이혼가정 대학생은 일반 가정 대학생에 비해 '자녀를 위해 불행한 결혼을 유지하는 것에 대해서는 오히려 더 반대하는 태도'를 취하는 것으로 나타났다.

유희정(2005)에 의하면, 이혼이 자녀에게 미치는 장기적인 결과에 대해서 서로 상반되는 두 시각, 즉 위험을 강조하는 시각(risk perspective)과 적응유연성을 강조하는 시각(resilience perspective)이 있다고 한다(Kelly et al., 2003; 유희정, 2005 재인용). 유희정(2005)의 연구 결과는 적응유연성 시각을 지지한다. 이러한 결과에 대해 유희정(2005)은 부모가 이혼으로 인해 상당한 경제적, 정서적인 어려움을 겪으면서 성장하였음에도 불구하고 오히려 일반가정 대학생들보다 부모의 이혼이 불가피했음을 받아들이고 이혼이 계속되는 가족 갈등보다는 더 나은 대안이라고 보고 있는 것은 부모의 이혼을 경험한 대학생 자녀들은 부모 간의 갈등이 심한 상태에서 결혼생활을 유지하는 것이 자녀들에게 얼마나 해로우며 심리적인 불행감과 적응상의 문제를 일으키는지를 직접 경험하였기 때문일 것으로 보고 있다(Furstenberg et al., 1994; Amato et al., 1995; 유희정, 2005 재인용).

이러한 맥락과 유사하게 시설보호 청년의 경우에도 부모의 이혼으로 인해 시설에 입소하고 힘든 시절을 보내지만, 이혼까지 이르는 과

〈표 3-29〉 이혼에 대한 태도 문항별 비교

이혼에 대한 태도	시설보호 청년	일반 청년	t값
자녀가 없는 부부는 이혼을 할 수도 있다	1.43(0.50)	1.39(0.49)	0.059
남편이 경제력이 없다면 아내는 이혼을 할 수도 있다	1.45(0.50)	1.35(0.48)	-2.098*
서로를 더 이상 사랑하지 않는 부부는 이혼을 할 수도 있다	1.20(0.40)	1.21(0.41)	0.333
부모가 이혼을 했다 하더라도 주위의 친구들은 나를 대하는 것이 평소와 같을 것이다	1.31(0.46)	1.26(0.44)	-1.133
경제력이 있는 여자는 이혼 후 살아갈 수 있는 능력이 있으므로 이혼을 할 수도 있다	1.34(0.48)	1.25(0.43)	-2.186*
이혼을 하려거든 자녀가 성장하기 전에 해야 한다	1.77(0.42)	1.77(0.42)	0.046
부모가 이혼을 한 사람은 친구들에게 그 사실을 숨길 필요가 없다	1.28(0.45)	1.21(0.41)	-1.606
이혼은 어떤 경우에도 안된다°	1.32(0.47)	1.21(0.41)	-2.497*

° 역점수 문항
*$p < .05$

정에서 부모 간의 갈등을 경험하였기에 결혼 상태를 유지하는 것이 전부가 아니라는 입장을 갖게 된 것으로 해석할 수 있다. 그러나 이러한 해석은 시설 입소 사유, 시설 입소 이전의 부모-자녀 관계, 시설 입소 전 원가족 관련 경험 등을 포괄적으로 고찰하고 이들 변수와 이혼에 대한 태도 변수간의 관련성 분석을 통해 검증될 필요가 있다.

2) 질적 연구

연구 참여자에게 연인관계, 졸업 후 계획에 대한 얘기를 나누면서 자연스럽게 결혼에 대해 질문하였다. 그러나 주로 대학생활의 의미, 취업에 대한 얘기를 중심으로 면접이 진행되어 결혼과 관련된 부분에 대한 정보가 제한적이다.

연구 참여자들은 결혼에 대해 매우 조심스러운 반응을 보여 미래의 가족에게 떳떳한 모습을 보일 수 있을 때 결혼하기를 희망하였다. 즉, 안정된 직장을 구한 후에, 미래의 자녀에게 자신과 다른 삶을 물려줄 준비가 되었을 때, 결혼을 고려하겠다는 반응이었다. 미래의 가족을 생각하면 지금보다 더 노력을 많이 해야 한다. 또한 결혼을 가족 간의 결합으로 이해하여, 가족이 해체된 자신의 상황 때문에 결혼에 대해 고민하고 결국 자신의 상황을 이해하는 배우자를 찾는다.

> 네 근데 뭐 옛날엔 되게 아빠가 술을 드시면 폭력을 많이 하셨어요. 가정폭력을 이제 그런 거 좀 보다 보니까 결혼에 대해서는 별로.. 아직까지는..
>
> —가정폭력 경험으로 결혼에 부정적임, 연구 참여자 3

> 연구자: 요즘에 제일 많이 걱정하는 고민이나 그런거는 어떤게 있을까요?
>
> 연구참여자: 고학년이다보니까..
>
> 연구자: 복학은 이번에 하는거죠?
>
> 연구참여자: 네. 수강신청 다 해놨어요. 고학년이다보니까 남들 다 똑같이 하는 고민. 아, 결혼!
>
> 연구자: 아, 결혼?
>
> 연구참여자: 요즘에 그게 혼수비나 집값 이런게 너무 비싸더라구요. 저는 제가 벌어서 물려받을 게 없는데 제가 벌어서 해야되는데. (중략)
>
> 연구자: 다 준비해야되니까 혼자서?
>
> 연구참여자: 그것도 그러고 가족대 가족으로 만나는 건데 가족이 없으니까.
>
> —가족 간의 결합인 결혼에 대해 고민함, 연구참여자 4

서른 정도 결혼 하고 싶구요. 일단 제가 직업을 가졌을 때 결혼하고 싶구요.

—직업을 구한 후에 결혼하고 싶음, 연구참여자 2

나중에 또 나중에 또 20년 뒤에 제가 어떤 위치냐에 따라 다르겠지만 적어도 과장, 계장 정도 돼서 한 가족이든 나든 제대로 부양할 수 있는 능력이 되면 잘 살았네. 대학교 때 그래도 정신차린게 도움이 됐네. 이러는데 만약 그때 돼서도 이런 생활을 가지고 있으면은 그땐 저만 힘든게 아니라 가정이 있으면은 똑같은 생활을 물려준 거잖아요. 그럼 되게 착잡할거 같아요. 원래 사람이 그렇잖아요. 모든 가난한 부모들이 자기가 그렇게 되고 싶어서 된게 아니니까. 근데 또 그렇게 살면 안되는건데 자기들이 노력을 안하고 있는데 저도 막 나중에 그 생각하면서 어쩔 수 없었어 이렇게 생각할까봐. 걱정되죠.

—미래가족에게 현재와 다른 삶을 물려주고파, 연구참여자 1

3) 종합

본 연구는 통합연구 방법의 유용성에 대해 로스만 등(Rossman et al., 1985)이 제시한 것(이론의 확증, 정교화, 창시)에 따라 양적 연구 결과와 질적 연구를 종합하여 정리하였다.

(1) 다양한 연구방법을 통한 이론의 확증

양적연구에서 시설보호 청년은 일반 청년과 비교하여 결혼에 대해 부정적인 태도를 보였다. 결혼에 대한 태도에서 일반 청년은 "결혼은 심리적 안정감 제공의 원천", "결혼은 성숙의 과정", "결혼은 상호보완적인 관계" 등의 입장을 지지했다. 이러한 결과는 질적 연구, 즉 시설보호 청년의 과거 원가족 경험을 통해서도 일부 확인되었다. 가족으로부터 버림을 받았던 기억, 가정폭력의 경험 등으로 결혼에 대해 회의적인 태도, 결혼에 대해 조심스러운 반응을 보이고 있는데 이러한 결과는 양적 연구의 결과와 유사하다.

(2) 정교화

시설보호 청년이 결혼에 대해 부정적인 태도를 보이는 이유는 무엇일까? 이것은 원가족 관련 경험에서 그 이유를 찾을 수 있다. 또한 그 결과로 결혼의 "의미"보다는 결혼의 "전제조건", 즉 직업을 한 이후에 결혼을 한다거나 자신의 처지를 이해하는 사람을 만나고 싶다거나 미래의 가족에 대한 책임을 고려한다거나 하는 등의 모습을 보인다.

(3) 창시(initiation)

본 연구에서 시설보호 청년의 결혼, 이혼에 대한 부분이 충분하게 다뤄지지 않았다. 그러기에 향후 이 주제에 대해 보다 많은 연구가 이루어질 필요가 있다. 시설보호 청년의 결혼 생활은 시설보호의 장기적인 영향이라는 측면에서 그리고 시설보호 청년의 장기적인 적응과 관련하여 매우 중요한 이슈이기 때문이다. 그럼에도 불구하고 본 연구가 제시할 수 있는 새로운 연구 주제는 시설보호 청년이 이혼에 대해 보다 허용적인 태도를 취한 것이다. 사실 질적 연구 결과를 보면, 미래 가족에 대한 책임, 즉 자녀에게는 자신과는 다른 삶을 물려주겠다는 의지가 매우 강하게 표출되고 있는데 그럼에도 불구하고 이혼에 대해서는 일반 청년에 비해 허용적인 입장을 드러냈다. 이러한 모순이 어디에서 비롯되는 것인지에 대한 탐구가 필요하다.

정리하면, 시설보호 청년은 일반 청년에 비해 결혼에 대한 태도가 부정적이었고 이혼에 대한 태도는 허용적이었다. 시설보호 청년은 결혼에 부여하는 의미보다 '어떤' 결혼을 '언제' 할 것인가에 좀 더 관심을 갖는 것 같다. 결혼의 본질과 의미보다는 '경제적으로 안정된 상태에서의 결혼', '부모의 동의 없이도 할 수 있는 결혼', '자신의 처지를 이해해주는 결혼', '자신의 부모와는 달라야 하는 결혼' 등으로 결혼의 모양새(조건)에 주목하는 경향이 있다.

이혼에 대해서는 일반 청년에 비해 융통적인 모습을 보였다. 시설보호 청년의 경우 이혼 사유로 경제적인 부분을 중시한 것도 특징적이다. 이혼을 적극적으로 부정하는 것은 자신이 처한 상황을 너무나 예외적인 것으로 만드는 일이기에, 이혼에 대한 태도에서 '자기 이해(self interest)'가 개입된 결과로도 볼 수 있다. 그러나 이것은 모두 가정일 뿐, 후속 연구에서 확인될 필요가 있겠다.

제4장 시설보호 청년의 적응력 향상을 위한 과제

1절 시설보호 청년에 대한 개별적 지원
2절 시설보호 청년에 대한 정책적 제언

제4장 시설보호 청년의 적응력 향상을 위한 과제

1절 시설보호 청년에 대한 개별적 지원

앞서 시설보호 청년의 적응력 향상과 관련하여 살펴본 애착이론, 초점이론, 레질리언스이론의 측면에서 이들을 직접적으로 지원할 수 있는 방안을 모색하였다.

첫째, 진로발달 및 선택에 있어서 특히, 부모와의 애착과 심리적 독립을 살펴보는 것이 중요하다. 애착이 중요한 이유는 다음과 같다(김수임 외, 2009). 우선, 안정된 애착은 진로발달에서 가장 중요한 요소 중 하나인 탐색능력을 촉진한다. Ketterson 등(1997)에 의하면, 부모와의 애착수준이 높을수록 자기탐색활동과 환경탐색활동 수준이 높다고 하였다(김수임 외, 2009 재인용). 또한 부모와의 안정된 애착은 진로선택 및 발달과정에서 경험할 수 있는 진로장벽이라는 어려움을 극복하는 데 도움을 주는 면이 있다. 한편, 애착은 정체감 형성과도 밀접한 관련이 있다. 부모와의 애착경험이 충분하지 않은 사람일 경우, 정체감 문제와 함께 진로의사결정에 있어서 어려움을 겪게 되는 것으로 밝혀졌다(O'Brin et al., 1993; 김수임 외, 2009 재인용). 마지막으로 부모와의 안정적 애착은 심리적 독립을 촉진하며 이것은 곧 진로발달과 선택으로 연결되는 심리적 자원이 된다.

시설보호 청년의 애착경험은 어떠한가? 본 연구에서 시설보호 청년의 애착유형에서 30% 정도가 불안정 애착으로 나타났다. 또한 애착유형에 따라 진로결정 자기 효능감에 차이가 있는 것으로 밝혀졌다. 애착은 낭만적 사랑, 결혼 및 자녀 양육, 직업 활동 등의 영역과 관련되기에, 시설보호 청년의 적응력 향상을 위한 개입에서 애착의 이슈를 고려해야 한다. 친부모를 비롯한 원가족 관계, 시설 내외의 또래관계, 시설 내 직원(주로 보육사) 등과의 관계에 대한 사정을 실시하고 관계의 복원 또는 관계의 대체라는 측면에서 보호 및 자립 계획을 수립해야 할 것이다.

관계에 대한 강조는 "영속성(permanence)"과 관련된다. 시설보호 청년의 건강한 발달을 위해서는 사랑해주고 반응을 제공해주는 한 명 이상의 보호제공자와 지속적이고 선택적인 애착을 확보하는 것이 중요하다(정선욱, 2002a). 그 이유는 "영속성"을 통해 역경의 연결고리(a chain of adversity)를 끊을 수 있기 때문이다(Aldgate, 1991; 정선욱, 2002a 재인용).

둘째, 초점이론의 측면에서 시설보호 청년의 본격적인 자립에 앞서 집중적인 지원의 필요성이 강조된다. 초점모델은 청소년들이 한 번에 한 가지 문제를 다룸으로써 문제들의 상황에 대해 적절히 대처해왔음을 지적한다. 이러한 관점에서 볼 때, 현재 시설보호 청년은 경제적 자립, 심리적 독립, 주거지 확보, 안정적이고 괜찮은 일자리 확보 등의 여러 문제들을 18~24세 사이에 한꺼번에 해결해야 상황에 처해 있다. 가족의 지원이 거의 없는 상황에서 혼자 힘으로 이 많은 문제를 다룬다는 것은 기적과 같은 일이다. 그러기에 18~24에 다양한 문제에 직면한 시설보호 청년에 대한 다각적이고 집중적인 지원이 필요하다.

이러한 지원에는 대학 진학을 통해 심리적 여유(psychological space)를 갖는 것도 포함된다. 그러나 본 연구에서 밝혀졌듯이 대학 진학이 심리적 여유를 보장하지는 않는다. 여전히 학비와 생활비 부담에 시달리느라 정체성에 대한 이해 및 직업에 대한 자유로운 탐색이 제한되기 때문이다. 대학에 진학한 시설보호 청년의 대학생활을 지원하는 별도의 시스템 마련이 요구된다. 현재와 같이 지원이 없는 상황에서는 시설보호 청년이 대학 진학으로 얻을 수 있는 긍정적인 성과는 매우 미미할 것이다.

대학에 진학한 시설보호 청년이 진로탐색의 시간으로 대학생활을 보낼 수 있도록 대학생활에 대한 지원이 요구된다. 우선 대학에 진학하는 시설보호 청년은 대학 진학을 좋은 취업의 전제조건으로 여기고 있고 '대학-전공-취업' 간의 관계를 매우 강하게 인식하는 경향이 있다. 즉, 진로에 대한 결정이 비교적 확고한 셈이다. 그런데 전공에 대한 만족도가 높은 경우에는 이러한 '대학-전공-취업' 간의 강한 고리가 긍정적으로 작용하지만, 그렇지 못한 경우 대학생활 전체가 흔들리고 대학생활 적응 자체가 어려워지는 상황이 초래된다. 그렇기에 대학에 진학하고자 하는 시설보호 청년에 대해서는 대학 진학에 앞서 전공에 대한 충분한 탐색, 전공과 적성과의 관련성 등에 대한 고려를 충분히 할 수 있도록 지원해야 한다. 또한 대학 진학 이후에는 자신이 선택한 전공과 관련된 학업을 잘 해낼 수 있도록 하는 학습지원도 필요하다. 이들의 경우 진로결정수준은 높은 편이지만 진로준비행동은 그렇지 못했다. 학습도 진로준비행동의 하나이다. 따라서 이들의 학습을 돕는 것은 진로준비행동을 강화시키는 작용을 할 것이다. 이와 관련하여 대학 내의 각종 상담센터를 통해 이들의 입학부터 졸업까지의 과정을 체계적으로 관리해야 할 것이다. 체계적인 관리에는 이들이 활용할 수 있는 자원의 개발과 함께 기존 자원의 연계를 포함한다.

셋째, 레질리언스 이론과 관련하여 시설보호 청년에 대한 강점관점 접근이 요구된다. 천정웅 외(2009)에서 정리한 강점관점원칙들이 시설보호 청년에게도 모두 적용될 수 있다.

① 모든 아동, 모든 가족 그리고 모든 지역사회는 강점을 가지고 있으며 삶의 질을 높이고 희망과 꿈을 향해 나아갈 수단을 가지고 있다(천정웅 외, 2009). 이것이 문제를 부인한다는 의미는 아니다. 발전, 변화 및 성장 등과 같은 긍정적인 변화의 동력은 개인의 희망, 꿈, 능력이다. 본 연구에서도 어릴 때부터 꿈을 가졌던 시설보호 청년들이 대학진학 선택과 대학생활에서 보다 유능함을 보였다. 또한 공부를 잘해서 누군가로부터 주목받고 칭찬받았던 색다른 경험들이 1회성의 우연하고 특이한 사건으로 그쳤을 작은 변화를 지속시키는 힘으로 작용했다. Freire(1996)는 "꿈이 없이는 변화가 없다. 이는 희망이 없이는 꿈이 없는 것과 같다"고 했다(천정웅 외, 2009 재인용).

② 사람들은 현명하여 어떤 행동과정, 관계성 그리고 행태가 자신들에게 옳으며 또 복지를 증진시킬 것인지 안다(천정웅 외, 2009). 과도한 스트레스와 장기적인 시련에 의해 이러한 능력이 드러나지 않을 뿐이며, 보호해주는 사람, 자신의 의지력, 가족 또는 집단의 지지 그리고 지역사회 자원 등에 의해 다시 활기를 띠면서 나타나게 된다(천정웅 외, 2009). 시설보호 청년도 마찬가지이다. 본 연구에서도 부모가 아니라도 멘토와 같은 한 사람의 관심과 보살핌이 자신을 추스르고 앞으로 나아갈 수 있는 에너지를 제공했다. 실제로 부부 불화, 시설

생활, 적대적이고 거부적인 양육, 경제적 박탈, 학대와 같은 불리한 환경에서 높은 레질리언스를 보인 아동들에 관한 연구에서 이들이 보이는 특성 중의 하나는 외부 지원체계의 활용 및 활용가능성이다(Luthar et al., 1991; Howe, 1995 재인용). 레질리언스의 수레바퀴에서도 가장 중요한 것은 무조건적인 긍정적 존중과 격려였다. 이처럼, 아동(청소년)의 문제에 묻혀 보이지 않는 능력을 믿어주고 찾아주고 지원해줄 때, 보이지 않았던 능력이 재생될 수 있다.

2절 시설보호 청년에 대한 정책적 제언

사회적 보호 아동에 대한 자립지원이 처음 시작된 것은 1993년 7월 1일 한국아동복지시설협회(현, 한국아동복지협회) 내에 정부 위탁사업으로 아동복지자립지원센터를 개설한 이후부터이다. 2007년에는 아동복지법 시행령 개정을 통해 아동복지시설 종사자에 자립지원전담요원이 포함되어 배치되기 시작했고 자산형성을 통한 자립지원사업인 아동발달지원계좌 사업이 실시되었다. 2008년에는 보건복지가족부가 처음으로 전국 전수조사를 통해 퇴소 청소년의 구체적인 삶의 모습, 자립의 실태를 파악하였다. 또한 2011년에는 2007~2010년간의 시범사업 결과를 바탕으로 개발한 자립지원표준화 프로그램을 전면 시행하였고 전국 양육시설에 자립지원전담요원 배치가 의무화되었다. 또한 2011년 아동복지법 전부 개정(2012년 8월 시행)을 통해 자립지원의 법적 근거가 마련되었다.

이러한 과정을 통해 구축된 현재의 보호아동 자립지원 정책에 대한 제언을 제시하면 다음과 같다.

첫째, 자립지원 대상 청소년의 개념과 서비스 대상 범위를 보다 구체화하는 것이 필요하다.

① 가정위탁보호를 받거나 공동생활가정에서 생활하는 아동에 대한 자립지원에 문제가 있다.

자립지원 정책이 처음 시행될 당시에는 자립지원 대상 아동을 아동복지시설 아동, 즉 시설입소~퇴소 후 일정기간(퇴소 후 5년)까지로 제한을 두었다. 그래서 유사한 자립욕구를 지닌 다양한 청년 집단이 배제1)되는 문제가 있었다. 즉, 가정위탁 청소년이 배제되는 문제가 있었다. 그러나 2013년 현재는 1) 대리양육 또는 가정위탁 보호 중인 아동, 2) 아동복지시설에서 보호 중인 아동, 3) 가정위탁 보호 종료되거나 시설에서 퇴소한 지 5년이 지나지 아니한 아동까지 자립지원 대상 아동이 확대되었다. 이에 따라 가정위탁지원센터에는 올 2013년부터 지역 센터 별로 자립지원전담요원을 반드시 배치하게 되었고 공동생활가정의 경우 필요인원 배치, 시도별 아동 100명당 1명씩 배치를 권고하고 있다.

자립지원전담요원을 가정위탁지원센터에 배치하도록 법제화한 것은 매우 다행이지만, 지역 센터별로 1명씩 배치하도록 한 것에 문제

---

1) 사실 빈곤 아동의 경우도 자립이 최종적인 개입목표가 될 것이다. 최근에 제정된 "아동의 빈곤예방 및 지원 등에 관한 법률"에 의하면, 빈곤 아동은 생활여건과 자원의 결핍으로 인한 복지, 교육, 문화 등의 격차를 해소하기 위하여 지원이 필요한 18세 미만 아동이다. 빈곤 아동에 대한 자립도 시설보호 아동(청소년), 시설보호 청년에 대한 자립지원과 같은 맥락에서 고려되어야 할 것이다. 그러나 본 연구에서는 자립의 문제를 "가정 외 보호"에 국한하여 전개하였다. 한편, 빈곤 아동도 "아동의 빈곤예방 및 지원 등에 관한 법률"에 의해 사회적 보호의 대상으로 편입된 이상, 향후에는 빈곤 아동을 아우르는 자립정책이 마련될 필요가 있다.

가 있다. 2011년 가정위탁현황보고서에 의하면, 서울 등 지역 센터별로 위탁 보호하는 아동의 수는 전남이 1,793명으로 가장 많고 울산이 256명으로 가장 적다(보건복지부 · 중앙가정위탁지원센터, 2012). 지역 센터는 평균 911명의 아동을 위탁보호하고 있는 것이다. 그러면 결국 900여 명에 1명의 자립지원전담요원이 배치된 셈으로 가정위탁보호 아동에 대한 자립지원이 실질적으로 이루어질 수 있을지 의심스럽다. 물론 주로 만 15세 이상의 아동을 대상으로 자립지원 프로그램을 시행하겠지만, 15세 이상의 아동을 대상으로 한다고 해도 자립지원전담요원 1명의 부담은 매우 크다. 그 이유는 위탁아동의 평균 연령이 높다는 데 있다. 전체 위탁아동의 연령별 비율을 살펴보면, 17~19세 아동이 36.4%로 가장 높게 나타났고 14~16세 아동이 31.3%로 나타나 중고등학생이 67.7%나 차지하고 있다. 중고등학생은 자립지원을 위한 실질적인 노력이 필요한 시기로, 이러한 점을 감안할 때 지역 센터별로 1명을 배치하도록 한 것은 개선될 필요가 있다.

이러한 문제는 공동생활가정에서도 마찬가지로 발생한다. 공동생활가정의 경우에는 '필요인원 배치'(시도별 아동 100명당 1명씩 배치 권고)라는 실효성이 떨어지는 정책이 제시되고 있어 이에 대한 보완이 필요하다. 양육시설의 경우 아동이 10명 이상일 때 1명의 자립지원전담요원을 배치하고 자립지원시설의 경우도 30명 이상일 때 1명을 배치하는 것을 고려할 때, 공동생활가정에 시도별 아동 100명당 1명씩 배치할 것을 권고한다는 것은 문제가 있다.

2005년 한국아동청소년그룹홈협의회에서 신고시설 공동생활가정과 30인 미만의 아동양육시설, 소규모 미신고시설 등 209개소에 대한 조사 결과에 의하면, 퇴소 아동에 대해서는 주로 상담 및 사례관리 서비스가 제공되고 있었으며 그 다음이 학비 및 취업지원인 것으로 나타났다. 그러나 자립을 위한 지원금이나 자립 공간 마련과 같은 서비스는 미미한 것으로 나타나 사회적 자립지원의 필요성이 있는 것으로 나타났다(김형태 외, 2006).

공동생활가정에는 시설장 및 보육사 1인씩을 두도록 되어 있으며, 이에 대한 정부 지원은 2013년 기준으로 인건비 1,907만 3천 원(년), 관리운영비 월 24만 원에 불과하다. 시·도 및 시·군·구에서는 시설별 아동 수 등을 고려하여 인건비·연장근로수당 및 관리운영비를 추가로 지원할 수 있다고 되어 있지만, 실제 추가 지원이 이루어질 가능성은 매우 낮다. 2명의 인력으로, 월 24만 원의 관리운영비로 보호 아동을 위한 자립지원사업을 어떻게 할 수 있을지 매우 우려되는 상황이다. 명목상으로는 시설의 소규모화, 탈시설화를 얘기하면서 실제로는 공동생활가정에 대한 지원, 관리감독이 모두 소홀한 것은 매우 모순적인 상황이다[2].

② 자립 논의를 시설보호 청년에 제한하는 경우에도 해결해야 할 문제가 있다. 〈표 4-1〉을 보면, 크게 '퇴소'를 기점(퇴소전은 Ready?, 퇴소 후는 Action!)으로 프로그램의 대상이 바뀌고 있다. 퇴소는 아동복지법 16조 규정에 의해 유추해보면, 대학진학, 취업 준비, 장애 등의 사유를 시설 연장보호에 해당하는 경우를 제외하고 아동의 연령이 18세에 달하거나, 보호의 목적을 달성했다고 인정되어 본래 생활하였던 시설을 떠나는 것을 의미한다. 결국 이러한 정의에 따르면, '본

2) 2011년 보건복지부 아동분야사업 안내를 보면, 예산운영의 효율성을 내세워 보호아동 3인 이하를 3개월 이상 보호하는 시설은 4개월째부터 6개월째까지는 종사자 1인 인건비만 지원하고 7개월째부터 예산지원에서 제외하도록 하는 등 보호아동이 소규모로 운영되지 않도록 시군구의 지도감독을 강조하고 있다.

〈표 4-1〉 정부의 자립지원표준화 프로그램(Ready? Action!)

	Ready?	Action!
대상	미취학~퇴소 전 * level 1: 미취학~초 2 * level 2: 초 3~초 6 * level 3: 중 1~중 3 * level 4: 고 1~퇴소 전	퇴소(종결)후~자립생활 정착까지 (퇴소 후 5년)
중점 프로그램	level별 중점 프로그램 상이함. * level 1: 기초학습지도, 독서지도, 원가족 유대 강화, 집단 프로그램 * level 2: 심리정서지지체계, 학습지도, 경제교육 * level 3: 진로적성검사, 자립지원 예비사정 및 계획, 체크리스트 * level 4: 자립사정, 취업 및 진학 상담, 체크리스트	* 취업형과 진학형으로 구분 * 사회초기적응 및 자립기반구축 * 상담 및 사례관리 * 진로지도 및 인턴십 프로그램 * 긴급생활자금지원 및 의료지원 * 심리정서지원
프로그램 수행인력	자립지원전담요원, 생활지도원, 자립지원위원회	* 자립지원전담요원, 생활지도원, 자립지원위원회 * 단, 위기대상은 시·도 지역자립지원전담기관 연계

자료: 보건복지부(2013). 아동복지분야사업안내. p. 229.

래 생활하던 시설을 떠나는 것'이 퇴소이다. 이 경우에 18세가 되어 대학에 진학한 경우에도 시설에서 연장보호를 받고 있으면 퇴소가 아니고 대학 진학 후 자립생활관에서 지내는 경우 퇴소가 된다. 현행처럼 청소년이 생활하는 공간으로 대상자를 구분하는 경우 대학에 진학하여 연장보호를 받는 청소년의 특성이 고려되지 않는 문제가 발생한다. 즉, 대학 진학으로 시설에서 연장보호를 받는 경우는 Ready? 프로그램 Level 4에 해당한다. Level 4는 고1~퇴소 전을 모두를 대상으로 하는데 고등학생과 대학에 진학한 대학생 혹은 대학을 준비하는 학생들 간에는 생활이 다르고 관심사, 욕구가 모두 다를 것이기 때문에 이를 함께 묶어서 같은 서비스 대상으로 분류하는 것은 적절하지 않다고 생각한다. 물론 현실에서는 대학생이 동일한 Level 4에 있다

〈표 4-2〉 자립지원 대상의 범위

<table>
<tr><td colspan="5">자립지원 대상 아동(청소년)</td></tr>
<tr><td colspan="5">사회적 보호[3] 아동(청소년)</td></tr>
<tr><td colspan="3">시설보호 아동(청소년)
(공동생활가정 포함)</td><td colspan="2">가정위탁 아동(청소년)</td></tr>
<tr><td>18세 미만</td><td colspan="3">18세 이상 - 24세 이하[4]
(자립지원의 직접적인 대상)</td><td>18세 미만</td></tr>
<tr><td>연령별 맞춤형
자립지원서비스</td><td>대학진학</td><td>취업</td><td>NEET</td><td>연령별 맞춤형
자립지원서비스</td></tr>
</table>

고 해서 같은 서비스가 제공되지는 않을 것이다. 그렇더라도 고등학생과 진학 등의 이유로 연장보호를 받고 있는 대학생을 같은 Level로 분류한 것의 근거가 명확하지 않다.

결국, 자립지원 대상을 '퇴소'라는 생활공간의 변화를 기준으로 구분하기보다, 연령, 진로 형태(진학, 취업, NEET)를 중심으로 자립지원 서비스 대상자를 분류할 것을 제안한다(〈표 4-2〉 참조). 즉 18세 이상을 모두 직접적인 자립지원서비스 대상자로 하고 이를 다시 진로 유형에 따라 세분화하는 것이다. 여기에 덧붙여 시설(본래 생활하던 시설, 자립지원시설, 공동생활가정 등) 거주 여부와 연령(예를 들어, 18~20세, 21~22세, 23~24세)에 따라 세분화가 가능할 것이다.

둘째, 자립지원서비스 수행 주체와 관련된 논의가 필요하다. 이와 관련하여 자립지원전담요원은 누구이고 충분한가?를 중심으로 살펴보았다.

3) 가정외 보호로 볼 수 있지만, 가정외 보호에 해당하는 입양의 경우 파양의 경우를 제외하고는 공식적인 보호의 종결이 없기 때문에 사회적 보호에 포함시키지 않았다.
4) "청소년"은 청소년 기본법에 의하면 9세 이상~24세 이하가 해당된다.

① 자립지원 담당 인력의 문제

시설보호 청년의 전반적인 삶의 질을 높이기 위해서는 시설보호 청년의 동기, 능력, 적성에 맞는 적절한 직업훈련과 함께 경력을 잘 만들어갈 수 있도록 지원하는 전문가의 도움이 필요하다. Wade 등(2006)에 의하면, 목표를 겨냥한 전문가들의 경력 지원(targeted career support)이 취업 등에서 긍정적인 성과를 보이는 것으로 밝혀졌다(정선욱, 2010 재인용).

이처럼 시설보호 청년의 자립 지원을 위해서는 전문 인력의 개입이 절실하다. 현재 시설보호 청년의 자립 업무를 담당하는 인력은 자립지원전담요원이다. 자립지원전담요원은 누구인가?

2007년부터 시작된 자립지원전담요원제도는 2012년에 들어와서 아동복지시설의 보육사배치기준 변경과 더불어 자립지원전담요원 배치기준, 시설아동에 대한 자립계획의 의무화 등의 아동복지법 개정으로 법적 근거를 갖추게 되었다(2012년 8월 시행)(도병훈, 2013).

아동복지시설의 자립지원전담요원은 시설 내의 아동자립지원을 전담하는 인력으로서 시설에서 그동안 생활지도원이나 생활복지사들이 겸임했던 자립지원업무를 전문화하는 주요역할을 담당하고 있다(신혜령 외, 2008). 2013년 현재 아동복지법의 자립지원전담요원 배치 기준은 〈표 4-3〉과 같다.

〈표 4-3〉 자립지원전담요원 배치기준

아동양육시설		아동보호치료시설		공동생활가정	자립지원시설	가정위탁지원센터
아동 30명 이상	아동 10명 이상~30명 미만	아동 30명 이상	아동 10명 이상~30명 미만	아동 8명 미만	아동 30명 이상	지역센터별
1명(100명 초과시 1명 추가)	1명	1명	1명	필요인원	1명	1명

〈표 4-4〉 아동복지시설 자립지원 전담요원 배치현황 (단위: 명)

구분	계	서울	부산	대구	인천	광주	대전	울산	경기	강원	충북	충남	전북	전남	경북	경남	제주
법적 배치기준	249	36	20	19	8	9	12	1	30	9	11	14	15	22	15	25	5
10.12.15 기준 배치현황	139	0	18	19	6	0	11	1	22	5	9	11	0	11	14	14	0
11.12.15 기준 배치현황	198	10	19	19	7	7	11	1	23	8	10	14	14	20	15	16	4
배치결과 (%)	80.0	55	배치 완료	배치 완료	87.5	배치 완료	91	배치 완료	76	배치 완료	90	배치 완료	배치 완료	배치 완료	배치 완료	64	80

자료: 보건복지부(2011). 아동분야사업안내. p. 304.
보건복지부(2012). 아동분야사업안내. p. 300.

2010년에는 법적배치기준대비 55.2% 정도 자립지원전담요원이 배치되었지만, 2011년 현재는 80.0%의 배치율을 보이고 있어 자립지원전담요원이 확대되고 있음을 알 수 있다.

지역 가정위탁지원센터, 공동생활가정의 자립지원전담요원의 배치는 앞서 언급한 바와 같이 아동에 대한 실질적인 자립지원을 위해서 매우 미흡한 수준이다. 향후, 가정위탁지원센터, 공동생활가정의 자립지원전담요원 배치 기준이 더욱 강화될 필요가 있다.

한편, 보다 본질적으로 자립지원전담요원은 누가 되어야 하는가의 문제도 살펴볼 필요가 있다. 이들의 업무는 "입소아동의 원가족 복귀계획서 작성 및 연계프로그램 기획", "연령별 · 영역별 자립지원표준화프로그램 기획", "자립지원표준화프로그램 평가", "만 15세(중3) 이상 아동의 자립준비사정 및 자립지원계획 수립", "진로준비를 위한 상담, 진학 및 취업정보 분석 및 지도", "퇴소 후 안정적인 자립지원을 위해 취업, 주거, 진학, 생활환경 등의 정보제공 및 서비스 제공", "퇴소 후 사례관리", "자립지원관리시스템(DB) 구축에 따른 자료 입력" 등이다(한국보건복지인력개발원 · 아동자립지원사업단 · 보건복지부, 2013).

〈표 4-5〉 자립지원 표준화 프로그램 운영 인력별 역할

인력부분	주요 내용
자립지원 전담요원	·시설내 자립지원 프로그램 운용 계획서 작성 ·자립지원 프로그램의 홍보 및 자료제공 ·자립지원대상자 상담 및 사례관리 ·자립지원 프로그램 진행 및 개발 ·자립지원현황 및 성과관리 ·매월 자립지원 프로그램 결과보고 및 DB 입력 ·생활지도원 교육 및 수퍼비전 제공 ·지역 네트워크 구축 및 후원체계 마련
생활지도원	·자립지원 대상자 일일 사례관리 ·자립지원 프로그램 매뉴얼을 통한 프로그램 진행 ·아동상담 및 욕구, 필요자원 파악 ·자립지원 프로그램 개발 및 적용 ·매월 자립지원 프로그램 아동, 양육자 평가서 작성 ·원가족 연락 및 유대강화 활동

자료: 보건복지부(2013). 아동분야사업안내. p. 230.

또한 자립지원 표준화 프로그램 운영 인력별 역할을 살펴보면 자립지원표준화 프로그램 운영과 관련하여 〈표 4-5〉와 같이 역할이 규정되어 있다.

이러한 업무에서 눈에 띄는 것이 생활지도원 교육 및 슈퍼비전 제공이 있다. 자립지원전담요원은 생활지도원, 즉 자립지원 프로그램을 진행하는 역할을 맡고 있는 생활지도원을 교육하고 슈퍼비전을 제공하는 인력이다. 또한 시설 내 자립지원 프로그램 전반전인 계획을 수립하고 자립지원업무를 총괄하는 전문 인력이다. 그럼에도 이들 자립지원전담요원의 자격기준이 낮게 설정되어 있다. 낮게 설정된 다른 아동복지시설종사자의 자격기준과 크게 다르지 않다. 이를 생활지도원(보육사)과 비교하면 〈표 4-6〉과 같다.

〈표 4-6〉을 보면 자립지원전담요원의 경우 직업능력개발훈련교사가 생활지도원 자격기준과 달리 있고 자립지원전담요원의 학력 요구수준이 조금 더 높다는 특징이 있다. 이러한 학력기준의 차이로 자립

〈표 4-6〉 자립지원전담요원과 생활지도원의 자격기준(아동복지법 시행령)

자립지원전담요원	생활지도원(보육사)
1. 「근로자직업능력 개발법」에 따른 직업능력개발훈련교사 자격이 있는 사람 2. 「사회복지사업법」에 따른 사회복지사 2급 이상의 자격이 있는 사람 3. 초등학교 또는 중등학교 교사 자격을 가진 자 4. 대학 또는 이와 동등 이상의 학력이 있다고 교육과학기술부장관이 인정하는 학교 졸업자(다른 법령에서 이와 동등 이상의 학력이 인정된 자를 포함한다)로서 아동복지 또는 사회복지 관련 학과를 졸업하고 1년 이상 아동복지에 종사한 경력이 있는 자	1. 「사회복지사업법」에 의한 사회복지사 3급 이상 자격이 있는 사람 2. 「영유아보육법」에 의한 보육교사자격이 있는 사람 3. 유치원, 초등학교 또는 중등학교 교사 자격이 있는 사람

지원전담요원이 생활지도원에게 교육 및 슈퍼비전을 제공할 수 있을지 의문이다. 자립지원전담요원의 업무 경험과 관련된 연구를 보면, 생활지도원과 자립지원전담요원 간의 갈등이 자주 보고되고 있다(변숙영 외, 2012; 도병훈, 2013). 한 자립지원전담요원의 이야기를 들어보자.

> 자립전담이라는 TO를 만들어줬지만 하는 업무를 보면, 이게 주도적으로 끌고 갈 수 있는게 똑똑하다고 할 수 있는 게 아니라, 협조와 협력을 이끌어내야 하는 그런 역할인거죠. 때문에 거기서 정말 일하시면서 경력이 많으셨던 분들이라든가, 여러 가지 생활지도원, 20년 이상 하셨던 분들을 함께 이끌어가기에 충분하다면 모르겠지만, 대부분이 20대, 30대, 많아 봤자 40대 그런 분들이 생활지도원 분들하고 함께 이 프로그램을 끌고 가야 하는 문제점이 있어요.(변숙영 외, 2012; 89)

자립지원전담요원의 이야기처럼, 협조와 협력을 끌어낼 수 있는 자립지원전담요원이 되기 위해서는 학력 기준의 차이를 두는 것에 덧붙여 자격요건이 더 강화될 필요가 있다. 예를 들어 강화된 자격요건에는 아동복지시설 업무 경력(실무 경력) 등이 포함될 수 있다. 또한 자립지원전담요원의 업무 역량 강화를 위한 교육이 의무화되어야 하고 아동복지시설 종사자들 간의 직무분석과 이에 따른 역할 규정이 명문화될 필요가 있다. 특히 후자와 관련하여 아동복지시설 운영 매뉴얼이 개발될 필요가 있다. 현재 아동복지시설은 운영 매뉴얼이 별도로 없는 상태로 오랜 시간 운영된 결과, 관행이 굳어져 있고 오래 근무한 사람이 무조건 대우를 받는 풍토가 있다. 아동복지시설 종사자들이 서로의 역할을 인정하고 협력하는 분위기가 마련될 수 있도록 명확한 역할 규정이 매뉴얼에 포함되어야 할 것이다.

자립지원전담요원의 자격기준을 정하는 데 있어 청소년상담복지센터의 종사자 기준을 참고할 수 있다. 청소년상담복지센터는 청소년복지지원법에 규정된 이용시설로 청소년에 대한 상담・긴급구조・자활・의료지원 등의 업무를 수행하는 곳이다. 사실 청소년상담복지센터의 종사자와 자립지원전담요원의 종사자 기준을 비교하는 것은 여러 가지 점에서 무리가 있지만, 둘 다 자립지원사업을 운영하는 곳이라는 점에 주목하여 종사자 기준을 비교해보았다.

주목할 것은 청소년상담복지센터 종사자의 경우 자립지원전담요원에 비해 실무경력을 많이 요구한다는 점이다. 일례로 자립지원전담요

〈표 4-7〉 청소년상담복지센터 종사자 자격기준(청소년복지지원법)

청소년 대상 실무 업무 수행 직원 (상담, 위기, 자활, 자립 등의 실무 수행)	1) 상담분야(상담학, 교육학, 신리학, 사회복지(사업)학, 청소년(지도)학 등) 석사 이상의 학위를 취득한 사람으로 청소년상담복지 관련 업무를 수행할 수 있다고 시·도지사가 인정하는 사람 2) 상담복지 분야의 4년제 대학을 졸업하거나 이와 같은 수준 이상의 학력이 있다고 다른 법령에서 인정받은 사람으로서 청소년상담복지 관련 실무 경력이 1년 이상인 사람 3) 4년제 대학을 졸업하거나 이와 같은 수준 이상의 학력이 있다고 다른 법령에서 인정받은 사람으로서 청소년상담복지 관련 실무경력이 3년 이상인 사람 4) 청소년상담사 2급 이상 5) 청소년 상담사 3급, 청소년지도사 2급 또는 사회복지사 2급 이상인 사람으로서 청소년 상담복지 관련 실무경력이 2년 이상인 사람

원의 경우 사회복지사 2급이면 종사자 조건이 충족되지만, 청소년상담복지센터의 경우 실무경력 2년이 더 요구되는 식이다. 아동복지시설은 청소년상담복지센터에 비해 역량 있는 직원을 채용하기에 훨씬 불리한 여건에 있다. 그럼에도 불구하고 자립지원사업의 성공적인 수행을 위해 종사자 자격기준에 대한 재검토가 있어야 할 것이다.

자립지원전담요원의 자격기준에 직업능력개발훈련교사를 포함시킨 것도 검토할 필요가 있다. 우선 직업능력개발훈련교사의 경우 1급~3급까지 있음에도 불구하고 구체적인 자격에 대한 언급이 없다는 점이다. 보다 근본적으로는 직업능력개발훈련교사가 양육시설이나 보호치료시설의 자립지원전담요원으로 적합한 것인가에 대한 의문이 있다. 직업능력개발훈련교사는 근로자가 되려는 사람들에게 직업에 필요한 기능과 지식을 가르치는 업무를 담당하는 사람이다. 또한 해당 직업에 필요한 기술을 시범적으로 보여주고 그 분야의 이론, 실기, 방법, 절차 및 용어에 관하여 가르치는 사람이다. 문제는 바로 여기에 있다. 시설보호 청년이 관심 있어 하는 직종이 매우 다양할 텐데 특정 분야의 직업능력개발훈련교사가 시설보호 청년의 교육훈련 욕구에 부응할 수 있을 것인가의 문제이다. 또한 직업훈련을 할 수 있는 시설을 갖추지 않은 시설에서 직업능력개발훈련교사가 할 수 있는 일은 취업상담과 진로지도에 그칠 것이다. 자립지원전담요원의 역할은 기능인, 기술인의 양성에만 국한되지 않는다. 결국 직업능력개발훈련교사를 자립전담요원의 자격 조건에 넣은 이유가 모호하다. 직업능력개발훈련교사를 자립지원전담요원에 포함시키기보다 시설 청소년에게 필요한 직업교육훈련이 있다면 외부의 직업능력개발훈련시설(2010년 기준 6,932개소)을 이용하도록 안내하는 것이 이들의 취업교육에 보다 도움이 될 것이다.

한편, 자립 관련 인력 가운데 자립 가이드가 있다. 그런데 이 자립 가이드의 지위와 역할이 모호하다.

보건복지부 등(2011)에 의하면, 자립 가이드는 "현명하고 충실한 조언자"이다. 또한 "아동양육시설을 떠나려고 준비 중인 아동과 지지적인 관계를 발전시키는 데 시간과 노력을 아끼지 않는 사람"이다. 자립 가이드는 "친구", "역할 모델", "지역사회와의 연결고리"라는 3가지 구성요소를 갖춘 사람이다. 즉, 자립 가이드는 시설을 떠나려고 준비 중인 아동에게 심리 · 정서적 지지와 함께, 퇴소 후 대비 진로지도, 자립역량 개발, 자립의지 함양을 지원하는 데 시간과 노력을 아끼지 않는 자이다(보건복지부 · 한국아동복지협회 중앙아동자립지원센터, 2011). 보건복지부 등(2011)에 의하면 이러한 자립 가이드는 자원봉사자 중에서 책임감이 강하고 진로지도, 지역사회 사정에 밝은 자 중에서 일정한 교육 실시 후 확보하거나 보건복지부 산하 휴먼네트워크 사무국을 통해 적임자를 추천받는 방식으로 발굴할 것으로 보인다.

자립 가이드 아이디어는 영국의 The Leaving Care Act에서 이 법의 보호를 받는 젊은이들에게 연결한 개인적 조언자(personal advisor)에서 취한 듯하다. 개인적인 조언자를 이해하기 위해서는 커넥션즈(Connexions)를 살펴보아야 한다. 커넥션즈는 더 많은 청소년들이 질 높은 학습기회를 누리고 훌륭한 성인 혹은 성공적인 직업인으로 성공적으로 전환할 수 있도록 돕기 위해 만들어졌다(백진영, 2008). 이 프로그램의 목적은 청소년들이 학습기회에 참여하고 자신의 잠재력을 발전시키고 성인기로의 순조로운 전환을 하게 하는 것이다. 이 법에서 개인적인 조언자는 바로 커넥션즈와 긴밀한 연계를 가지면서 조언과 지지 제공, 진로계획을 수립하고 진로계획이 변화하는 욕구를 다룰 수 있도록 보장하는 역할을 수행한다. 또한 젊은이와 연락을 유지하면서,

필요한 경우 다른 기관과 연계하고 서비스를 조정하는 기능도 수행한다(http://www.anationalvoice.org/rights/clcact2.htm, 검색일: 2011. 6.28).

사실 개인적 조언자 아이디어는 이미 청소년동반자 프로그램에서 활용된 바 있다[5]. 2005년 시범사업으로 시작된 청소년동반자프로그램은 몇 가지 특징을 갖는다. ① 서비스의 접근성이 용이한 찾아가는 서비스를 제공하고, ② 개인 맞춤형으로 개인의 강점, 약점, 그의 욕구 수준과 환경차이에 따른 차별화된 서비스가 제공되어야 하며, ③ 서비스 대상을 위기청소년뿐 아니라, 그의 생활환경을 구성하고 있는 가족, 학교, 지역사회 등으로 확장하여 개입해야 하고 마지막으로, 위기청소년 지원기관이 공식적·체계적으로 연계됨으로써 서비스의 효율성을 극대화시키는 것이 중요하다(백진영, 2008). 이러한 지원서비스를 제공하기 위해 청소년동반자 또한 기존 상담 서비스 제공자와는 다른 역할을 수행할 것이 요구된다. 이 프로그램에서 청소년동반자들은 위기 청소년에게 각종 상담, 심리·정서적 지지, 자활지원, 학습·진로지도, 문화체험 등을 제공한다(여성가족부, 2010). 청소년 동반자 자격기준은 비록 권장사항이긴 하나 일정한 기준이 마련되어 있다. 전일제, 시간제 동반자에 따라 차이가 있지만, 해당자격증(청소년상담사 3급 이상, 청소년지도사 2급 이상, 사회복지사 1급 이상, 상담심리사 2

5) 자립 가이드, 동반자, 개인적 조언자는 모두 다중체계 치료(multisystemic therapy)와 관련된다. 미국에서 시행되고 있는 위기 청소년을 대상으로 하는 200여 개의 개입 프로그램의 효과를 메타분석을 통해 분석한 연구에서 Lipsy 등(1998)은 가장 효과적인 프로그램은 비행문제에 초점을 두고 그와 함께 부모의 돌봄 기술을 증진시키고 부모의 문제를 상담하고 그 외의 환경적인 문제에 개입하는 것이었다고 보고되었다(배주미 외, 2006 재인용). 이러한 프로그램의 대표적인 예가 다중체계치료인데 이것은 1970년대 후반에 개발된 비행 및 중복 문제가 있는 청소년을 대상으로 시행되어 온 프로그램으로 가족 및 지역사회를 중심으로 하는 치료 개입 프로그램이다(배주미 외, 2006).

급 이상, 임상심리사 2급 이상, 직업상담사 2급 이상, 전문상담교사 2급 이상 등), 실무 경력(청소년업무·사회복지업무·교육현장 근무경력 등)을 고려하여 선발한다(여성가족부, 2011). 또한 활동시간에 따라 활동비가 지급된다.

우리의 자립 가이드의 경우 그것이 개인적 조언자, 청소년동반자의 지위인지, 혹은 전문 멘토 정도의 역할인지 모호[6]하다. 시설보호 청년에 대한 자립사업이 초창기임을 고려할 때 전체 자립지원사업에서 자립 가이드의 역할, 자격기준, 자립 가이드 담당 직원, 예산 지원 등의 세부사항들이 향후 마련될 필요가 있다. 만약 멘토 정도의 역할이라면 위기 청소년에 대한 상담과 자활지원을 담당하는 기존의 청소년동반자, 청소년동반자 프로그램과의 연계를 모색하여야 할 것이다.

② 자립지원전담기관의 법적 기반 구체화

2011년 8월 4일 아동복지법이 전부 개정되면서 자립지원사업에 대한 법적 근거가 마련되었다. 아동복지법 40조를 보면 "국가와 지방자치단체는 자립지원 관련 데이터베이스 구축 및 운영, 자립지원 프로그램의 개발 및 보급, 사례관리 등의 업무를 전담할 기관을 설치·운영하거나, 그 운영의 전부 또는 일부를 법인, 단체 등에 위탁할 수 있다"고 규정하고 있다. 그러나 아동보호전문기관이나 가정위탁지원센터 관련 규정에서와 달리, 자립지원전담기관의 설치, 업무, 종사자 등에 관한 규정이 구체화되어 있지 않다. 또한 중앙 자립지원전담기관과 지역 자립지원 전담기관 간의 역할 및 기능, 상호 간의 관계에 대해서도 명문화된 규정이 없다. 향후 자립지원전담기관의 설치 및 운영에 대한 내용이 현재 아동보호전문기관이나 가정위탁지원

6) 보건복지부(2011)에 의하면, 자립 가이드는 자원봉사 멘토에 가깝다.

센터의 그것도 같은 수준으로 구체화될 필요가 있다.

우리나라는 아동복지법 안에 자립지원 관련 조항이 포함되어 있으나 영국의 The Children(Leaving Care) Act 2000나 미국의 Foster Care Independent Act와 같이 독립적인 법체계를 구축할 수도 있을 것이다.

셋째, 유사 프로그램(예를 들어, 두드림 · 해밀 프로그램)과의 연계를 고민해야 할 것이다.

여성가족부는 가출, 학업중단, 학교부적응, 보호시설, 다문화 청소년 등 심리불안 · 학업준비 · 직업준비 · 자립 정보 부족 등 성인기로의 원활한 발달과정에 어려움을 겪는 취약계층 청소년을 위해 2007년부터 시범사업으로 시작된 취약계층청소년 자립지원사업을 시행하고 있다. 이 사업은 청소년상담복지개발원과 전국 청소년상담복지센터가 지역사회통합지원체계인 CYS-Net(Community Youth Safety Network) 사업과 연계하여 취약 청소년의 성인기로의 성공적 이행을 돕는 것이다. 현재는 광역 16개소, 기초 33개소에서 두드림존 사업을 추진하고 있으며, 2013년부터는 청소년 자립지원 '두드림'과 학업 중단 청소년 지원 사업(해밀)이 통합되어 두드림 · 해밀(학업중단 청소년 자립 및 학업지원 사업 두드림 · 해밀)로 운영되고 있다. 이 프로그램의 대상자는 사회진출에 어려움을 겪거나 학업중단 위기 청소년으로 보다 구체적으로 살펴보면, 1) 학업을 중단한 청소년, 2) 학업중단 숙려대상 청소년, 3) 보호 · 복지 · 교정시설 청소년, 4) 기타 CYS-Net에서 연계된 취약 청소년 등이다. 이들의 성인기로의 성공적 이행을 위해 '학업지원', '자립역량 강화' 서비스를 제공하는 것이 이 프로그램의 특징이다.

두드림 · 해밀 사업도 성인기로의 전환을 용이하게 한다는 목적을 갖고 있기에, 보건복지부의 자립지원표준화프로그램인 Ready? Action!과 밀접한 관련이 있다. 여성가족부의 두드림·해밀 사업과 보건복지부의 Ready? Action! 프로그램이 시설보호 청년을 중심으로 연계할 수 있는 방안에 대한 고민이 필요하다. 주요 지원 대상에 차이가 있다고 하더라도(예를 들어 두드림·해밀은 학업중단 청소년, Ready? Action!은 시설보호 청년), 각 기관에서 개발한 자립지원 모형과 프로그램에서 서로 공유할 부분을 찾아 자립지원서비스를 제공하는 것이 바람직하다고 생각한다.

또한 저소득 청소년들에 대한 진로지도를 통해 청소년들 스스로 삶의 주체로 설 수 있도록 지원하는 것을 목적으로 하는 청소년자활지원관도 진로상담을 통해 욕구 파악과 직업교육, 직업훈련, 현장실습, 사회진출로 이어지는 일련의 체계를 통해 서비스를 제공하고 있다(한복남, 2004). 청소년자활지원관은 지역사회에 기반을 둔 시설로, 시설보호 퇴소 이후 이들 시설과 연계하여 시설보호 청년의 자립지원을 도모하는 것이 서비스 접근성, 지속성 측면에서 보다 효과적인 방법이 될 수 있을 것이다.

마지막으로, 자립지원과 함께 원가족 복귀를 위한 노력이 동시에 진행되어야 한다.

2011년 들어 시설보호 아동의 자립지원이 더욱 강조되면서 자립의 대전제로 원가정복귀가 중요해졌다. 보건복지부(2011)의 아동분야 사업안내에 의하면 자립의 대전제는 다음과 같다.

자립지원의 대전제

- ✓ 시설 입소 아동에게 가장 먼저 제공되어야 할 서비스는 효과적인 원가족 복귀 지원임
  - 입소와 동시에 원가족 복귀계획서를 작성하여야 함.
  - 시설에서는 입소 후 3개월까지는 원가족 복귀에 주력하고, 3개월 경과후도 원가족 복귀가 이루어지지 않을 경우, 원가족 복귀 및 자립지원 프로그램 서비스를 같이 제공
- ✓ 만기(연장) 퇴소 아동의 경우, 가능한 아동은 원가족 복귀를 지원하고, 원가족 복귀가 이루어지지 않은 아동은 일정기간 사례관리와 자원연계 서비스를 제공

그런데 이러한 대전제는 2012년까지 유효했는데, 2013년에는 이러한 부분이 사라졌다. 이는 시설보호에서 자립지원이 가장 중요해졌기 때문이기도 하지만, 그렇다고 해서 원가족 복귀를 위한 시설의 노력이 소홀히 취급되어서는 안 된다. 그렇기 때문에 향후에는 자립지원과 원가족 복귀를 동시에 고려하는 사업 수행이 요구된다.

원가족 복귀와 관련하여 고려할 점이 몇 가지 있다.

첫째, 원가족 복귀는 가족재결합으로 이해되는데, 가족재결합은 관계(relationship)와 재연결(reconnection)의 연속체로 간주되기 때문에 물리적으로 아동을 부모와 가족으로 되돌리는 것뿐만 아니라 부모와의 접촉을 계속하면서 관계 회복을 시도하는 것도 가족재결합으로 봐야 한다(Downs et al., 1996). 이러한 관점에서 볼 때 정부는 가족재결합을 물리적인 차원뿐만 아니라, 심리적인 차원의 연결로도 이해할 필요가 있다. 물리적으로 함께 지내는 것이 아동 복지에 항상 유익한 것인가에 대한 의문이 제기될 수 있기 때문이다.

둘째, 가족마다 가족재결합의 형태가 다양할 수 있다. 아동과 부모 관계의 질, 가족의 상황(재결합 가능성) 등에 대한 면밀한 분석을 통해 아동과 가족에 맞는 가족재결합의 형태가 개발되어야 할 것이다. 예를 들어, 어떤 가족, 아동은 주말 혹은 단기에만 시설보호가 필요할 수 있다. 시설보호는 대체적 서비스(substitute service)로 알려져 있지만, 시설보호가 보충적 서비스(supplementary service) 혹은 지지적 서비스(supportive service)의 형태로 활용될 수도 있는 것이다. 아동을 가족과 국가가 공동으로 양육한다는 차원에서 시설보호를 다양한 형태로 활용하는 것이 필요하겠다.

| 참고문헌 |

1. 국내문헌

Bryman, Alan(1988). Quantity and quality in social research. 홍동식·조정문·고승한 공역(1992). 사회연구에 있어서 양적방법과 질적방법. 전문출판사.

Coleman, J. C. & Leo B. Hendry. The nature of Adolescence. 강영배·김기헌·이은주 공역(2006). 청소년과 사회. 성안당.

Laura, E. Berk. Development Through the Lifespan(4th eds.). 이옥경·박영신·이현진·김혜리·정윤경·김민희 공역(2009). 생애발달 II-청소년기에서 후기 성인기까지. 시그마프레스.

Spencer, J.(1999). Who moved my cheese?. 이영진 역(2010). 누가 내 치즈를 옮겼을까. 진명출판사.

강복정(2000). 시설청소년을 위한 가족생활교육의 필요성 연구－건강가족적 관점－. 한국가족관계학회지, 5(1), 153-182.

강복정 · 이정덕(1999). 시설 청소년의 가족상에 관한 사례연구. 대한가정학회지, 37(3), 15-26.

강철희(2001). 시설보호아동의 자립준비 실태에 관한 연구. 시설보호 아동의 자립강화방안. 한국아동복지학회 제15회 학술대회 발표집.

강현아 · 신혜령 · 박은미(2009). 시설 퇴소청소년의 성인전환 단계에 따른 자립 및 사회적응 현황. 한국아동복지학 30호, 41-69.

고향자(1992). 한국 대학생의 의사결정 유형과 진로결정수준의 분석 및 진로결정 상담의 효과. 숙명여자대학교 박사학위논문.

곽금주(2010). 흔들리는 20대－청년기 생애설계심리학. 서울대학교 출판문화원.

권지성(2007). 아동양육시설 청소년의 퇴소 후 생활에 대한 문화기술지.

아동권리연구. 11(1), 1-29.
권지성・정선욱(2009). 아동양육시설 퇴소생의 퇴소 후 생활 경험 연구. 한국사회복지학, 61(3), 229-253.
김득린(1996). 시설퇴소연장아동의 사회적응실태 및 활성화 방안. 한국아동복지학 4호, 93-105.
김명희(1999). 아동복지시설운영의 문제점과 개선방안. 원광대학교 석사학위논문.
김미수(2002). 아동복지시설의 운영실태와 개선방안에 관한 연구. 동국대학교 행정대학원 석사학위논문.
김미숙(2006). 양적방법과 질적방법의 통합에 대하여. 교육사회학연구, 16권 3호, 43-64.
김미옥(2007). 한국 사회복지학에서의 질적 연구 경험에 관한 연구: 엄격성을 중심으로, 59권 4호, 163-189.
김미희(2008). 양육시설청소년과 일반청소년의 진로성숙도 비교. 동국대학교 석사학위논문.
김봉환(1997). 대학생의 진로결정수준과 진로준비행동의 발달 및 이차원적 유형화. 서울대학교 박사학위논문.
김봉환・김계현(1997). 대학생의 진로결정수준과 진로준비행동의 발달 및 이차원적 유형화. 한국심리학회지: 상담과 심리치료. 9(1), 311-333.
김수임・김창대(2009). 애착과 심리적 독립이 진로발달 및 선택에 미치는 영향에 관한 국내 연구의 동향. 상담학 연구. 10(3), 1573-1591.
김승권・김연우・이하나(2010). UN아동권리협약 이행 모니터링 사업 결과보고서. 보건복지부・한국보건사회연구원・한국아동권리모니터링센터.
김안나・이병식(2008). 소득수준에 따른 학생의 고등교육 선택의 차이와 학자금 지원의 효과. 교육과학연구. 39(1), 67-84.
김영천(1996). 『네 학교 이야기 - 한국 초등학교의 교실생활과 수업』. 서울: 문음사.
김예리(2008). 가족생태이론에 기초한 미혼 남녀의 결혼관과 관련변인 연구. 중앙대학교 박사학위논문.

김용남(2009). 대학생의 학업중단 요인 분석. 충남대학교 박사학위논문.
김은진(2000). 부모에 대한 심리적 독립과 애착이 대학생의 진로결정수준에 미치는 영향—자아정체감의 수준을 매개로—. 연세대학교 석사학위논문.
김충기(1986). 진로교육과 진로지도. 배영사.
김통원 · 김경륜 · 김성천 · 박은미 · 이상균(2005). 『아동복지시설 발전방안 개발연구』. 보건복지부 · 한국아동복지연합회.
김형균(2003). 대학생의 진로성숙도와 진로준비행동의 성별, 학년별 관계 분석. 전주대학교 석사학위논문.
김형태 · 조순실 · 문영희(2006). 아동 그룹홈(공동생활가정) 현황분석 및 매뉴얼 개발 연구. 국가인권위원회.
김희진(1997). 대학생의 자아정체감이 진로태도성숙과 진로준비행동에 미치는 영향. 사회과학연구. 5. 평택대학교 사회과학연구소.
남순현(2007). 한국형 결혼관 척도 개발 연구. 한국심리학회지: 사회문제. 13(4), 1-27.
남영옥(2007). 생활시설 청소년의 사회적 탄력성에 영향을 미치는 보호요인. 청소년학연구, 제14권 6호, 313-336.
남윤희(1994). 육아시설 퇴소연장아동의 자립에 있어서 자립생활관의 역할에 관한 연구. 숭실대학교 석사학위논문.
노봉련(1997). 시설아동의 학업부진의 원인과 그 대안에 관한 연구-경인지역을 중심으로-. 서울신학대학교 석사학위논문.
노혜련 · 장정순(1998). 육아시설 아동의 생활실태와 만족도에 관한 연구. 한국아동복지학, 6호, 65-92.
도병훈(2013). 아동양육시설 자립지원전담요원의 업무경험에 대한 연구. 목포대학교 석사학위논문.
문승태(2002). 고등학생의 진로결정 수준에 영향을 미치는 개인변인과 심리적 변인간의 인과관계. 건국대학교 박사학위논문.
문승태 · 이상래(2002). 고등학생의 진로결정수준과 성, 계열, 사회경제적 배경과의 관계. 농업교육과 인적자원개발, 34(4), 83-96.

문은숙(2010). 아동양육시설 청소년의 탄력성이 진로성숙도에 미치는 영향. 대구대학교 대학원 석사학위논문.

박미경(2008). 여대생의 사회적지지, 진로장벽, 자아정체감 및 진로결정수준의 구조모형분석. 영남대학교 박사학위논문.

박선영(1999). 아동복지시설의 실태와 개선방안에 관한 연구. 동아대학교 정책과학대학원 석사학위논문.

박아청(1996). 한국형 자아정체감 검사 개발에 관한 연구. 한국심리학회지. 5(1), 140-162.

박영준(1996). 육아시설아동의 생활환경요인이 학교적응에 미치는 영향. 대구대학교 석사학위논문.

박은미 · 장신재(2009). 시설보호청소년의 사회적 지지와 진로결정수준과의 관계에 대한 자아존중감의 조절효과 검증. 대한가정학회지 47권 4호. 111-119.

박종환(2007). 대학생의 정체성에 관한 현상학적 연구. 백석대학교 박사학위논문.

배은숙 · 강기정(2006). 시설청소년의 가족 인식 및 건강가정 형성을 위한 집단 프로그램 요구 - 시설청소년과 퇴소자 대상으로 -. 한국가족자원경영학회. 10권 2호, 107-125.

배주미 · 오경자 · 이기학 · 이상선 · 양현정 · 지승희 · 송미경 · 신효정(2006). 다중체계 치료(Multisystemic Therapy)의 한국적 적용: 청소년 동반자 프로그램. 인지행동치료. 6(1), 1-22.

백영수(2003). 부모의 부부간 갈등이 청년기 자녀의 결혼이미지에 미치는 영향. 천안대학교 상담대학원 석사학위 논문.

백진영(2008). 위기청소년을 위한 청소년동반자프로그램의 효과성 평가: -적응유연성 신념체계를 중심으로-. 경성대학교 사회복지대학원 석사학위논문.

변미희(1999). 육아시설 퇴소아동의 사회적응과정에 관한 연구. 숙명여자대학교 석사학위논문.

변숙영 · 이수경 · 조은상(2012). 시설 청소년의 자립지원을 위한 직업훈련.

한국직업능력개발원.
변용찬 · 이상헌(1998). 아동복지 수용시설 실태조사 결과보고. 한국보건사회연구원.
보건복지부(2009). 공동생활가정 현황.
보건복지부(2010). 아동복지시설 퇴소아동 자립지원 대책보고.
보건복지부(2011). 아동분야사업안내.
보건복지부(2012). 아동분야사업안내.
보건복지부(2013). 아동분야사업안내.
보건복지부(각년도). 아동복지시설일람표(아동복지시설현황).
보건복지부 · 중앙가정위탁지원센터(2012). 2011년 가정위탁현황보고서.
보건복지부 · 한국아동복지협회 중앙아동자립지원센터(2011). 자립지원표준화프로그램(Ready? Action!) 운영을 위한 지자체 · 시설관계자 교육교재.
사회복지공동모금회(2011). 변화를 위한 나눔 - 2010년 사회복지공동모금회 배분사례집.
서초구립반포종합사회복지관 연구지원팀 · 서울대학교 실천사회복지연구회(2002). 실천가와 연구자를 위한 사회복지척도집. 나눔의 집.
성미영 · 이순형 · 이강이(2001). 시설아동과 일반아동의 초기 학교 적응 비교. 대한가정학회지 39권 1호. 대한가정학회, 53-64.
신소희(1984). 시설아동의 사회적 부적응 문제에 관한 연구 - 고아원의 남녀 중학생을 중심으로-. 이화여자대학교 석사학위논문.
신혜령(1997). 육아시설아동의 퇴소 후 사회적응에 관한 연구. 사회복지연구논문집. 20, 151-192.
신혜령(2001). 시설청소년의 자립준비에 관한 연구-청소년과 보육사의 인식 비교를 중심으로. 이화여자대학교 박사학위논문.
신혜령 · 김성경 · 안혜영(2003). 시설퇴소아동 자립생활의 영향요인에 관한 연구. 한국아동복지학 16호, 167-193.
신혜령 · 박은미 · 강현아(2008). 아동복지시설 퇴소청소년 자립지원을 위한 정책프로그램 개발 연구 보고서. 보건복지가족부 · 중앙아동자립지원센터.

안선영, Hernan Cuervo, Johanna Wyn(2010). 청년기에서 성인기로의 이행과정 연구 I: 총괄보고서. 한국청소년정책연구원.

엄명용 · 김성천 · 오혜경 · 윤혜미(2000). 사회복지실천의 이해. 학지사.

엄태영 · 박은하 · 주은수(2011). 자아존중감, 사회적 지지가 빈곤청소년의 진로결정 수준에 미치는 영향에 관한 연구: 진로장벽의 매개효과를 중심으로. 보건사회연구 31(3), 197-222.

여성가족부(2010). 청소년백서.

여성가족부(2011). 2011년 청소년동반자 프로그램 운영지침.

여성가족부(2013). 청소년사업 안내.

유안진 · 민하영 · 권기남(2001a). 시설아동의 자아정체감과 심리사회적 적응: 학령기 아동과 청소년을 중심으로. 대한가정학회지, 39(3), 135-149.

유안진 · 한유진 · 최나야(2001b). 문장완성검사를 통한 시설 청소년의 자아 및 환경 지각. 한국아동복지학 12호, 42-76.

유희정(2005). 부모의 이혼과 대학생의 이혼에 대한 태도. 가족과 문화 17집 3호, 155-185.

윤수진(2002). 직업의식에 영향을 미치는 요인에 관한 연구: 서울의 인문계 고등학교 학생들을 대상으로. 성균관대학교 교육대학원 석사학위 논문.

은기수 · 박건 · 권영인 · 정수남(2011). 청년기에서 성인기로의 이행과정 연구 II: 취약위기계층 청년의 성인기 이행에 관한 연구. 한국청소년정책연구원.

이강이 · 성미영 · 이순형(2002). 동작성 가족화 검사(KFD)에 나타난 시설보호 아동의 가족 지각 특성. 한국아동복지학 13호, 7-26.

이경아(1998). 육아시설 청소년 자립을 위한 진로 프로그램 개발에 관한 연구. 서울여자대학교 석사학위논문.

이동수 · 이유리 · 이소영 · 성태훈(2007). 한국인의 정체성에 관한 연구. 삼성생명공익재단 사회정신건강연구소.

이동욱 · 유주형 · 김규훈(2011). 시설퇴소아동 실태조사 및 분석. 보건복지부・중앙아동자립지원센터.
이명묵(1991). 육아시설 퇴소청소년 지원방안 연구 - 당사자의 의식과 욕구를 중심으로-. 한국청소년연구 제7호, 175-201.
이병희・장지연・윤자영・성재민・안선영(2010). 청년기에서 성인기로의 이행과정 연구 I: 우리나라 청년기의 성인기로의 이행실태. 한국청소년정책연구원.
이성식(2007). 여대생이 인식한 진로장벽과 진로결정 자기 효능감 및 진로결정수준의 인과모형. 서울대학교 박사학위논문.
이성진, 김영석, 전용오(1990). 진로지도모형 개발을 위한 기초연구. 한국전기통신공사.
이양숙(2004). 육아시설 청소년의 부모 체험연구. 대한간호학회지, 제30권 제2호, 452-462.
이용환(2003). 아동복지시설 퇴소아동의 취업실태에 관한 연구: 충청남도 15개 아동양육시설 퇴소아동을 중심으로. 한국아동복지학 15호, 115-136.
이인정・최해경(2000). 인간행동과 사회환경. 나남출판.
이재곤(1994). 육아시설 중・고등학생의 학습에 있어서 문제점과 개선방안에 관한 연구. 숭실대학교 석사학위논문.
이종원(1988). 육아시설아동의 성격특성 분석을 통한 생활지도 개선방안. 대구대학교 석사학위논문.
이준의(1997). 아동복지수용시설의 양육모델에 관한 연구-한국 SOS 어린이 마을을 중심으로- 단국대학교 석사학위논문.
이혜연・서정아・조흥식・정익중(2007). 아동복지시설 퇴소청소년의 실태와 적응과정 연구. 한국청소년정책연구원.
이혜연・유성렬・이상균・장윤경・황진구(2010). 취약가정・시설의 아동・청소년 지원을 위한 종단연구. 한국청소년정책연구원.
이혜은(2007). 아동양육시설 퇴소청소년의 적응에 관한 연구. 연세대학교 박사학위논문.
이혜은・최재명(2008). 아동양육시설 퇴소청소년의 경제적 안정성, 거주

안정성, 삶의 만족도에 관한 연구. 청소년학연구. 제15권 제2호, 209-233.
임효신(2010). 전문계 고등학교 학생의 창의성과 자아정체감 및 진로결정 수준의 관계. 서울대학교 석사학위논문.
장혁표(1999). 가족치료. 서울: 중앙적성출판사.
전숙영(1996). 이혼과 재혼에 대한 아동과 청소년의 지각. 서울대학교 석사학위논문.
전은진(2006). 아동양육시설 퇴소 청소년의 초기자립생활 경험에 관한 질적연구. 부산대학교 석사학위논문.
정선욱(2002a). 시설보호 청소년의 심리사회적 적응에 영향을 미치는 요인. 서울대학교 사회복지학과 박사학위논문.
정선욱(2002b). 가정외 보호를 받는 청소년과 일반가정 청소년의 애착유형 및 또래관계에 관한 연구. 사회복지연구. 20. 149-172.
정선욱(2006a). 시설보호 아동의 시설 생활 경험 연구–비혈연형제관계를 중심으로–. 아동과 권리. 한국아동권리학회. 10(2). 151-183.
정선욱(2006b). 시설보호 아동의 보육사 관계 경험 연구. 한국아동복지학 21호, 115-146.
정선욱(2009a). 시설보호 청소년이 경험하는 시설생활의 의미. 한국청소년연구. 20(3), 193-219.
정선욱(2009b). 시설·위탁 아동의 친가정 이슈 및 과제. 2009년 한국아동복지학회 춘계학술대회 자료집.
정선욱(2010). 시설 퇴소 청소년의 생활만족도와 관련요인. 청소년학연구. 17(2), 233-252.
정윤경(1997). 우리나라 성인의 결혼관 연구. 이화여자대학교 대학원 연구논문집. 32.
조명실(2006). 청소년의 자아정체감, 사회적 지지, 진로결정 자기효능감이 진로성숙과 진로준비행동에 미치는 영향. 성균관대학교 박사학위논문.
조성연(2004). 그룹홈과 일반가정 아동의 어머니 양육행동과 형제자매관계 및 사회적 적응. 한국생활과학회지, 13(3), 381-391.
조순실(2010). 그룹홈 퇴소청소년의 자립을 향한 삶의 경험 연구. 숭실대학교 박사학위논문.
조연제(2003). 이혼과 재혼에 대한 대학생의 지각 경향. 전주대학교 석사학위논문.
조은미(1984). 시설아동의 성취동기에 관한 연구. 숙명여자대학교 석사학위논문.
조은수(2007). 대학생이 지각한 원가족 건강성이 결혼관 및 가족가치관에 미치는 영향. 대구대학교 대학원 석사학위논문.
주휘정·차성현(2011). 대학생의 휴학 결정 요인 분석. 교육행정학연구, 29(1), 277-293.
채재은(2011). 대학생들의 휴학 요인 분석. 교육행정학연구, 29(1), 295-317.
채창균(2004). 실업계 고교 교육은 성공적인가?－단기 노동시장 성과의 분석. 직업교육연구 23(2), 59-74.
채창균(2009). 전문계 고교 졸업생의 진로 선택. 한국교육고용패널(KEEP) 2차 학술대회 발표논문, 59-74.
천정웅·김미옥·최명민·노혜련·이용교(2009). 강점관점 청소년 개발 레질리언스. 신정.
천희란·강민아(2011). 여성 노인의 건강불평등 현황과 측정: 통합방법론(Mixed Methodology)의 적용. 노인복지연구 통권 51호, 247-276.
최옥현(2006). 대학생의 애착관계 및 유형과 진로탐색효능감이 진로발달에 미치는 영향. 숙명여자대학교 박사학위논문.
통계청(2006). 장애인구추계.
통계청(2010). 지역고용조사통계.
한국교육개발원(각년도). 교육통계연보.
한국보건복지인력개발원·아동자립지원사업단·보건복지부(2013). 자립지원 업무 매뉴얼.
한복남(2004). 수급권가정 청소년의 진로결정에 영향을 미치는 요인에 관한 연구. 숭실대학교 석사학위논문.

한유진・노남숙(2009). 독서치료 프로그램이 시설청소년의 가족 이미지, 가족 개념 및 미래가족가치관에 미치는 효과. 인간발달연구. 16(4), 51-77.
허남순(2004). 친인척가정위탁과 일반가정위탁아동의 심리사회적 특성 및 위탁가정의 서비스 욕구에 대한 비교연구. 한국아동복지학, 18호, 243-270.
허남순(2008). 일반가정에 위탁된 아동들의 문제행동 및 이에 영향을 주는 요인에 대한 연구. 정신보건과 사회사업, V.29, 207-233.
홍미리(2005). 양육시설 청소년의 진로준비에 관한 연구. 이화여자대학교 대학원 석사학위논문.
황매향・김봉환・최인재・허은영(2010). 한국 청소년의 연령에 따른 진로 발달 특성의 변화추이 분석. 아시아교육연구 11(4), 75-94.

2. 외국문헌

Aldgate, J.(1991). Attachment Theory and Its Application to Child Care Social Work - An Introduction. In J. Lishman(ed.), Handbook of Theory for Practice Teachers in Social Work. Jessica Kingsley.
Ainsworth, M. D. S. (1991). Attachments and other affectional bonds across the life cycle. In C. M. Parkes, J. Stevenson-Hinde & P. Marris(eds.), Attachment across the life cycle. Routledge.
Amato, P. R., Loomis, Laura Spencer & Booth, Alan.(1995). Parental Divorce, Marital Conflict, and Offspring Well-being during early adulthood. Social Forces 73(3), 895-915.
Aquilino, W. S.(2006). Family relationships and support systems in emerging adulthood. In J. J. Arnett & J. L. Tanner(eds.) Emerging Adults in America: Coming of Age in the 21st Century. Washington, DC: American Psychological Association.
Arnett, J. J.(2000). Emerging Adulthood-A Theory of Development From the Late Teens Through the Twenties. American Psychologist. 55(5), 469-480.
Bartholomew, K. & Horowitz, L. M.(1991). Attachment Styles among

Young Adults: A tests of a four-category model. Journal of personality and social psychology. 61(2), 226-244.
Blau, P. M., Gustad, J. W., Jessor, R., Parnes, H. S., & Wilcock, R. C.(1956). Occupational choice: A conceptual framework. Industrial Labor Relations Review. 9, 531-543.
Benard, B.(1991). Fostering resiliency in kids: Protective factors in the family, school, and community. Porland, OR: Northwest Regional Educational Laboratory.
Benard, B.(2004). Resiliency: What we have learned. San Francisco: WestEd.
Broad. B.(1999). Young people leaving care: Moving towards 'joined up' solution? Children and Society. 13(2), 81-93.
Bryman, A.(2006). Integrating quantitative and qualitative research: How is it done? Qualitative Research. 6(1), 97-113.
Caracelli, V. J., & Greene, J. C.(1993). Data analysis strategies for mixed-method evaluation designs. Educational Evaluation and Policy Analysis. 15(2), 195-207.
Chope, R.C.(2001). Influence of the family in career decision making: Identity development, career path and life planning. Career Planning and Adult Development Journal. 17, 54-64.
Cohen, P., Kasen, S., Chen, H., Hartmark, C., & Gordon, K.(2003). Variations in patterns of developmental transitions in the emerging adulthood period. Developmental Psychology, 39, 657-669.
Coleman, J.(1978). Current contradictions in adolescent theory. Journal of Youth and Adolescence. 7, 1-11.
Collins, M. E.(2001). Transition to adulthood for vulnerable youths: A review of research and implications for policy. Social Service Review 75(2), 271-291.
Collins, N. L. & Read, S. J.(1990). Adult attachment, working model, and relationship quality in dating couples. Journal of Personality and Social Psychology, 58(4), 644-663.
Cooper, M. L. & Shaver, P. R.(1998). Attachment styles, Emotion regulation, and Adjustment in Adolescence. Journal of Personality and Social Psychiatry, 74(5), 1380-1397.
Cote, K. E.(2006). Emerging adulthood as an institutional moratorium.

In J. J. Arnett & J. L. Tanner(Eds.), Emerging adults in America: Coming of age in the 21st century(pp. 85-116). Washington, DC: American Psychological Association.

Creswell, J. W. & Plano Clark, V. L.(2011). Designing and Conduction Mixed Mehtods Research(2nd). Sage Publications.

Downs, C.(1992). Separation revisited. Aldershot: Ashgate.

Downs, S. W., Costin, L. B. & MaFadden, E. J.(1996). Child Welfare and Family Services-Policies and Practice. Longman Publishers.

Eccles, K. S., Templeton, J., Barber, B., & Stone, M.(2003). Adolescence and emerrging adulthood: The critical passage ways to adlulthood. In M. H.Bornstein, L. Davidson, C.L.M., Keys, K. A. Moore, & the Center for Child Well-Being(Eds.). Well-being: Positive development across the life course(pp 383-406). Mahwah, NJ: Erlbaum.

DesJardins, S. L., Ahlburg, D. A., & McCall, B. P.(1999). An event history model of student departure. Economics of Education Review. 18, 375-390.

Fanshel, D., Finch, S. J., & Grundy, J. F.(1989). Mode of exit from foster family care and adjustment at time of departure of children with unstable life histories. Child Welfare, 68, 391-402.

Feldman, S. & Elloitt, G(1990). At the threshold: the developing adolescent. Harvard University Press. Cambridge, MA.

Fcstinger, T.(1983). No one ever asked us: a postscript to foster care. New York: Columbia University Press.

Freire, P.(1996). The pedagogy of hope: Reliving the pedagogy of the oppressed. New York: Continuum.

Fuqua, D. R., Newman, J. L., & Seaworth, T. B.(1988). Relation of the state and trait anxiety to different components of career indecision. Journal of Counseling Psychology, 35(2), 154-158.

Furstenberg, F. F.(2008). The intersections of social class and the transition to adulthood. In J. T. Mortimer(eds). Social class and transition to adulthood. New directions for child and adolescent development. 119, 1-10, Wiley Periodical, Inc.

Furstenberg, F. F. & Teitler, Julien O.(1994) Reconsidering the effects of marital disruption: What happens to children of divorce in early adulthood?. Journal of Family Issues 15(2), 173-190.

Ginzberg, E.(1951). Occupational choice. New York: Columbia Univ. Press.

Greene, J. C., Caracelli, V. J., & Graham, W. F.(1989). Toward a conceptual framework for mixed-method evaluation design. Educational Evaluation and Policy Analysis. 11(3), 255-274.

Hackette, G., & Betz, N. E.(1981). A Self-efficacy approach to the career development of women. Journal of Vocational Behaviors, 18, 326-339.

Hart, A.(1984). Resources for transitions from care. Leaving care-Where? Conference report. London: National Association of Young People in Care.

Hawkins, J. D., Oesterle, S., & Hill, K. G.(2004). Successful Young Adult Development. Research Report in Bill & Melinda Gates Foundation.

Hazan, C. & Shaver, P.(1987). Romantic love conceptualized as an attachment process. Journal of Personality and Social Psychology, 52(3), 511-524.

Herr, E. L. & Crammer, S. H.(1988). Career guidance and counseling through the life sapn. 3rd ed. Little, Brown & Company.

Holland, J. L., & Holland, J. E.(1977). Vocational indecision: More evidence and speculation. Journal of Counseling Psychology, 24, 404-414.

Horrocks, C.(2002). Using life course theory to explore the social and developmental pathways of young people leaving care. Journal of Youth Studies. 5(3), 325-336.

Howe, D.(1995). Attachment Theory for Social Work Practice. Macmillan.

Iglehart, A. P.(1994). Adolescents in foster care: Predicting readiness for independent living. Children and Youth Review. 16, 159-169.

Jackson, S.(Ed.)(2001). Nobody ever told us school mattered. London: BAAF.

Kelly, Joan B. & Emery, R. E.(2003). Children's adjustment following divorce: risk and resilience perspevtive. Skolnick, A. S. & Skolnick, J. H.(eds.). Family in Transition(13th eds). Allyn and Bacon.

Kstterson, T. U., & Blustein, D. L.(1997). Attachment relationships and the career exploration process. The Career Development Quarterly, 46, 167-178.

Kimberlin, S. E., Anthony, E. K., Austin, M.J.(2009). Re-entering foster care: Trends, evidence and implications. Children and Youth Services Review, 31, 471-481.

Ladd, G. W.(1990). Having friends, keeping friends, making friends and being liked by peers in the classroom: Predictors of children's early school adjustment?. Child Development. 61(4), 1981-1100.

Lent, R. W., Brown, S. D., Hackett, G.(1994). Toward a unifying social cognitive theory of career and academic interest, choice and performance. Journal of Vocational Behavior. 454, 79-122.

Lipsey, M. W., & Wilson, D. B.(1998). Effective intervention for serious juvenile offenders. In R. Loeber & D. P. Farrington(Eds.). Serious and Violent juvernile offenders(pp. 313-45). Thousand Oak, CA: Sage.

Lopez, F. G., & Andrew, S.(1987). Career indecision: A family system perspective. Journal of Counseling and Development. 65, 304-307.

Luthar, S. S. & Zigler, E.(1991). Vulnerability and Competence: A review of research on resilience in childhood. American Journal of Orthopsychiatry, 61(1), 6-22.

Mech, E. V.(1994).Preparing foster youth for adulthood: A knowledge-building perspective. Children and Youth Services Review. 16, 141-145.

Meeus, W., Iedema, J.,Helsen, M., & Vollebergh, W.(1999). Patterns of adolescent identity development: Review of literature and longitudinal analysis. Developmental Revies, 19, 419-461.

Miller, D. C., & Form, W. H.(1951). Industrial Sociology. New York: Harper & Row.

O'Brien, K. M., & Fassinger, R. E.(1993). A casual model of the career orientation and career choice of adolescent women. Journal of Counseling Psychology, 40, 456-469.

Onwuebuzie, A. J., & Teddie, C.(2003). A framework for analyzing data in mixed methods research. In A. Tashakkori & C. Teddie(Eds.), Handbook of mixed methods in social & behavioral research. Thousand Oaks, CA: Sage.

Osipow, S. H., C. G. Carney, J. L. Winter, B. Yanico. & M. Koschier.(1980). The Career Decision Scale, Marathon Consulting and Press, Columbus.

Patton, M. Q.(1987). How to Use Qualitative Methods in Evaluation. Sage Publications.

Rossman, G. B., & B. L. Wilson.(1985). Numbers and words: Combining quantitative and qualitative methods in a single-large-scale evaluation study. Evaluation Review, 9(5), 627-643.

Savickas, M. L.(2002). Career construction: A developmental theory of vocational behavior. In D. Brown & Associates(Eds.). Career Choice and Development(4th., pp. 149-205). San Francisco: Jossey-Bass.

Sewell, W. H., Archibald, O. H., & Alejandro, P.(1969). The Educational and Early Occupational Attainment Process. American Sociological Review. 34(1), 82-92.

Shlonsky, A., Bellamy, J., Elkins, J., & Ashare, C. J.(2005). The other kin: setting the course for research, policy, and practice with siblings in foster care. Children and Youth Services Review, 27, 697-716.

Simpson, J. A., & Rholes, W. S.(1998). Attachment in adulthood. In J. A. Simpson & W. S. Rholes(Eds.). Attachment Theory and Close Relationships. New York: Guildford Press.

Sinclair, I., Baker, C., Wilson, K., & Gibbs, I.(2005). Foster children, whter they go and how they get on. London: Jessica Kinsley.

Social Exclusion Unit.(2003). A better education for children in care. London: The Stationery Office.

Stein, M.(2006). Young people aging out of care: The poverty of theory. Children and Youth Services Review 28: 422-434.

Stein, M.(2008). Resilience and young people leaving care. Child care in practice 14(1): 35-44.

Super, D. E.(1953). A theory of vacational development. American Psychologists. 8.

Super, D. E.(1957). The psychology of careers. New York: Hayser. Timberlake, E. M. & Verdieck, M. J.(1987). Psychological functioning of adolescents in foster care, Social Case Work. 68, 214-222.

Tashakkori, A. & Teddlie, C.(2003)(eds.) Handbook of mixed methods in social & behavioral research. Thousand Oasks, London: Sage Publications.

Taylor, K. M., & Betz, N. E.(1983). Applications of self-efficacy theory to the understanding and treatment of career indecision. Journal of Vocational Behavior, 22, 63-81.

Wade, J., Dixon, J.(2006). Making a home, finding a job: investigating early housing and employment outcomes for young people leaving care. Child and Family Social Work. 11, 199-208.

Weick, A., & Chamberlain, R.(2002). Putting problems in their place: Further explorations in the strengths perspective. In D. Saleebey (Ed.). The strengths perspective in social work practice(3rd ed.) (pp. 95-105). Boston: Allyn and Bacon.

Werner, E., & Smith, R.(1992). Overcoming the odds: High-risk children from birth to adulthood. Ithaca, NY: Cornell University Press.

Whitbeck, L., Hoyt. D., & Huck, S.(1994). Early family relationships. intergenerational socidarity and support provided to parents by adult children. Journal of Gerontology: Social Science. V. 49, 85-94.

Zimet, G. D., Dahlem, N. W., Zimet, S. G., & Farley, G. K.(1988). The Multidimensional Scale of Perceived Social Support. Journal of Personality Assessment. 52, 30-41.

3. 인터넷 및 신문기사

http://www.anationalvoice.org/rights/clcact2.htm(검색일: 2011. 6. 28)

e-나라지표 http://www.index.go.kr/egams/stts/jsp/potal/stts/PO_STTS_IdxMain.jsp?idx_cd=1421&bbs=INDX_001(검색일: 2011. 5. 9)

Henderson. N. Fostering Resiliency in Children and Youth: Four Basic Steps for Families, Educators, and Other Caring Adults. http://www.ccsme.org/userfiles/files/HendersonResiliencyAdolescents.pdf(검색일: 2011. 6. 22)

http://knjinhak.or.kr/bbs/board.php?bo_table=b2_02&wr_id=79&

sfl=&stx=&sst=wr_hit&sod=desc&sop=and&page=3(검색일: 2011. 6. 16)

Stanley, R.(1979). The concept of required helpfulness. http://psycnet.apa.org/?&fa=main.doiLanding&uid=1980-23235-001(검색일: 2011. 6. 24)

Using the Resilience & Youth Development Module. cscs.wested.org/resources/rydm_presentation.pdf(검색일: 2011. 6. 22)

『동아일보』. [심층분석]KAIST학생 자살 부른 '전문계고 입학사정관 전형'. 2011. 1. 12.

『연합뉴스』. 임금근로자의 교육정도별 임금수준. 2011. 4. 20.

『중앙일보』. 대학서 방황하는 '실업계 전형'. 2007. 3. 2.

경남진학지도협의회

교보생명 문화재단 홈페이지 http://www.kbedu.or.kr/community.html? Table=ins_bbs1§ion=&mode=view&uid=232 (검색일: 2011. 6. 16)

병무청 홈페이지 http://www.mma.go.kr/kor/s_navigation/reduction/reduction03/index.html, (검색일: 2011. 7. 12)

연합뉴스, "임금금로자의 교육정도별 임금수준" http://www.yonhapnews.co.kr/bulletin/2011/04/19/0200000000AKR20110419176300002.HTML (검색일: 2011. 4. 20)

한국장학재단 홈페이지 http://www.kosaf.go.kr (검색일: 2011. 4. 20)

저자 소개

정선욱(鄭善旭) 서울대학교 사회복지학과 졸업
서울대학교 대학원 사회복지학과 졸업(사회복지학박사)
현재 덕성여자대학교 사회복지학과 교수

아산재단 연구총서 제368집

시설보호 청년의 적응

- 대학에 진학한 시설보호 청년의 진로발달과 결혼 태도 - 값 11,000원

2014년 7월 30일 1판 1쇄

저 자 정 선 욱
발 행 인 임 동 규
발 행 처 **집 문 당**
주 소 110-360 서울특별시 종로구 돈화문로 82
등 록 1971. 3. 23. 제300-2012-69호
영 업 부 (02)743-3192~3 팩스(02)742-4657
전자우편 sale@jipmoon.co.kr
편 집 부 (02)743-3096~7 팩스(02)743-0227
전자우편 edit@jipmoon.co.kr
홈페이지 www.jipmoon.co.kr

ISBN 978-89-303-1644-6
978-89-303-1500-5(세트)

이 도서의 국립중앙도서관 출판시도서목록(CIP)은 서지정보유통지원시스템 홈페이지(http://seoji.nl.go.kr)와 국가자료공동목록시스템(http://www.nl.go.kr/kolisnet)에서 이용하실 수 있습니다.(CIP제어번호: CIP2014020929)

아 | 산 | 재 | 단 | 연 | 구 | 총 | 서

1 전환기의 중국경제
김윤환 외 | 단국대 경제학과

2 폴란드 경제의 변천 개혁과 그 전망
김광수 | 숭실대 경제학과

3 재소한인
이광규 외 | 서울대 인류학과

4 소련산림과 임업
홍성천 외 | 경북대 임학과

5 아세안의 정치경제
김국진 외 | 외교안보연구원

6 태국의 사회변동과 경제발전
최석만 외 | 전남대 사회학과

7 중국의 사회경제 통계분석
신한풍 외 | 고려대 통계학과

8 중국의 정치와 경제
박두복 외 | 외교안보연구원

9 동유럽의 개혁과 시장경제의 도입
허만 외 | 부산대 사범대학

10 동유럽의 개혁운동
박영신 | 연세대 사회학과

11 현대 러시아 연구
기연수 외 | 한국외대 노어과

12 전략적 선택과 기업의 국제경쟁력
이장호 | 서강대 경영대학

13 협동사회의 정착과 정부의 역할
이종범 외 | 고려대 행정학과

14 한국 제조기업 생산성의 동적 분석
노부호 외 | 중앙대 경영대학

15 분배의 정의
변형윤 외 | 서울대 경제학과

16 도덕적 행동의 강화
이훈구 외 | 연세대 심리학과

17 관료부패와 통제
김해동 외 | 서울대 행정대학원

18 한국경제의 내실 있는 성장
정창영 외 | 연세대 경제학과

19 한국국민정신운동의 역사와 발전방향
박수명 외 | 부산대 사범대학

20 한국대학생의 가치성향과 상담효과
이영희 외 | 숙명여대 교육학과

21 가출청소년과 학교관리체제
안창규 외 | 부산대 교육학과

22 동북아 정세변화와 한·일관계
한승조 외 | 고려대 정치외교학과

23 언론과 부정부패
정대철 외 | 한양대 신문방송학과

24 한국의 고등학교 교육
이원호 외 | 부산대 교육학과

25 가족과 방송
김학수 외 | 서강대 신문방송학과

26 재정개혁의 전망과 재산세제의 개편과제
오연천 | 서울대 행정대학원

27 청소년을 위한 전자게임 프로그램의 규제 및 평가체계 개발
박혜원 외 | 울산대 가정관리학과

28 정신장애자 가족의 사회심리적 특성
이근후 외 | 이화여대 의과대학

29 가족의 관계역동성과 문제인식
이광규 외 | 서울대 인류학과

30 현대인과 한국전통음식
승정자 | 숙명여대 식품영양학과

31 기업의 초고속정보통신망활용
안중호 | 서울대 경영학과

32 지역발전을 위한 교육자치제의 개선방안
김남순 | 조선대 사범대학

33 전환기의 공무원 가치관
조경호 | 울산대 행정학과

34 지방자치와 사회복지의 과제
김영모 | 중앙대 사회복지학과

35 WTO체제하의 지방중소기업 지원정책
최명주 외 | 계명대 통상학부

36 현대한국의 시민운동
이효선 | 중앙대 사회학과

37 기업 세계화의 단계 및 정도의 측정
허영도 외 | 울산대 경영학과

38 가족복지를 위한 가족주치의 시범사업의 효과
이혜리 외 | 연세대 가정의학교실

39 한국대학생의 삶의 만족도
김재은 외 | 이화여대 교육심리학과

40 지역경제와 지역산업구조의 개편방향
정기화 외 | 전남대 경제학부

41 중국기업의 소유형태별 경영특성
노철화 외 | 부산대 무역학과

42 남북한의 인성 · 사상교육
한승조 외 | 고려대 정치외교학과

43 연계적 뇌기능 조언을 위한 의료용 멀티미디어 시스템의 설계
유선국 | 연세대 의용공학교실

44 다민족국가의 민족문제와 한인사회
최협 외 | 전남대 인류학과

45 저소득층지역 청소년 여가문화와 소집단 활성화
박문수 외 | 서강대 사회학과

46 삶의 질의 국제비교와 지역간 비교분석
이재기 외 | 울산대 경제학과

47 21세기 지역주민의 삶의 질
양종회 외 | 성균관대 사회학과

48 삶의 질에 대한 국가간 비교
조명한 외 | 서울대 심리학과

49 외국인 노동자의 노사관계와 사회적 적응
석현호 외 | 성균관대 사회학과

50 한국의 사법제도와 발전 모델
정종섭 | 건국대 법학과

51 고령화사회와 중상층 노인의 사회활동
조성남 외 | 이화여대 사회학과

52 한국의 서비스 시장 개방정책
한홍렬 | 한양대 경제학부

53 한국과 AFTA간의 교역증진 및 경제 협력방안
손일태 외 | 경희대 경제통상학부

54 물류비 절감을 위한 무역업체의 정보화전략
이영수 외 | 경북대 경제통상학부

55 사회주의 체제전환과 사회정책
오정수 외 | 충남대 사회복지학과

56 남북통일 이후 농업생산체계 개편
홍성규 외 | 건국대 농업경제학과

57 국제화와 세계화
하영선 외 | 서울대 외교학과

58 IMF 개혁정책의 평가와 한국경제의 신(新) 패러다임
조동근 | 명지대 경제학과

59 구조개혁과 실업대책
박동운 | 단국대 경제무역학부

60 21세기 신노사관계
심윤종 외 | 성균관대 사회학과

61 학교에서의 집단 따돌림
이춘재 외 | 가톨릭대 심리학과

62 한국노인의 정신건강실태와 건강증진
조맹제 외 | 서울대 의과대학

63 혁명과 개혁 속의 중국 농민
김광억 | 서울대 인류학과

64 중국의 경제환경과 한국기업의 진출 전략
지용희 외 | 서강대 경영학과

65 김대중 대통령의 시스템 사고
김동환 | 중앙대 공공정책학부

66 실업과 가족해체
최일섭 외 | 서울대 사회복지학과

67 합리적 부채비율 조정방안
오상근 | 동아대 경제학과

68 한국 중산층의 생활문화
문숙재 외 | 이화여대 소비자 · 인간발달학과

69 계층간 갈등상태에서 최적소득세
김진욱 | 건국대 경상학부

70 글로벌 경쟁력 제고를 위한 기업전략과 조직구축
이만우 외 | 고려대 경영학과

71 의료보험과 국민연금의 관리효율화를 위한 통합방안
사공진 외 | 한양대 경제학부

72 정부개혁의 과제와 전략
박우서 외 | 연세대 행정학과

73 책임운영기관 제도에 관한 비교분석
김근세 | 가톨릭대 행정학과

74 새로운 패러다임하에서의 한국기업의 바람직한 지배구조
최운열 외 | 서강대 경영학과

75 현대 한국사회의 계층구조
양춘 외 | 고려대 사회학과

76 한국의 산업정책과 산업구조조정
강인수 | 숙명여대 경제학부

77 기업구조조정
김석진 | 경북대 경영학부

78 지식경영을 위한 인적자원 개발 및 관리체계
장영철 | 경희대 경영학부

79 뉴 비즈니스 모델
전성현 | 국민대 정보관리학부

80 중산층의 정체성과 소비문화
함인희 외 | 이화여대 사회학과

81 외국관광객 유치를 위한 마케팅 전략
박상규 | 강원대 경영학과

82 한국인의 세대별 문학의식
이동순 | 영남대 국문과

83 공공부문의 효율성 평가와 측정
김재홍 외 | 울산대 사회과학부

84 한국 청소년의 정치의식과 형성요인
김광웅 외 | 숙명여대 아동복지학과

85 한국 대학생의 정치의식
배한동 | 경북대 윤리교육과

86 산업의 정보화와 산업발전
이기동 | 계명대 통상학부

87 한국 제조업의 고용조정 분석
이종원 외 | 성균관대 경제학부

88 지식자산에 대한 경영전략적 평가모형 개발
배재학 외 | 울산대 컴퓨터 · 정보통신공학부

89 관광사업을 위한 한국적 이미지의 휴식복 개발
채금석 | 숙명여대 의류학과

90 한국 정치제도의 개혁
신정현 | 경희대 사회과학부

91 e비즈니스와 아웃소싱 전략
정승화 외 | 연세대 경영학과

92 집단 따돌림의 진단 및 치료방안
홍준표 | 중앙대 인간생활환경학과

93 16대 총선과 낙선운동
조기숙 | 이화여대 국제대학원

94 부동층 유권자 행태 분석
진영재 | 연세대 정치외교학과

95 사이버 공동체의 성공요인
이재관 | 숭실대 경영학부

96 온라인 소비자 행동의 이론과 실증
윤성준 | 경기대 경영학부

97 글로벌 시대 정약용 세계관의 가능성과 한계
차성환 | 한일장신대 역사사회학과

98 러시아의 체제전환 과정에서 나타난 국가의 역할과 그 전망
이상민 외 | 부산대 정치외교학과

99 남북한의 경제발전 수준과 산업구조 비교, 그리고 경제교류 협력방향
주성환 | 건국대 경제학과

100 집단따돌림과 교육해체
한준상 | 연세대 교육학과

101 공적연금제도의 효율성과 개선방안
유금록 | 군산대 행정복지학부

102 벤처기업-대기업의 성공적인 협력 모델
나중덕 | 경산대 경영학과

103 북한의 재외동포정책
조정남 외 | 고려대 정치외교학과

104 사이버 공동체 형성의 역동적 모형
장용호 | 서강대 신문방송학과

105 기업이론과 기업의 소유지배구조
김일태 외 | 전남대 경제학부

106 가축분뇨 자원화를 위한 공동이용조직에 대한 농가선호도 분석
유덕기 | 동국대 생명자원경제학과

107 개혁정책과 전문가 집단
이경원 외 | 제주대 행정학과

108 현대 한국사회의 이중가치체계
신수진 외 | 이화여대 가정관리학과

109 한국의 산업구조 변화와 기업집단 다각화 전략
김용학 외 | 연세대 사회학과

110 지식정보사회의 경제적 모형 설정 및 사례 연구
김범환 | 배제대 경영정보학부

111 변호사징계제도
오종근 | 한림대 법학부

112 인터넷 특허법
김순석 | 광주대 법학과

113 e-비즈니스 시대의 금융 및 재정정책의 새로운 패러다임
이종욱 | 서울여대 경제학과

114 청소년의 하위문화와 정체성
조성남 | 이화여대 사회학과

115 디지털금융시대의 금융구조변화와 정부규제 및 정책
이충열 | 고려대 경제학부

116 지식경영을 위한 기업의 조직설계방안
김경수 외 | 전남대 경영학과

117 전자금융의 발달과 경제정책의 새로운 패러다임
이명호 | 명지대 경제학과

118 동아시아의 안보와 유엔체제
강성학 편저 | 고려대 정치외교학과

119 유료 치매노인 그룹홈의 개발과 관련 정책
최정신 외 | 가톨릭대 소비자 · 주거학과

120 소비자 지향적 문화산업 정책
홍영준 | 호남대 광고홍보학과

121 국제 · 국가 · 지방 환경규제의 연계
정준금 외 | 울산대 행정학과

122 현행 회사 합병 · 분할제도의 평가와 개선방안
옥무석 외 | 이화여대 법학과

123 배려지향적 도덕성과 정의지향적 도덕성
정옥분 외 | 고려대 사범대학

124 기업구조조정에 대한 채권금융기관 및 금융감독기관의 역할과 책임
이중기 | 한림대 법학과

125 실업대책으로서 한국의 법정기준근로시간 단축
박영범 | 한성대 경제학과

126 프랑스어의 비분리성 소유개념 표현
노윤채 | 연세대 언어정보연구원

127 지방채의 효율적 관리방안
강태구 | 호원대 법행정학부

128 21세기 산업구조 변화와 과학기술정책
임채성 외 | 그리스도신학대 경영정보학부

129 인터넷 쇼핑몰 이용자의 불평행동
예종석 | 한양대 경영학부

130 한국기업의 성과급제도 현황, 효과 및 개선방안
김성수 | 서울대 경영학과

131 전자상거래와 소비자보호
서민교 외 | 경일대 인터넷국제통상학과

132 평생학습 사회에서의 인적자원개발을 위한 사회적 파트너십 구축
김영화 | 홍익대 교육학과

133 한국 공교육의 새로운 구상과 전략
권대봉 외 | 고려대 교육학과

134 한국의 정부개혁
김태룡 | 상지대 행정학과

135 지방정부 생산성 측정의 이론과 실제
이은국 외 | 연세대 행정학과

136 불가 시문학론
배규범 | 경희대 학술연구 교수

137 남북경제교류의 법적 문제
제성호 | 중앙대 법학과

138 경제위기와 청소년 발달
구인회 | 서울대 사회복지학과

139 생명과학기술의 응용과 기본권보호적 한계
정상기 외 | 한남대 법학과

140 경제발전과 정치환경의 한·일 비교분석
정갑영 외 | 연세대 동서문제연구원

141 한국 공교육의 진단
윤정일 외 | 서울대 교육학과

142 우리나라 지방자치 발전을 위한 자치단체장의 역할
정성호 외 | 경기대 사회과학부

143 의료보험제도의 개혁방안
권순원 | 덕성여대 경제학과

144 중등 도덕교육의 현실과 문제
손동현 외 | 성균관대 철학과

145 사이버공동체 발전론
이명식 | 상명대 경영학과

146 남북경협 확대에 대비한 북한 담보제도의 정비방안
박훤일 | 경희대 법과대학

147 한국 공무원 인사제도 개혁
김판석 | 연세대 행정학과

148 교사화법 교육
임칠성 외 | 전남대 국어교육과

149 세계화의 문화정치학
임혁백 외 | 고려대 정치외교학과

150 효과적인 e-SCM을 위한 의사결정 조정 시스템 모형
이원준 | 성균관대 경영학부

151 환경거버넌스
김종순 외 | 건국대 행정학과

152 자동차산업의 인적자원관리
이덕로 | 서원대 경영학부

153 한국과 영국 간 지식기반산업 비교
이명호 | 한국외대 경영학과

154 한국 벤처기업의 기술네트워킹 및 기술마케팅 전략
장영일 | 인제대 경영학부

155 회사변호사의 윤리
오승종 | 성균관대 법과대학

156 미디어교육론
이정춘 | 중앙대 신문방송학과

157 조선시대 서원과 양반
윤희면 | 전남대 역사교육과

158 환경문제와 철학
박찬국 | 서울대 철학과

159 노인보건복지 이론과 실제
김명 외 | 이화여대 보건교육학과

160 북한의 법체계
권재열 외 | 숭실대 법학과

161 생명공학기술의 안전성 확보에 관한 법적 고찰
이재협 | 경희대 법학부

162 청소년복지학
김성이 외 | 이화여대 사회복지학과

204 사회복지법인의 경영과 회계
이동규 | 충남대 회계학과

205 의약분업 정책과정
차흥봉 | 한림대 사회복지학과

206 지역공동체와 평생교육
오혁진 | 동의대 평생교육학부

207 아동보호서비스의 실제
한미현 | 백석대 사회복지학부

208 그린마케팅
박재기 | 충남대 경영학부

209 아동권리와 아동복지
이혜원 | 성공회대 사회복지학과

210 국제 이주와 인도인 디아스포라
김경학 | 전남대 인류학과

211 질병과 의료의 사회학
조병희 | 서울대 보건대학원

212 북한이탈주민의 사회통합을 위한 지역복지실천의 모색
이기영 | 부산대 사회복지학과

213 치매노인케어론
조유향 | 초당대 간호학과

214 노인상담입문
서혜경 외 | 한림대 대학원 사회복지학과

215 '통일 이후 통일과정'으로서의 독일 통일영화
이준서 | 이화여대 독어독문학과

216 중국의 사회보장
오정수 | 충남대 사회복지학과

217 환경자원의 경제적 가치와 환경오염의 사회적 비용
김재홍 | 울산대 사회과학부

218 사회복지프로그램의 경제적 평가방법
박창제 외 | 상주대 사회복지학과

219 자유의지와 결정론
안건훈 | 강원대 철학과

220 심리학자들이 쓴 행복한 결혼의 심리학
채규만 외 | 성신여대 심리학과

221 현대 해석학 강의
양해림 | 충남대 철학과

222 한국인의 주거 빈곤과 공공주택
하성규 | 중앙대 도시 및 지역계획학과

223 IMF 경제위기와 한국 출산력의 변화
김두섭 | 한양대 사회학과

224 동아시아의 영토분쟁과 국제법
이석우 | 인하대 법학부

225 독일 복지국가와 사회복지서비스
정재훈 | 서울여대 사회사업학과

226 사회복지사를 위한 실용 비모수통계
엄명용 | 성균관대 사회복지학과

227 피해자학 연구
이윤호 | 동국대 경찰행정학과

228 광고언어창작론
박영준 외 | 부경대 국어국문학과

229 환경규제 패러다임의 전환
한철 | 한남대 법학과

230 고령사회의 노동환경변화와 고용 시스템의 문제점 및 법적 대응
고준기 | 국립군산대 법학과

231 세계화와 소득불평등
이성균 외 | 울산대 사회과학부

232 유비쿼터스 사회의 이해
안중호 외 | 서울대 경영학과

233 국제환경책임법론
박병도 | 건국대 법학과

234 한국의 선거와 민주주의
윤종빈 | 명지대 정치외교학과

235 한국 시민운동의 구조와 동학
조대엽 외 | 고려대 사회학과

236 또래관계
송영혜 | 대구대 재활심리학과

237 해외 한국기업과 현지인 노동자
석현호 외 | 에스코아이아학술문화재단

238 독일 국가복지에서 민간복지단체의 역할과 의미
차성환 외 | 한일장신대 사회복지학부

239 청정공학
조정호 | 동양대 생명화학공학과

240 한국전통연희론
심상교 | 부산교육대 국어교육학과

241 정신장애와 가족
서미경 | 경상대 사회복지학부

242 빈곤통계의 작성과 활용
김주환 | 동국대 정보통계학과

243 인터넷과 한국정치
강원택 | 숭실대 정치외교학과

244 북한의 시장경제이행
정영화 외 | 서경대 법학과

245 시스템사고로 본 지속가능한 도시
문태훈 | 중앙대 도시및지역계획학과

246 실버산업과 유비쿼터스 컴퓨팅
고일상 | 전남대 경영학부

247 재활상담과 사례관리
나운환 | 대구대 직업재활학과

248 영유아교육기관에서의 장애 이해 교육
유수옥 | 우석대 유아특수교육과

249 장애의 사회적 의미와 사회통합
박수경 | 대진대 사회복지학과

250 경제분석의 수리적 기초
조인성 | 공주대 경제통상학부

251 비영리부문의 비교연구
김승현 | 서울산업대 행정학과

252 고등교육경제학
반상진 | 전북대 교육학과

253 과학윤리교육의 이론과 방법
조희형 | 강원대 과학교육학부

254 결혼이민자가족의 이해
김오남 | 대불대 사회복지학과

255 동아시아 국가의 공공부조
신동면 | 경희대 사회과학부

256 특수아동 진단 및 평가
이나미 | 대불대 특수교육과

257 계약형 사회복지와 권리옹호시스템
이명현 | 경북대 상주캠퍼스 사회복지학과

258 실내공기질 및 위해성 관리
양원호 | 대구가톨릭대 산업보건학과

259 충남 방언 문법
한영목 | 충남대 국어국문학과

260 교육권론
노기호 | 군산대 법학과

261 도시경관계획론
임승빈 | 서울대 조경 · 지역시스템공학부

262 교통의 새로운 패러다임
김형철 | 경원대 도시계획 · 조경학부

263 노인의 삶의 질 향상을 위한 주거환경 디자인
천진희 | 상명대 디자인대학 실내디자인전공

264 사회복지와 문화
박병현 | 부산대 사회복지학과

265 장애인복지의 이론과 실제
이선우 | 인제대 사회복지학과

266 창의성 개발을 위한 디자인교육 콘텐츠
김선영 | 인천가톨릭대 조형예술대학 환경디자인학과

267 구성주의 사회복지 실천 기술론
고미영 | 서울신학대 사회복지학과

268 장애아교육학
김기흥 | 부산교육대 유아교육과

269 지역사회복지와 자원부문
한상진 외 | 울산대 사회학과

270 환경관리회계
육근효 | 부산외국어대 회계학부

271 인권 관점에서 보는 장애인복지
유동철 | 동의대 사회복지학과

272 정신증상
송지영 | 경희대 의과대학병원 신경정신과

273 사이버공간의 사회심리학
이성식 외 | 숭실대 정보사회학과

274 노인에 대한 사회적 돌봄과 놀봄 서비스의 질 보장
최희경 | 신라대 가족노인복지학과

275 아동 심리치료의 실제
신현균 | 전남대 심리학과

276 사회복지와 위험관리
노충래 | 이화여대 사회복지전문대학원

277 국제 탄소시장의 이해
양승룡 | 고려대 식품자원경제학과

278 타자의 초상
신문수 | 서울대 영어교육과

279 한국정치와 환경정치
나정원 | 강원대 정치외교학과

280 북한이주민
윤인진 | 고려대 사회학과

281 음주의 사회경제적 비용
정우진 외 | 연세대 보건대학원

282 지방정치와 동북아 도시거버넌스
박재욱 | 신라대 행정학과

283 노숙인 복지론
남기철 | 동덕여대 사회복지학과

284 유럽통합과정과 지역협력
이규영 | 서강대 국제대학원

285 사회복지재정 연구
지은구 | 계명대 사회과학대학 사회복지학과

286 지역사회 교육개혁을 위한 시민사회 조직의 참여
김영화 | 홍익대 교육학과

287 복지사회를 대비한 국민연금의 구조개혁
박영석 외 | 서강대 경영학부

288 한미 FTA 지재권 협상에 따른 의약품 분야 사회후생 변화
오근엽 | 충남대 무역학과

289 산업입지, 환경 그리고 지역경제
이기동 외 | 계명대 국제통상학과

290 감성지능 개발을 통한 삶의 질 향상
김경수 외 | 전남대 경영학부

291 교육복지론
이용교 외 | 광주대 사회복지학부

292 인간과 행복에 대한 철학적 성찰
박찬국 | 서울대 철학과

293 유럽연합의 사회통합 사례와 교훈
이무성 | 명지대 정치외교학과

294 민영화와 사회후생
이상호 | 전남대 경제학부

295 북한의 교육학 체계 연구
최영표 외 | 동신대 교육대학원

296 한국 지속가능발전의 구조와 변동
정대연 | 제주대 사회학과

297 우리나라의 공익 연계 마케팅에 관한 연구
임승희 | 전주대 경영학부

298 시각장애인복지론
김영일 | 조선대 특수교육과

299 그린에너지와 환경촉매
정석진 | 경희대 화학공학과

300 취약학교 초등학생을 위한 온라인 보건 교육 프로그램
박경옥 | 이화여대 보건관리학과

301 신탁제도를 통한 고령자의 보호와 지원
최수정 | 서강대 법학전문대학원

302 사회적 약자계층에 대한 실태분석 및 정책방안
이은우 외 | 울산대 경제학과

303 한류 문화와 동북아 공동체
최혜실 | 경희대 국어국문학과

304 노동유연화와 해고보호법
권혁 | 부산대 법학전문대학원

305 사회복지 위험관리의 이해
박미은 | 한남대 사회복지학과

306 의료기관의 회계와 세무
노준화 | 충남대 경영학부

307 여성인적자원의 전문성 확보를 위한 경력개발
백지연 | 이화여대 국제사무학과

308 정신병리
강선경 | 서강대 신학대학원

309 바다의 반란 적조
윤양호 | 전남대 해양기술학부

310 한국 장애인 복지 발달사
이성규 | 서울시립대 사회복지학과

311 서양예술 속의 동양 탐색
진상범 | 전북대 독어독문학과

312 한국인의 도덕성 발달 진단
문용린 | 서울대 교육학과

313 영국정치와 국가복지
고세훈 | 고려대 공공행정학부

314 인간학적 사유를 여는 중도·중복장애 교육학
이숙정 | 단국대 특수교육과

315 개별화 교육과정
이소현 | 이화여대 특수교육과

316 인간의 긍정적 성품
권석만 | 서울대 심리학과

317 지방자치와 지역여성의 전망
이혜숙 | 경상대 사회학과

318 한국 현대 노년소설 연구
전흥남 | 한려대 교양학부

319 정보격차 해소를 위한 창의적 정보교육 프로그램
이영준 외 | 한국교원대 컴퓨터교육과

320 한국 가족과 젠더
손승영 | 동덕여대 교양학부

321 한국의 복지혼합
김진욱 | 서강대 신학대학원

322 사회자본과 자원봉사
김태룡 외 | 상지대 행정학과

323 농촌교육복지연구
박삼철 | 단국대 교양학부

324 사회정체성 평가 차원에 대한 국제 비교조사
이명진 | 고려대 사회학과

325 캐나다 복지국가 연구
조영훈 | 동의대 사회복지학과

326 한국의 소수자운동과 인권정책
전영평 외 | 서울대 행정대학원

327 한국과 미국의 보육서비스 전달체계와 품질 비교분석
김근세 외 | 성균관대 국정관리대학원

328 한국사회의 소득불평등과 국민 의료이용
이용재 | 호서대 사회복지학과

329 정보시대의 인간안보
조화순 | 연세대 정치외교학과

330 가족의 사회경제적 특성과 아동발달
김광혁 | 전주대 사회복지학과

331 초 · 중 · 고등학생의 학업소진 진행과정 및 경로분석
이상민 | 고려대 교육학과

332 다문화사회의 사법통역
이지은 | 이화여대 통역번역대학원

333 동아시아 지역주의
유현석 | 경희대 정치외교학과

334 환경친화적 공공시설관리와 지역공동체의 삶의 질
이소영 | 중앙대 실내디자인 · 주거환경학과

335 의료보험의 법정책
김나경 | 성신여대 법과대학

336 양극화 시대 가족해체와 청소년의 적응에 관한 한국과 미국의 비교 연구
오승환 외 | 울산대 사회복지학과

337 기업의 사회적 책임과 지역경제사회발전 연구
허영도 외 | 울산대 경영학부

338 노인의 삶의 질 향상을 위한 온라인 소셜 네트워크 구축 방안
김진우 | 연세대 경영학과

339 청소년 생활역량
윤명희 외 | 동의대 평생교육학과

340 외국인 배우자의 다양성과 국제결혼의 안정성
김두섭 | 한양대 사회학과

341 정보인권의 규범구체화
이민영 | 가톨릭대 법학과

342 한국 사회복지실천의 고유성
최성재 외 | 서울대 사회복지학과

343 스웨덴의 환경책임 실천모형
최희경 | 경북대 행정학부

344 자율운동과 주거공동체
윤수종 | 전남대 사회학과

345 한국인의 공공봉사동기
김상묵 | 서울과학기술대 행정학과

346 한국 이혼가정 아동의 성장
김혜숙 | 경인교육대 교육학과

347 동양 사상과 노인 복지
홍승표 외 | 계명대 사회학과

348 노동과 사회보장의 연계
오문완 | 울산대 법학과

349 학습장애 위험군 아동의 조기선별을 위한 읽기검사 표준화 연구
김애화 외 | 단국대 특수교육학과

350 신 · 재생에너지에 기초한 녹색성장과 사회통합
김인호 | 이화여대 법학전문대학원

351 문화교류역량과 다문화 경영이 기업 경영성과에 미치는 영향
임병학 외 | 부산외대 경영학부

352 빈곤영유아의 발달과 적응
정익중 외 | 이화여대 사회복지학과

353 민사법질서와 인권
양천수 | 영남대 법학전문대학원

354 성년후견제도와 사회복지제도의 연계
신권철 | 서울시립대 법학전문대학원

355 한국 다문화사회의 이방인
김순양 | 영남대 행정학과

356 현대 시민사회와 소비자계약법
이병준 | 한국외대 법학전문대학원

357 개인의 사회적 정보보호를 위한 공공정보서비스 개선 연구
장항배 | 상명대 경영학과

358 여성교육투자에 대한 교육경제학적 탐색
백일우 외 | 연세대 교육학부

359 사회적 기업과 지속가능한 지역발전
임업 외 | 연세대 도시공학과

360 다문화가정 구성원에 대한 투트랙 한국어 교육방안 연구
박시균 | 군산대 국어국문학과

361 아시아의 빈곤과 한국기업의 역할
한인수 | 충남대 경영학부

362 유치원 · 초등학교 연계 환경교육
박희숙 | 공주대 유아교육학과

363 비정규 고용과 사회정책
구인회 외 | 서울대학교 사회복지학과

364 사생활의 자유에 관한 비교법적 연구
이창현 | 서강대 법학전문대학원

365 다중융합 환경 기반의 미디어스킨을 활용한 문화콘텐츠 디자인 적용방안에 관한 연구
오문석 외 | 광운대 미디어영상학부

366 북한이탈주민 여성의 성인식 관련 기초조사
한인영 외 | 이화여대 사회복지학과

367 노인주택 파노라마
유선종 | 건국대 부동산학과

368 시설보호 청년의 적응
정선욱 | 덕성여대 사회복지학과

아 | 산 | 재 | 단 | 연 | 구 | 보 | 고 | 서

1 한국인의 도덕성 연구
배해수 | 고려대 국문학과

2 산업화와 청소년 진로
이원호 | 울산대 교육학과

3 공동체의식과 시민운동
김영섭 | 한양대 행정학과

4 한국청년의 삶의 의미 충족도와 만족적 태도
안정수 | 경희대 철학과

5 중국조선족의 사회발전과 한・중관계의 위상
손장권 | 고려대 사회학과

6 해송림 "솔껍질깍지벌레"의 천적 및 주요 종의 생태
김규진 | 전남대 농생물학과

7 사회정의와 실천윤리
박종대 | 서강대 철학과

8 동구개혁의 영향
김달중 | 연세대 정치외교학과

9 한국청소년의 의식세계
김문조 | 고려대 사회학과

10 고강도 철근 콘크리트 구조의 실용화
정헌수 | 중앙대 건축학과

11 신기술의 연관형태 및 출현예측의 구조모형
권철신 | 성균관대 산업공학과

12 민간기업의 연구개발을 위한 조세정책
권영훈 | 한양대 경제학부

13 기술개발 활성화방안
송승구 | 울산대 화학공학부

14 부패의 현상과 진단
이문조 | 영남대 정치외교학부

15 연구투자의 지역적 편중화와 부산지역의 기초과학연구 활성화방안
윤웅찬 | 부산대 화학과

16 GATT의 신구 덤핑방지협정과 그 대응방안
전창원 | 동국대 무역학과

17 한국사회의 도덕성 제고를 위한 진단과 처방
황경식 | 서울대 철학과

18 새로운 노사관계 방향
이진규 외 | 고려대 경영학과

19 21세기 동북아 정세예측과 한국의 전략적 대응방안
최평길 외 | 연세대 행정학과

20 소련의 한국에 대한 정책목표분석
신승권 | 한양대 정치외교학과

21 메모리 커패시터용 $Pb(Zr_xTi_{1-x})O_3$ 강유전체 박막의 제작과 특성
장지근 외 | 단국대 전자공학과

22 러시아 국제법학의 전통
김용구 | 서울대 외교학과

23 유럽연합의 현황과 전망
김동현 외 | 성균관대 행정학과

24 중국의 정치동원
송영우 외 | 건국대 정치외교학과

25 산업적 활용을 위한 이동로보트 시스템의 개발
박민용 외 | 연세대 전자공학과

26 중국조선족의 정치사회화과정과 동화적 국민통합의 방향
전인영 외 | 이화여대 사회생활학과

27 공적부조의 이론과 실제
최일섭 외 | 서울대 사회복지학과

28 대외통상환경의 변화와 법제개편
서헌제 | 중앙대 법학과

29 기입금융의 국제화
최생림 | 한양대 경영학부

30 자동차부품공업의 노사관계
김호진 외 | 고려대 행정학과

31 산업화 과정에서의 한국가족의 실태와 전망
정창수 외 | 성균관대 사회학과

32 공무원 가치관 실태와 정립방안
배병룡 외 | 경상대 행정학과

33 해외귀국청소년의 국내적응연구
이장영 | 국민대 사회학과

34 초고속정보통신망에서 LAN서비스 제공방안
이재용 | 연세대 전자공학과

35 WTO체제의 정책적 대응
김병진 외 | 경희대 행정학과

36 유럽의 통합정치
최수경 외 | 충남대 정치외교학과

37 유기질폐기물을 이용한 고단백사료원인 조류의 생산공정
최정우 외 | 서강대 화학공학과

38 초고속정보통신망의 수용성과 정책방향
박영상 외 | 한양대 신문방송학과

39 중국의 강남사회와 한중교섭
조영록 외 | 동국대 사학과

40 세계화시대의 사회 · 문화의식
신행철 외 | 제주대 사회학과

41 국내 외국인 노동자의 문제와 대책
성규탁 외 | 연세대 사회복지학과

42 노인인력 활용정책과 프로그램
김정후 외 | 강원대 법과대학

43 한일간 학술교류 현황과 활성화방안
정홍익 외 | 서울대 행정대학원

44 계량모형에 의한 한일 경제관계의 이해
김명직 외 | 한양대 경제학부

45 직장인의 음주행태와 삶의 질
진기남 외 | 연세대 보건행정학과

46 유통정보 시스템의 구조와 설계
정용길 | 충남대 경영학과

47 남북통일 이후 사회통합을 위한 교육의 역할
안기성 외 | 고려대 교육학과

48 대중음악에 심취한 청소년들의 심리적 특성
김인경 외 | 연세대 인간행동연구소

49 멀티미디어 시스템을 활용한 교육환경의 개선방안
김한일 | 제주대 컴퓨터교육학과

50 탈냉전기 한일관계의 쟁점
최상룡 | 고려대 정치외교학과

51 자치시대 새로운 '삶의 질' 지표의 모색
김형기 외 | 경북대 경제통상학부

52 유럽통합의 역내외 협력과 갈등
이호재 외 | 고려대 정치외교학과

53 21세기를 대비한 신노사관계
김재원 | 한양대 경제학부

54 대학의 시간제학생 등록제
안규철 외 | 전남대 교육학과

55 21세기에 대비한 방송통신정책
한진만 외 | 강원대 신문방송학과

56 주민참여를 통한 혐오시설 관리운영방안
박균성 외 | 경희대 법학부

57 여성의 정치적 권리인식과 정치참여
전경옥 외 | 숙명여대 정치외교학과

58 한국인 위장질환과 식생활 · 환경요인 및 *H. pylori* 감염과의 관계
이양자 외 | 연세대 식품영양학과

59 학생과 시민의 자원봉사활동
윤정일 외 | 서울대 교육학과

60 동북아 환경문제와 지역환경협력의 모색
신연재 외 | 울산대 정치외교학과

61 노인 자원봉사활동을 통한 사회통합 프로그램 개발
김동배 | 연세대 사회복지학과

62 물류정보 시스템
김태현 | 연세대 경영학과

63 전자식 문서교환을 이용한 항공화물 운송체계
민재형 | 서강대 경영학과

64 청소년과 성
이근후 | 이화여대 의과대학

65 민족통합과 무궁화호 위성의 남북한 공동활용방안
방성배 | 성균관대 신문방송학과

66 채식주의가 20대 여성의 영양상태와 에스트로겐 대사에 미치는 영향
성미경 | 숙명여대 식품영양학과

67 가상정보공간을 통한 지역개발 활성화 전략
유재천 외 | 한림대 언론정보학부

68 조산아 관리현황 및 정책수립 방안
박상기 외 | 조선대 의과대학

69 남북한관의 의식조사와 통일교육 개선 방안
김동규 외 | 고려대 북한학과

70 동양 전통 자연사상 탐구
장동순 | 충남대 환경공학과

71 초고속정보망의 시뮬레이터 구현
한기준 | 경북대 컴퓨터공학과

72 유통원가 시스템의 유효성
정다미 | 명지대 경영학과

73 국악과 문화관광의 만남
정익준 외 | 동아대 국제관광통상학부

74 기업의 지식경영 활용사례
김창은 | 명지대 산업공학과

75 선진국과 한국의 직업교육 · 훈련제도의 특성과 한계
정주연 | 고려대 경제학과

76 제주지역 성인 여성의 자원봉사활동
이상철 외 | 제주대 사회학과

77 M&A와 문화충돌 관리
박원우 | 서울대 경영학과

78 폐금속광산 인근 주민들의 중금속 오염실태
정종학 외 | 영남대 의학과

79 북한 농촌 · 농업실태와 인력자원개발 시스템을 통한 북한 농민의 구호방안
박성열 | 건국대 교육공학과

80 중소 소매점의 경쟁력과 소매성과
채명수 외 | 한국외대 무역학과

81 고령자를 위한 쾌적한 실내온도와 착의량의 설정
정운선 | 안동대 의류학과

82 지역문화 이벤트 PR
박종민 | 경희대 언론정보학부

83 인터넷 지역정보화의 실태와 전략
유평준 외 | 연세대 행정학과

84 여성 삶의 질 향상을 위한 사회교육 활성화 방안
김양희 | 중앙대 가족복지학과

85 벤처기업과 벤처금융
강대석 외 | 충남대 무역학과

86 구조조정기에 있어서 실업대책과 사회 안전망 구축
박천익 | 대구대 경제학과

87 한국 유아의 조기교육
이명조 외 | 한국외대 교육대학원

88 남북한 경제공동체 형성전략
이상만 | 중앙대 경제학과

89 지방자치회계의 투명성과 주민의 알 권리
권찬태 외 | 경북대 경영학부

90 정치지도자의 정책리더십
이해영 | 경일대 행정학과

91 경제위기와 한국인의 복지의식
신광영 외 | 중앙대 사회학과

92 북한의 노동
김강식 | 한국항공대 경영학과

93 우리나라 중소기업의 정보기술 활용 현황과 경쟁력 강화를 위한 제안
정승호 | 부산외대 정보시스템학과

94 인간배아복제의 법적 · 윤리적 문제점과 그 해결방안
최병규 | 한경대 법학부

95 가치변화에 따른 투표행태
조찬래 외 | 충남대 정치외교학과

96 인터넷 경매에서의 계약체결과 소비자 보호
이기수 외 | 고려대 법과대학

97 세계화시대 남북한 통합의 방향과 과제
윤민재 | 서울대 사회발전연구소

98 글로벌 시대 지방정부의 문화마케팅 전략
박흥식 | 중앙대 행정학과

99 대졸여성실업의 실태분석 및 대학-노동 시장 간 효율적 연계방안
이은우 외 | 울산대 사회과학부

100 그린 투어리즘의 분석
이응진 | 대구대 관광학부

101 지방자치단체장의 부정부패
오일환 | 한양대 아태지역연구센터

102 산업화가 유교체제하 중국여성의 지위에 미친 영향
천성림 | 배재대 사회과학연구소

103 움직이는 말하기
유혜숙 외 | 나사렛대 교양학부

104 장애학생을 위한 특수교육공학의 활용
김용욱 | 대구대 중등특수교육과

105 지식기반사회의 평생교육 이해와 평생교육 프로그램 개발
박성열 | 건국대 교육공학과

106 N세대의 미술교육
김동철 | 대구교육대 미술교육학과

107 노후계획과 투자
권택호 | 여수대 국제통상학과

108 영화산업
양영철 | 경성대 연극영화학부

109 동유럽의 변혁과 언론의 역활
정대수 | 경남대 정치언론학부

110 환율, 임금, 물가가 국제경쟁력 및 수출입산업에 미치는 영향
하인봉 | 경북대 경제통상학부

111 일본기업의 기술혁신 전략
위정현 | 중앙대 상경학부

112 노후보장정책과 역저당연금제도
조덕호 외 | 대구대 행정학과

113 유비쿼터스 라이프와 미래 사회
김석수 | 한남대 멀티미디어공학과

114 죽음과 관련된 생명윤리적 문제들
구인회 | 가톨릭의과대 인문사회과학교실

115 경제적 세계화와 빈곤문제, 그리고 국가
김준현 | 한일장신대 인문사회과학부

116 한국의 세계불교유산
김종명 | 한국학중앙연구원 한국학대학원

117 복지레저서비스론
고태규 | 한림대 국제학부

118 자생적 철학체계로서 인간중심철학
선우현 | 청주교대 윤리교육과

119 전략적 통합과 한반도 평화체제
김승채 | 고려대 정책대학원

120 환경사법론
전경운 | 경희대 법학부

121 인터넷 자료를 통해 본 한국의 이혼 문화와 사회복지
성정현 외 | 협성대 사회복지학과

122 유럽연합의 사회정책에 관한 연구
문진영 | 서강대 신학대학원 사회복지학과

123 여성건강의 통합적 관점
김혜원 | 관동대 간호학과

124 복잡계 네트워크 과학
강병남 | 서울대 물리천문학부

125 경제적인 3세대 전원주택 개발
박근준 | 호서대 건축공학과

126 사회복지와 인적자원개발
이상일 | 인제대 국제경상학부